열 여섯빛깔 아이들

저자소개

정경연

현재 부산의 초등학교에서 22년째 아이들과 함께 생활하고 있다. 1994년 MMTIC™ 관련 석사 논문을 쓴 것이 인연이 되어 학급 경영 및 교육활동 전반에 성격유형 정보를 활용하고 있으며, 그 내용들을 다양한 분야의 강의나 워크샵에서 나누고 있다.

부산대학교 교육대학원에서 교육학(상담심리 전공) 석사를, 부산대학교 대학원에서 교육학(교육심리 및 상담심리) 박사학위를 마친 저자는 아동 및 청소년 지도와 그들과 함께 살아가는 가족 및 부모 상담에 관심을 가지고 활동하고 있다.

박정묘

현재 부산의 초등학교에서 아동들을 지도하고 있다. '아이들은 한 가지 이상의 천재성을 가지고 태어난다'는 신념을 바탕으로 아동들의 잠재성을 계발하고, 아동들이 자신만의 독특한 꿈을 이뤄 나아가는데 도움을 주고자 노력하고 있다.

부산대학교 교육대학원에서 교육학(상담심리 전공) 석사를, 부산대학교 대학원에서 교육학(교육심리 및 상담심리) 박사학위를 취득하였다. 어른과 아이, 아이와 아이들이 MBTI®를 활용한 역동의 과정을 통해 삶의 뿌리를 내리고 날개를 달 수 있기를 바라는 마음으로 MMTIC™ 교육 중앙강사로 참여하고 있다.

이동갑

현재 충북 청원군 초등학교에서 아동들을 지도하고 있다. 학교는 '아동들이 행복을 경험 하는 곳'이어야 한다는 생각으로, 민주적인 학급 운영과 인성 교육에 최우선을 두고 가르치고자 노력하고 있다.

학교 교육의 또 다른 축인 교사와 학부모를 위한 교육 연수 프로그램에 관심을 가지고 다양한 연수와 강의를 해오고 있다. 한국교원대학교에서 교육심리(상담) 전공으로 석사를 마치고, 한남대학교 대학원 교육학과 박사과정을 수료하였다.

한국 MBTI 연구소 중앙강사로 활동하고 있으며, EBS 다큐 프라임 '당신의 성격'(2010. 4. 12)에 출연 하였다. 교사 자질 향상을 위한 한국적인 교육 연수 프로그램에 관심이 많고, 한국상담학회 연구윤리위원과 학교상담학회 초등상담위원장을 역임하였다.

김영란

초등학교에서 23년간 근무하였고 지금은 한국 MBTI 연구소 중앙강사로서 연구소 부설 상담실을 맡고 있다. 태어나서 가장 잘한 일이 엄마가 된 것이라고 말하는 자녀 양육 적용 프로그램 강사이다. 자녀들이 타고난 자신의 모습대로 인정받고 행복한 어른으로 성장하기를 바라며 또한 자녀를 키우는 양육자 자신도 행복해야 한다고 역설한다.

부산대학교 교육대학원에서 교육학(상담심리 전공) 석사를 취득하였다.

열 여섯빛깔 아이들

정경연 박정묘 이동갑 김영란 지음

어세스타

추 천 사

사람 향기가 아.름.다.운 세상을 꿈꾸며!

유난히도 무더웠던 여름, 그 지루한 장마를 견디고 난 가을은 어느 해보다 상큼하고 향기롭다. 더구나, 오랜 시간 각기 다른 빛깔의 아이들을 만나며, 그들만의 독특성을 키워주고 이해해준 멋쟁이 선생님들 4명(MMTIC™ 4총사)이 함께 모여 자신들의 소중한 체험들을 나누려고 책을 한 권 만들었으니 '추천사'를 써 달라는 부탁은 이 가을에 나를 더욱 신명나게 한다.

나는 이 세상에서 가장 아름다운 것이 바로 '사람 향기'라 믿고 있다. 꽤 오랫동안 수도자로, 대학교수로, 상담가로, MBTI® 지도자로 살아오면서 다양한 사람의 향기를 많이 맡아왔다. 어떤 사람에게서는 사람 향기보다 돈과 지위의 냄새가 더 강했고, 전혀 기대하지 않았던 어떤 사람에게서는 참으로 진한 사람향기가 진동하기도 했다. 그 향기는 바로 그 사람이 자신만의 빛깔을 제대로 낼 수 있을 때 나는 향기로움이다. 사람 향기를 강하게 풍기는 사람과의 만남은 나를, 내 삶을 새롭게 만드는 힘이 있다. 그리고 내 마음도 그만큼 풍요로워진다.

MBTI®(MMTIC™)의 이론적 바탕을 제공한 스위스의 정신과 의사이며, 심리학자였던 칼 융(Carl Jung)은 인간이 지향해야 할 가장 궁극적인 목표가 바로 개성화(Individuation), 즉 자기를 실현하는 일이라 했다. 개성화란 바로 자기가 타고난 자기만의 빛깔을 제대로 내는 것을 말한다. 어떻게 우리가 자기만의 빛깔을 제대로 낼 수 있는지에 도움을 주는 주옥같은 체험들이 이 책에 담겨있다. 그 체험들은 오랫동안 초등학교 교실에서 실제로 아이들을 가르쳐온 일선 교사로서의 생생한 체험들이기에 더욱 유용하고 값진 것이다.

MMTIC Workshop 지도자로서 훈련받은 네 분의 선생님들 모두, 인간을 진솔하게 사랑하는 NF 교사들이다. 그래서 그런지 별 기교를 부리지 않고 진솔한 자신들의 체험들을 솔직하게 기술하고 있다. 꾸미지 않고 멋을 부리려고 애쓰지도 않은 선생님들의 순박한 체험들이 오히려 일선에서 아이들을 가르치고 지도하는 교사들에게 참으로 큰 도움을 주리라 믿는다. 한국에서 MBTI®를 보급시킨 원동력이 바로 '자신을 이해하고 타인을 이해하는데 도움을 주려는 나눔의 정신'에서 비롯되었고, 이 책도 바로 그런 '나눔의 정신'에서 탄생한 것이기에 더욱 소중한 것이다.

어린 아이들은 꾸밈이 없다. 그래서 더욱 그 빛깔과 향기가 그대로 살아있다. 어린아이들이 자신의 빛깔과 향기를 제대로 살려나갈 수 있도록 도움을 주어야하는 학부모들과 일선교사들에게 이 책은 무엇보다 값진 보물이요, 소중한 참고서가 되리라 믿는다. 그래서 나는 무더위를 견디어내고 맞은 맑고 청명한 가을하늘을 바라보며, '사람 향기가 아름다운 세상'을 꿈꾼다. 그것이 곧 MBTI®와 MMTIC™가 가져다 줄 자기발견을 통해서 더 빨리 이루어지리라 믿기에, 기쁘고 고마운 마음으로 이 책을 독자들에게 추천한다.

서강대학교 심리학과 명예교수, 융 정신분석가 **김 정 택 신부**

서 문

각기 다른 빛.깔.의 아이들을 만나며...

지난 20여 년간 교실에서 우리들은 많은 아이들을 만났다. 그 중에는 학창시절 나의 모습과 꼭 같은 아이도 있었고 나와 다른 성격을 가져 내심 부러움으로 바라보았던 친구를 닮은 아이도 있었다. 예를 들어 선생님의 사소한 말 한마디에 쉽게 주눅 들고, 작은 관심도 부담스러워 하면서도, 선생님의 관심을 받고자 노력했던 학창시절 내 모습과 꼭 같은 아이도 있었고, 용감하게 선생님께 할 말을 다해 그 용기가 너무도 부러웠던 친구 같은 모습의 아이도 있었다.

세월이 지나고 세대가 변해도 빨강, 주황, 노랑, 초록, 파랑, 남색, 보라 등 각각의 빛깔에서 연하기와 진하기의 차이는 있지만 비슷한 빛깔을 내는 아이들을 만나게 된다. 하지만 참 많은 시간동안 많은 아이들을 한 가지 빛깔로 혹은 내가 가진 빛깔로 만들어 보려고 했던 모습을 돌이켜 본다. 그런 시간동안 교사로서 힘들고, 한 인간으로서 좌절을 느끼기도 했다.

'아이들은 제각각 모두 다릅니다.' 모두들 이 사실을 알고 있다. 하지만 어른인 우리는 의식적으로 그렇게 생각하면서도, 무의식적으로는 아이들의 고유성을 인정하지 못할 때가 많다. 우리는 이렇게 믿고 고백한다. "모든 과일이 고유의 빛깔과 향기가 있듯이 사람 역시 고유의 빛깔과 향기가 있습니다. 그리고 자신이 타고난 고유의 빛깔과 향기로 살아갈 때 가장 행복하고, 타고난 능력을 무한으로 발휘하게 됩니다." MBTI®와 MMTIC™ 는 열 여섯 빛깔 아이들의 다름을 이해하고 그 각각의 고유성을 인정할 수 있는 무의식의 눈을 주었다.

열 여섯 빛깔 아이들은 참으로 존귀한 존재이다. 어른으로서 교사로서 그 빛깔이 바래지거나 다른 빛깔로 섞이지 않도록 지켜봐 주는 것이 필요하다.

운이 좋게도 이 책의 저자인 우리들은 다양한 열 여섯 빛깔의 초등학생들을 만나면서 교사로서 참으로 행복한 시간들을 살아 왔다. 아이들의 웃음소리, 맑은 눈동자 속에서 교사로서의 기쁨을 느꼈고, 자신을 찾아가며 서로를 수용하고 이해하는 아이들의 모습을 보며 인간으로서 뿌듯함을 느꼈다. 하지만 때때로 우리들의 빛깔로 인해 상처를 받은 아이들의 얼굴과 표정이 떠오를 때면 가슴 아픈 죄책감을 느끼기도 한다. 이제 그 시간의 강을 거슬러 올라가 지금까지 만나온 아이들과의 추억을 누에가 실을 뽑듯이 한 올 한 올 뽑아내어 『열 여섯 빛깔 아이들』이라는 이름으로 사랑의 고백을 하려 한다.

이 책은 우리 네 명의 저자들이 심리유형에 바탕을 두고 살아온 20여 년이 넘는 교직생활의 기록이다. 모두 NF 교사들이라 함께 작업한 까페 이름도〔NF들〕이라고 하였다. 책의 행간에 묻어 있는 감성들은 모두 그 때문인 것으로 이해해 주시길 바란다. 정경연(INFJ), 박정묘(INFJ), 이동갑(ENFP), 김영란(INFP) 우리 네 명의 교사가 융의 성격유형이론 안에서 MBTI(MMTIC)를 통해 함께 작업한 것은 큰 기쁨과 보람이었다.

그 동안 교육을 통해서 만난 많은 교사들과 학부모, 상담자들로부터 어린이 · 청소년을 위한 MMTIC 관련 지도 자료에 대한 요구가 많았지만 나누기가 쉽지 않았다. 지금까지 MMTIC교육이 있었던 시간들을 생각하면 다소 늦은 감이 있지만 때가 무르익어 책을 엮게 된 것이 다행스럽기만 하다. 아울러 이 땅에 MBTI와 MMTIC을 소개하고 지도해 주신 심혜숙, 김정택 두 분 교수님께 감사드린다. 두 분의 지도와 보살핌이 없었다면 우리들은 어린 아이에 불과하였을 것이다. 그리고 여러 가지 지원과 격려를 해주신 MBTI 연구소 심민보 소장님과 연구원 여러분들, 어세스타의 김명준 대표님과 마지막 교정 작업까지 알뜰히 살펴주신 문고리 연구원 그리고 모든 가족들에게도 신뢰와 감사를 드린다.

무엇보다 이 책에서 만나는 모든 아이들에게 그 출판에 관해 허락을 일일이 얻지 못했지만 마음으로부터 이 책을 바친다. 그들도 기꺼이 함께 기뻐해 줄 것이라고 믿는다. 더불어 이 땅의 열 여섯 빛깔 아이들과 함께 행복한 나비가 되고 바람이 되고 물고기가 되고 싶다.

2010년 가을 저자 일동

CONTENTS

Chapter 2 성격이란 무엇인가?

Chapter 3 성격유형과 행복한 가정 만들기

CONTENTS

Chapter 6 성격유형을 활용한 프로그램 운영 • 자료

Chapter 1

서로 다른 아이들

I 열 여섯 빛깔의 아이들이 사는 세상- 교실

1. 이런 아이 정말 꼭 있어

● **20-30명이** 함께 생활하는 학급 속에는 다양한 모습의 아이들이 있다. 매년 이름과 얼굴이 다른 새로운 아이들을 만나지만, 그 속에서도 작년에 ○○이와 비슷한 ◇◇를 올 해 만나게 된다. 해마다 학생들은 달라지지만 비슷한 행동패턴을 나타내는 아이들은 교실에 꼭 있다.

3월 개학식 날 올해 함께 할 아이들은 어떤 친구들일까 하는 설렘과 기대로 교실 문을 들어서자마자 "선생님, 작년에 6학년 교과 전담했지요? 다 알아요." 하며 나의 신상정보를 내가 말하기도 전에 친구들에게 알려주던 철수(가명)[1]라는 친구가 있었다. 나를 알아봐 주는 것에 기분은 좋았지만 그것은 시작에 불과했다.

기존에 만들어진 플래시 자료 알림장을 열자 "아, ○○샘이 만든 알림장이다. 5학년 때도 저거였는데 웬만하면 선생님 것으로 새로 만드시죠."라고 말하는 철수. 못 들은 척 하고 알림장에 '수저 준비'라고 적자 "급식실에 수저 있는데 꼭 가지고 와야 하나요?"라고 묻는다. "급식실에 있는 수저는 미처 준비하지 못한 친구들을 위해 마련해 놓은 것이니까 수저를 가지고 오는 것이 좋겠지."라고 대답하자마자 "저는 미처 준비하지 않을래요. 그러면 급식실에 있는 것 사용하면 되죠."라고 맞받아치듯이 말한다. 은근 기분이 상하면서 다른 아

1) 'Chapter 1'에 제시되는 사례의 아이들 이름은 모두 가명임을 밝혀 둡니다.

이들에게 담임의 권위가 떨어지지 않을까 염려도 되었다.

이렇게 시작된 철수와의 첫 만남이 있은 후 전년도 철수의 담임선생님이 교실로 찾아왔다.

"어휴, 철수가 이 반에 있네. 작년 한 해 동안 저 아이 때문에 골치가 아팠어. 정말 저런 아이는 처음이야. 입을 가만히 다물지 못하고 말끝 마다 시비를 걸고 선생님을 취급도 안하는 건지 겁도 없어. 올해 단단히 각오해야 할 거야." 하고 막막한 정보를 주고 갔다.

6학년인데도 상황분별 없이 계속 쏟아지는 철수의 말에 친구들도 이미 익숙한 듯 했다. 철수를 제지하는 친구는 아무도 없었고, 귀 기울여 그 말을 들어주는 친구도 없었다. 하지만 새로운 담임선생님이 철수에게 어떻게 반응하는지에 대해서는 모두들 대단한 관심을 보이는 눈치였다.

쉬는 시간에 철수는 "야, 너 몇 반에서 왔어? 너희 선생님 어땠니?"하며 끊임없이 질문을 하였고 그 선생님은 이렇다, 저 선생님은 이렇다하며 감히 아이들이 공개적으로 내뱉지 못하는 부분을 속 시원하게 평가해서 대변해 주는 듯했다. 그래서인지 철수 주변에는 친구들이 모여 들었다.

아이들의 문제행동의 기저에는 가정적인 배경이나 아이 개인의 인지적, 정서적, 신체적인 변인에서 그 원인을 찾아볼 수 있다. 하지만 이런 배경에서 원인을 찾는 데는 많은 시간이 소요되고 그 원인은 지극히 개인적이며 가정적 배경은 쉽게 달라지지 않기 때문에 교실에서 지도나 상담의 한계를 느끼는 경우가 많다. 반면, 아이들의 문제행동을 기질적 성격적 관점에서 해석하는 것은 이해가 한결 쉽고 문제행동에 대한 접근을 용이하게 한다. 나는 성격유형의 관점에서 철수가 INTP 혹은 ENTP라는 것을 알 수 있었다.

현실적 모순을 쉽게 발견하고 객관적 비평을 즐기는 것이 INTP와 ENTP의 특징이라는 사실을 이해한다면 앞에서 철수의 행동이 교사의 권위에 도전하거나 시비를 거는 행동은 아니며 철수는 자신의 성격대로 담임선생님과의 첫 만남을 즐기고 있다고 할 수 있을 것이다. 물론 6학년 철수의 행동이 일반적인 아이들의 행동이라고 할 수는 없다. 하지만 기질과 성격이라는 것은 일반적인 것이 아닌 다름에서 오는 것이 아닌가?

권위에 도전하는 INTP와 ENTP에게 감정적으로 반응하지 않는 것이 가장 중요하다. INTP와 ENTP의 끊임없는 호기심과 현실에 대한 비판을 감정적으로 받아들이면 이들은 실력 없거나 지도능력이 없는 교사로 단정 짓고 권위에 도전하거나 교사를 무시하는 태도를 취하게 된다.

철수는 잘 따지고, 말이 많고, 남 욕을 잘하는 성격이라고 자신을 표현했다. 평소 철수의 문제행동을 그렇게 평가한 어른들의 표현일 것이다. 하지만 성격유형의 관점에서 INTP는 독특성을 지니고 사실과 현상이면에 관심을 가지며 현실적 모순에 끊임없는 호기심과 의문을 가지는 아이들이다. 철수가 나타내는 문제행동은 지극히 당연한 기질적 모습이고 성격적 행동인 것이다.

"철수가 선생님을 처음 보자마자 한 첫 마디는 '작년에 교과전담 선생님이었다.' 라는 것이었어. 지난해 교과전담을 한 선생님이 6학년 담임을 하는 것이 무척 궁금 할거야. 어떤 사람들은 그럴 수 있나보다 하는 것이 철수와 같은 성격의 친구들에게는 왜 그런지 이해가 되어야 되는 것이지.

하지만 모든 일에 이렇게 원인을 알려고 하다 보니 말이 많고 마치 따지는 사람처럼 보이는 거야. 철수가 어제 선생님에게 한 말에서도 철수의 성격을 추측해 볼 수 있어.

첫째, 나에 대해 이미 알고 있는 것을 보니 주변에 호기심이 많다는 것, 둘째 '○○샘이 사용한 알림장을 새로 만들지요.' 한 것을 보니 이전에 한 것 보다는 뭔가 새로운 것을 좋아한다는 것, 셋째, 수저에 대한 이야기를 듣고 보니 일반적으로 수저를 준비하지 않은 아이들을 위해 급식실에서 여벌의 수저를 준비하는데 때로는 그것 때문에 수저를 처음부터 준비하지 않는 친구도 있겠구나 하는 생각을 했지. 평소에 아무 생각 없이 하는 일들이지만 철수는 그것을 남다르게 생각할 수 있는 능력을 가지고 있는 것 같아. 그래서 선생님은 철수를 주변에 호기심이 많고 새로운 것을 좋아하며 남다르게 생각할 줄 아는 성격의 친구라고 생각했지."

철수는 자신과 비슷한 성격이 있다는 말에 "세상에 나와 비슷한 성격들이 있어요?"라고 하면서 신기해했다.

성장하는 동안 비난을 많이 받은 아이들은 자신과 비슷한 성격의 친구들이 있다는 것 자체만으로도 큰 위로를 받는다. 하지만 가장 중요한 것은 문제라고만 한 자신의 행동들에 대한 새로운 관점을 제공한다는 것이다. 이러한 관점에 대한 재정립은 교사에게도 마찬가지로 필요하다.

교과전담을 할 때 유난히 눈에 띄는, 전교에서 유명한 에너지 덩어리 ENTP가 있었다. 담임선생님은 학급에서 아무리 기를 죽여도 교사보다 더 많이 말하고 끊임없이 요구해대는 ENTP 때문에 힘들어했다. '아이가 이 정도이면 그 부모는 더 하겠지' 하는 통상적인 생각을 갖고 있었지만, ENTP의 부모 역시 에너지 덩어리인 아들 때문에 고통 받는 것은 담임교사 못지않았다.

ENTP의 문제행동의 원인을 가정적 배경에서도 찾을 수가 없어 힘들어하는 담임에게 ENTP의 특징을 보여주었다.

그것을 읽은 그 선생님의 반응은

"딱 이네요. 딱 그대로입니다. 그럼 어떻게 해야 하지요?"

"어떻게 하실 필요가 없어요. 타고 난 것입니다. 기질이고 성격이잖아요."

"그렇다고 저렇게 제멋대로 하도록 그대로 둔단 말입니까?"

"그건 선생님과 성격이 다르기 때문이지요. 자유롭고 자기 세상이 분명한 ENTP에게 다른 것을 강요하니까 더 멋대로 하는 것입니다."

그 이후 동료 선생님은 "ENTP의 행동은 변하지 않았지만, 성격적 특징이구나 생각하니 이전 보다는 열을 덜 받게 되었고 그만큼 ENTP와 싸움도 줄고 핀잔을 덜하게 되어 관계도 훨씬 나아졌다."고 고마움을 전해 왔다.

이사벨 마이어스(Isabel Briggs Myers, 1985)는 인간의 행동이 겉으로 모두 다르게 보이나 일정한 일관성과 질서에 따라 분류될 수 있다고 하였다. 교사는 교실에서 각기 다른 배경의 다른 능력을 가진 수많은 아이들을 만난다. 아이들의 숫자만큼의 독특성을 가지지만 교실에서 만나게 되는 학생들의 일반적 행동 패턴을 심리유형의 관점으로 본다면 16개의 기본적인 전략을 가지고 생활지도와 학습지도에 임할 수 있다는 것이다.

2. 만나고 싶은 아이, 만나고 싶지 않은 아이

● **교직** 생활 동안 다양한 학생들을 만나온 것은 축복 같은 일이다. 축복 같은 만남만 있었다고 한다면 인간적인 거짓말이 될 것이다. 분명 지도의 부담을 느껴 만나고 싶지 않은 아이도 때로는 있었다. 나는 늘 강하게 자신의 생각을 주장해 오는 학생이 부담스러웠다. 가끔은 그 학생의 기세에 눌려 눈치를 보는 나 자신의 모습에 교사로서 한심함을 느끼기도 했다.

지난 몇 년간 MBTI®를 통한 교사연수를 하면서 매번 교사로서의 신념 및 지도하기 힘든 아이와 지도하기 쉬운 아이에 대한 자료를 수집해 왔다. 대부분의 선생님들 역시 나와 별반 다르지 않은 경험들을 하고 있었다.

하지만 놀라운 것은 나와 같은 NF형 교사들이 나처럼 따지고 반박하고 주장이 강한 학생을 부담스러워하고 지도의 어려움을 느낀다고 말하는 것이다.

가. 진실한 학생을 꿈꾸는 NF 교사

● NF 교사들이 주장이 강한 학생들 앞에서 느끼는 정서는 대체로 도전감과 위축감이다. 관계가 제대로 정립되지 못한 상황에서 한없이 위축되는 NF 교사 중에는 학급전체와의 관계와 해당 학생과의 관계를 어떻게 정립해 나가야 할지 몰라 쩔쩔매는 경우도 있었다. 해당 학생이 학급에서 지명도가 있는 경우 학급전체 구성원에 배신감을 느끼고 가슴앓이를 했던 경험을 토로하는 선생님도 있었다. 그리고 하나 같이 교실에 "눈빛만으로도 마음이 통하는 아이들이 있어요."라고 하며 내 마음을 알아주는 아이가 만나고 싶은 학생이라고 하였다.

교사는 자신의 심리유형에 따라 학생을 지도한다. 학급에는 다양한 성격과 기질의 학생들이 있기 때문에 교사는 공정해야 한다. 하지만 학생지도에 있어서 교사 자신의 기질과 성격이 배제된다는 것은 힘든 일이다. 그렇다면 NF 교사가 공통적으로 주장이 강한 학생들의 지도에 어려움을 갖는 것은 지도 기술의 부족이라기보다는 심리유형의 차이로 인한 것일 수 있으며, 이러한 차이는 교사와 학생의 심리유형의 차이에 따라 어쩌면 당연하게 나타날 수 있는 현상일 것이다.

나. 성실한 학생을 바라는 SJ 교사

● SJ 교사는 NF와는 달리 주장이 강한 학생은 주장의 내용에 따라 옳고 그름을 함께 나누어 나가면 되지만 설치거나, 나대거나, 톡톡 튀는 학생에 대한 지도의 어려움을 호소하였다. 연수에서 만난 ISTJ 집단에서는 설치거나, 나대는 학생의 모습을 소금을 쳐도 숨죽지 않는 배추 같은 아이들이라고 표현하였다. 반면에 만나고 싶은 아이는 성실하게 노력하는 학생이었다.

에너지가 높은 아이들과 함께 생활하는 교실은 외향적인 에너지가 가득한 공간이다. 이 속에서 내향형의 교사들은 자신의 에너지를 계속 쏟아내야 하기 때문에 소진된다. 하지만 다른 내향형들보다 ISTJ 교사가 설치고 나대는 아이들에 대한 지도의 어려움을 호소하는 것은 '교사로서 기본적인 생활습관과 학력을 꼭 지도해야 하고 매사에 최선을 다해야 한다'는 교사로서 가지는 의무와 책임감이 다른 내향형보다 더 강하게 신념화되어 있기 때문일 것이다.

같은 기질의 ISFJ 교사는 기본을 중시하며 최선을 다하지만 아이들에게 사랑을 준다는 정서적 가치가 ISTJ 교사보다 더 나타나며 인성교육에 더 높은 가치를 두고 있다. 이런 관점에서 본다면 무질서한 교실분위기나 공간을 ISTJ 교사는 용인하기 힘들 것이다. 하지만 ISTJ와 ISFJ 교사는 학생들을 남에게 폐를 끼치지 않은 사람으로 키워야 한다는 것에는 일치하였다.

외향 SJ인 ESTJ와 ESFJ 교사들은 자기표현이 적고 말을 하지 않는 학생들에 대한 지도의 어려움을 호소하는데 이것 역시 심리유형의 관점에서 볼 수 있을 것이다. 다른 기질에 비해 SJ 기질의 교사들에게 외향형과 내향형은 의미있는 선호경향이다. SJ 기질의 교사는 자신과 에너지 방향이 다른 학생들에 대해 지도의 어려움을 갖고 있다. 이것은 SJ 교사들이 자신과 에너지 방향이 다른 학생들의 특징을 이해하지 못하거나, 때로는 그 특징을 이해하더라도 많은 경우 SJ가 가지는 모습처럼 훈련되고 배우는 것이 당연하다고 생각하는지도 모른다. SJ 기질의 교사들은 기본을 중시하며 최선을 다하는 사명감을 교사의 신념으로 강조하였다. ISTJ와 ESTJ 교사는 공정성을 ISFJ와 ESFJ 교사는 감수성과 인성을 강조하였다.

다. 즐거운 수업을 만들기를 원하는 SP 교사

● SP 기질의 교사는 수업을 방해하는 학생에 대한 지도의 어려움을 나타냈다. 수업을 의도적으로 방해하는 학생, 수업의 맥을 끊는 학생 등 수업과 관련되어 지도의 어려움을 공통적으로 나타낸 SP 교사들에게 지금 현재의 충실함과 즐거움을 중요한 가치로 여기는 것이 수업의 형태로 드러난 것이다. SP 기질의 교사는 아이들과 더불어 생활한다는 문장을 교사로서의 신념으로 많이 표현한다. 학교에서 교사가 학생들과 더불어 가장 많이 함께하는 것은 수업이다. 더불어 하는 수업 속에서 개념을 정리하고 의미를 파악하기 보다는 학생들과 함께 희로애락을 느끼고 싶은 것이 SP 교사들의 욕구일 것이다. 또한 ESTP를 제외하고 '붙임성이 있는 학생'을 만나고 싶은 학생으로 꼽은 것은 특이한 현상이다. 앞으로 더 많은 자료를 수집하며 비교 분석해야 할 것이다.

ISFP와 ESFP 교사는 '공격적이고 폭력적인 학생, 약삭빠르고 자기중심적인 학생'에 대한 지도의 어려움을 나타냈고, 공부보다는 '정서가 발달되어 주변을 잘 돕는 학생'을 만나고 싶다고 하였다. ISTP와 ESTP 교사는 '말이 없고 반항적인 학생'을 지도하기 어려운 학생으로, '자기 일을 알아서 열심히 하는 학생'을 만나고 싶은 학생으로 꼽았다. 같은 기질에서도 사고형과 감정형의 선호경향에 따라 나타난 차이라고 볼 수 있다.

어느 교사연수에서 '학용품을 준비해 오지 않고 늘 친구들에게 빌려 쓰는 학생의 잘못된 습관을 교정하기 위해 어떻게 할 것인가?' 하는 논제에 학급 구성원 전체에게 학용품을 빌려주지 않을 것을 당부한다고 한 ESTP 교사가 있었다. ESTP 교사는 자신이 제시한 것이 당연하고 합리적인 지도임을 나타내었다. 하지만 ISFP 교사는 학급 전체에 그런 당부를 한 것은 비인간적인 태도이며 친구들에게서 빌려 쓰다 보면 스스로 미안함을 느끼게 되는데 그렇게 스스로 느껴서 준비할 수 있도록 해야 한다고 주장하였다. 관계 지향적이며 인화단결을 중시여기는 ISFP, ESFP 교사에게 약삭빠르고 자기중심적인 학생은 너무도 다른 차이이다. 또한 충분히 개인의 독립성과 개성을 존중하는 ISTP, ESTP 교사일지라도 말이 없고 반항적인 학생은 심리유형을 떠나 수용하기 힘든 것이다.

라. 독창적이며 진지한 학생을 원하는 NT 교사

● NT 기질의 교사는 공통적교사로 '거짓말이나 변명하는 학생'에 대한 어려움을 나타냈으며, INTJ, ENTJ 교사는 '결정하지 않는 학생', INTP, ENTP 교사는 '의욕 없는 학생과 사소한 일에 끊임없이 신경 쓰는 학생'을 지도하기 어렵다고 하였다. 대신 공통적으로 창의적이고 독창적인 학생을 만나고 싶어 한다. 이것에 의하면 NT만큼 자신의 심리유형에 충실한 교사는 없을 것이다. NT 교사는 교사로서 신념을 가지고, 전문가라는 관점에서 분명한 교육철학 위에 인간성을 중시하거나 학생의 독창성을 일깨우는 교사라고 한다.

논리성을 중요시 여기는 NT 교사에게 거짓말이나 변명은 가장 비논리적인 방식이다. 언어표현에 뛰어나고 예민한 분석적 시각을 가진 NT 교사는 학생들의 거짓이나 변명을 쉽게 발견한다. 아이들의 세상은 다분히 비논리적이고, 비합리적이다. 연륜 있는 선배선생님들이 '알고도 속고 모르고도 속아 주어야지' 하셨던 의미를 20년간 학생들과 함께 하면서 알게 되었다. 모순된 상황과 논리에 맞서는 NT에게는 수용하기 어려운 문제일 수 있다.

위에서 살펴보았듯이 교실 안에서 발생하는 갈등이 교사와 학생의 심리유형의 차이로 인한 것일 수 있다. ENFJ 교사는 지나치게 물질적인 욕구와 자기이익에 강한 ESTP 학생에게 경멸의 눈초리와 동시에 교사로서 죄책감을 느꼈다. 하지만 심리유형의 이해 이후에 비현실적 이상적 가치를 추구하는 자신의 지나친 욕구를 이해하게 되었고 ESTP 학생의 욕구도 이해하게 되었다. 심리유형을 통한 학생의 기질과 성격에 대한 이해는 학생과 교사의 갈등을 다른 시각에서 볼 수 있는 관점과 다른 조정을 시도할 수 있는 기회를 제공한다.

3. 아이들과 궁합이 맞아요!

● **대체로** 교사들은 자신의 성격유형에 따라 교육한다. 교사와 학생의 유형이 같을 때 학생들이 학습을 가장 잘한다고 한다. 하지만 이것으로 같은 성격유형의 교사와 학생만으로 구성된 학급이 가장 효율적인 학급이라고는 단정 지을 수 없다. 다양성을 잃어버린 교실은 개별성도 존중받을 수 없다. 교사가 모든 학생의 성격유형에 맞추어 가르칠 수는 없으며 그것이 바람직한 교육도 아니다. 하지만 차이를 이해한다는 것은 조정을 가능하게 하며, 아이들과 심리유형에 따라 궁합을 맞추어 가는 것은 학생들을 좀 더 쉽게 도울 수 있는 전략을 제공한다.

가. 진실한 꿈쟁이 NF 아이들과 궁합 맞추기

● **자유롭고** 허용적인 학급분위기를 만들고 쉽게 주눅이 드는 NF 학생이 교사에게 무서움을 느끼지 않도록 하는 것이 중요하다. 일기장이나 메일을 통해 개인적인 통로를 만들고 가외적인 관심과 격려를 나타낸다. 이야기를 좋아하는 NF는 교사의 개인적인 이야기(첫사랑, 가족, 과거 경험 등)를 들려주면 교사의 개방을 자신에 대한 관심으로 생각한다. 글쓰기를 좋아하는 NF 학생에게 언어적 감각을 통해 자신을 표현할 수 있도록 격려한다. 학습과 관련하여 친구를 가르치는 선생님 놀이를 통해 학습내용을 정리하는 복습의 기회를 준다. 수업 초반에 배울 내용을 먼저 전체적으로 개관한 후 도달해야 할 목표점을 분명하게 제시한다. 경쟁적인 학급분위기에서 부담을 느끼는 NF에게 편안한 분위기가 중요하며 시험을 치기 전에 눈 맞춤으로 격려한다. 모둠별 대항전이나 우열을 가리는 릴레이와 같은 활동을 학급전체가 참여해야 할 경우 예민한 내향 NF에게는 승패가 중요한 것이 아니라고 먼저 알려준다.

NF 학생이 잘못된 행동을 했을 경우 먼저 “선생님과 그 문제에 대해서 이야기할 준비가 되었니?”하고 감정과 상황을 정리할 수 있는 시간을 충분히 준다. 화, 눈물, 침울함 등 부정적인 감정에 싸여 있는 상태일 경우 한참동안 그 감정에 있도록 권한 후 상담에 접근한다. 그만 울거나 화내라고 하고 대화를 시작하는 것은 NF로 하여금 이미 거부되었다고 느끼게 한다. 상황을 포괄적으로 표현하는 NF에게 지나치게 세부적인 사실을 요구하는 것은 교사가 ‘이미 자신이 잘못했다고 생각하고 있구나.’라고 느끼게 한다. NF 학생의 말 속에 있는 감정을 확인하고 공감해준다. 감정에 대한 공감 후 잘못을 지적해주면 충분히 받아들인다. NF에게 비난은 금물이다. 교사가 요구하는 사항이 있을 때는 개인적인 통로를 이용하여 긍정적인 표현으로 요구하는 것이 좋다. NF에게는 무조건적인 칭찬과 격려가 필요하다.

나. 책임 있는 모범생 SJ 아이들과 궁합 맞추기

● **SJ에게는** 질서 있고 규칙이 분명한 학급 분위기를 만들고 구체적이고 단계적으로 과제를 제시하는 것이 중요하다. 주어진 과제에 대해 몇 페이지를 해야 하는지 사진 자료를 넣어야 하는지 아닌지 정도의 세부적인 안내를 해주는 것이 좋다. SJ들은 기준이 분명한 가운데 경쟁하고 평가하는 것을 중요하게 생각한다. 따라서 과제나 만들기를 하기 전에 견본이나 참고작품을 미리 제시하면 그 이상의 결과물을 만들어낸다. 준비물은 가능한 확인을 하고 준비성에 대해 인정해 준다. SJ들에게는 계획된 시간표나 일정대로 하루일과가 지켜져야 하며 다른 계획은 사전에 꼭 예고해야 한다. 하루 일과를 시작하기 전 오늘의 일정을 알려주는 것도 좋다. 무질서한 것을 싫어하는 SJ는 모둠활동을 부담스러워한다. 모둠구성원 중에 비협조적이거나 게으른 친구가 있다면 모든 책임을 다 진다. 따라서 교사는 모둠활동 중간 과정을 확인하고 목표에 도달할 수 있도록 도와주어야한다. 또한 혼자서 과도한 역할을 하고 있지 않은지 확인하고 역할을 분담해 준다. 교사는 SJ의 과도한 스트레스에 귀 기울여야 한다. SJ들은 계획을 세워 학습내용을 잘 정리하며 뛰어난 기억력으로 구체적인 사실들을 잘 암기하면서도 학습결과에 대해 불안을 느끼고 실패할 가능성을 염두에 둔다. 과제를 훌륭하게 완성하면서도 과제에 대한 걱정을 떨치지 못한다. SJ에게는 자기 충족적 예언이 필요하며 학습과 관련된 불안을 교사와 함께 나누고 상담할

필요가 있다. 교사의 공정하고 일관된 기준은 SJ에게 중요하다. 그렇지 못할 경우 SJ는 분노한다. SJ가 분노할 때는 분노의 원인을 파악하는 것이 중요하다. 그 원인이 교사와 관련된 것인지 친구들과 관련된 것인지에 따라 해결책을 다르게 모색해 나가야 한다. 문제를 해결하는 것이 SJ에게는 정서적인 안정을 가져온다. SJ에게는 무조건적인 칭찬이 아니라 자신들의 책임감과 예의바름, 부지런한 태도에 대해 구체적으로 인정해 주는 것이 좋다. SJ는 절약하며 자기 물건을 중요하게 생각한다. 학급에서 SJ가 잃어버린 물건을 함께 찾아주거나 관심을 가져주는 것도 SJ에게는 교사가 자신을 인정해 주는 것이다.

다. 즐거운 개구쟁이 SP 아이들과 궁합 맞추기

● **SP에게는** 무질서한 자율성을 인정해 주고 규칙과 과제를 최소화하는 것이 중요하다. 활동적인 것을 좋아하는 SP에게는 최대한 넓은 학습공간을 제공하며 교실 내에서 공간을 이동할 수 있는 기회를 준다. 대체로 포용력 있는 SP들이라도 교사가 쉬는 시간에 못 다한 수업을 하거나 학습내용을 정리하도록 하는 것은 그들을 가장 화나게 하는 것이다. 쉬는 시간이나 놀이 시간의 확보는 SP에게 사막의 오아시스 같은 것이다. SP는 만지고 조작할 수 있는 활동적인 수업을 원한다. SP를 위해서는 많은 학습 자료가 준비되어야 하고 수업을 게임과 놀이 중심으로 재구성하여야 한다. 수업 도입부에 SP를 자극하는 것이 중요하다. 이런 자극이 있어야 SP는 참여의 동기를 얻게 된다. 게임과 놀이에서 경쟁적인 SP에게는 물질적 보상도 중요하다. 사탕 하나를 얻기 위해 최선을 다하는 SP 모습을 보고 물질적이고 즉각적이라고 생각하는 것은 심리유형에 대한 이해 부족에서 나온다. 고작 사탕하나가 아니라 게임 중에 최선을 다한 자신의 태도와 맞바꾸어지는 것이기 때문에 교사가 제공한 물적 보상에 대해 예민하다. 하지만 교사들은 지나친 SP들의 물질적 집착과 오로지 즐기려고만 하는 강한 욕구로 인해 SP의 에너지를 감당하기 어려워한다. SP가 학급에 많다면 교사도 자신의 에너지를 비축해 학생들과 어울릴 수 있는 시도를 해야 한다. 신체적으로 접촉이 가능한 묵찌빠, 팔씨름 등 승부를 가리는 게임을 교사가 함께 하고 피구나 야구 등을 자주 하며 심판관이나 점수 채점자가 되어주어야 한다. SP에게는 활기나 협동심, 주변에 대한 관심, 적응력에 대해 칭찬해주고 격려해 주어야한다.

라. 이상적인 탐구가 NT 아이들과 궁합 맞추기

● **NT에게는** 호기심과 독특성을 인정하며 자유로울 수 있는 권리를 어느 정도 부여해 주는 것이 중요하다. 또한 독자적이고 자존심이 강한 NT의 태도와 NT의 감정을 별개로 받아들여야 한다. 많은 교사들이 NT의 태도로 인해 도전감을 느끼고 건방지고 제멋대로라고 생각한다. NT는 교사가 자신을 부정적으로 생각하는 것에 대해 예민하며 직감적으로 안다. 성장하는 동안 NT의 성격적 독특성으로 인해 어른들로부터 많은 비판을 받았기 때문에 권위자에 대한 방어적 태도를 가지고 있다.

따라서 교실에 있는 비판적인 NT를 이해하기 위한 가장 효과적인 방법이 바로 심리유형에 대한 이해인 것이다. 사물과 현상에 대한 탐구가인 NT, 특히 내향 NT는 친구관계에서 어려움을 겪는다. 이런 관점에서 교사는 그 어려움을 도와주는 조력자의 자세를 취해야 한다. 내향 NT에게는 친구들의 말을 경청하고 상대방의 입장에서 생각해보는 공감훈련이 필요하다. 외향 NT에게는 자신이 한 말이 친구에게 미친 영향을 분석해 보는 것이 좋다.

교사는 학습에서도 NT가 스스로 학습할 수 있는 조력자의 역할을 한다. 집중하는 주제에 대해 관심을 가지고 탐구해 가는 과정을 지켜봐 주면서 인내심을 가지고 논의해 준다. 이것이 NT에게는 최고의 격려이자 인정이다. 교사와 소크라테스식의 질문법으로 1:1의 개인 토의시간을 정기적으로 가지는 것도 좋다. NT가 한 질문에 대한 답을 모를 경우 솔직하게 모른다고 하면 된다. 탐구가 NT는 교사라서 모두 알아야 된다는 생각을 가지고 있지 않다. 지나치게 불만을 토로한다면 불평을 제대로 토로할 시간을 주거나 받아주면 되지만 교사는 그 속에서 감정적으로 평정심을 갖도록 해야 한다. NT에게 주제를 제시하는 탐구과제를 주는 것이 좋으며 도달해야 할 목표만을 제시하고 과정은 자유롭게 탐구해 가도록 한다. 무엇보다 NT의 유능감을 믿고 인정해 주어야 한다. NT는 자신의 유능감을 알아보지 못하는 교사를 힘들어 한다. 또한 자신의 유능감과 연결되는 칭찬만이 칭찬으로서의 가치가 있다. NT는 무엇보다 체벌에 대해 부정적이다. 체벌 하는 교사는 실력 없다고 생각한다.

다음에 제시될 내용은 각기 다른 빛깔로 생각하고 행동하는 아이들을 16개의 성격유형의 관점에서 분류하였다. 여기에 제시된 아이들의 행동 및 교사와 또래 사이에 나타난 관계적 특징은 주로 초등학교에서 교사의 관점에서 관찰된 것이다.

Ⅱ 성격유형별 특징

1. ISTJ

가. 한결같은 태도와 꼼꼼함이 빛나는 아이들

● **3월부터** 12월까지 쓴 일기장이 마치 인쇄된 한 권의 책을 보는 느낌을 가지게 하는 것이 ISTJ 아이들이다. 한결같은 단정함과 한결같은 성실함, 한결같은 자기 페이스를 유지하면서 한 단계 한 단계 올라가는 것이 ISTJ의 힘이다.

나. ISTJ 특징

● **조용해서** 있으나 없으나 별 차이가 나지 않을 것 같아도 없으면 성실함과 책임감으로 인해 그 빈자리가 너무도 큰 것이 ISTJ이다. 매일 해야 하는 일에 지겨움을 나타내지 않고 오히려 안정감으로 인해 더 높은 능력을 나타낸다. 다수 앞에 나서는 것은 싫어하며 부끄럼이 많다. ISTJ는 자신의 영역이 분명하며 변화를 싫어한다. ISTJ는 정서적인 표현이나 주장은 적지만 주변의 의견을 따르지는 않는다. 드러나지 않지만 자신의 의사를 분명히 밝히는 편이다. ISTJ는 아이들임에도 불구하고 표정의 변화가 크게 없다. 학급대항전 발야구경기에서 아깝게 져 모든 학급친구들의 일기 주제가 발야구경기 일 때도

담담하게 일상적인 일을 주제로 일기를 쓰는 ISTJ는 주변 분위기에 쉽게 흔들리지 않는다. ISTJ는 절약하고 노력하는 생활태도가 몸에 배어있다. 수업 후 학용품을 찾는 모습은 학용품을 쉽게 생각하는 요즈음 아이들과는 다르다. ISTJ는 장시간 바른 자세로 수업에 집중한다. 학습에서도 교사가 가르친 내용을 그대로 따르고 시험공부는 날짜별로 요일별로 계획을 세워 교과서 위주로 공부한다. 매사에 최선을 다하기 때문에 성적에 예민하며 시험기간 동안 스트레스를 많이 받는다. 예고되지 않은 시험에서는 심한 불안감으로 인해 평소 실력 이하의 점수를 받을 때도 있기 때문에 가장 싫어한다. 준비되지 않은 발표는 하지 않고 예습한 내용이나 정답이 뚜렷한 단답형의 질문에는 강하지만 자신의 생각을 나열하는 질문은 힘들어한다.

하지만 생각을 정리할 시간을 충분히 주면 기대 이상의 발표로 주위를 놀라게 할 때도 있다. ISTJ는 모이면 시끄럽고 의견이 모아질 때까지의 과정이 힘들기 때문에 조별과제나 활동을 싫어한다.

하지만 과제가 주어지면 싫어도 참석하여 책임감 있게 마무리한다. 전체 집단보다 소집단에서 자신의 의견을 잘 제시하고 경우에 따라서는 소집단을 리더하기도 한다.

다. ISTJ 교우관계

● **학급에서** 단짝이 없고 원만하게 두루 잘 지내지도 않는 편이다. 그렇다고 홀로 외기러기처럼 친구가 없는 것도 아니다. 상황에 맞게 그때그때 어울리는 친구가 있으며 대부분 주어진 모둠이나 짝 등 자신의 주변에서 가깝게 찾는다. 친구들에게 친절하게 잘 대해 주기 때문에 친구들 역시 ISTJ를 좋아하며 성실한 생활태도로 인해 신뢰가 높다. 친구를 집에 잘 데려가지 않으며 자신의 공간에까지 초대한 친구와의 우정은 상급학교를 넘어서도 지속되는 경우가 많다. 담담한 교우관계를 하는 ISTJ에게 복잡한 정서적인 교류와 갈등은 힘든 일이다.

ISTJ는 친구에게 불만이 있어도 표현하지 못하고 힘들어 하다가 포기한다. ISTJ는 포기한 영역을 쉽게 잊지 못하고 정리하는데 오랜 시간이 필요하다. 따라서 ISTJ는 자신처럼 신뢰할 수 있고 쉽게 피해를 주지 않는 친구를 만나기를 기대한다.

라. 교사와의 관계

● **ISTJ는** 공정하고 신뢰할 수 있는 교사를 원하며 항상 원칙을 가지고 질서있는 학급을 만들어 주기를 원한다. ISTJ는 교사가 원칙이나 규칙 없이 상황이나 기분에 따라 행동할 때 힘들어한다. 예기치 않은 일에 자신의 능력이 평가당하는 것을 억울해 하며 교사가 제시한 활동이 목적을 가지고 이루어지기를 원한다. 숙제검사나 알림장 적기 등 일상적인 사항들을 빠트리거나 아무생각 없이 책상에 걸터앉는 등의 행동을 하는 교사를 이해하기 어려워하며 교사로서의 권위를 가지고 행동하고 말하기를 바란다. 순종적인 ISTJ는 학습활동에서 불만을 나타내지 않지만 가끔 선생님의 요구를 융통성 없이 수행하는 과정에서 생긴 불만이나 스트레스를 부모님이나 가족에게 짜증과 화로 나타낸다. ISTJ가 일기장, 쪽지, 메일 등으로 교사에게 어떤 요구를 하였다면 그전에 ISTJ 혼자서 많은 시간동안 그 문제에 대해 심사숙고했다는 것을 알아주어야 한다. 그리고 문제해결을 하기 위한 적극성을 보여주어야 한다.

부모와의 자연스런 대화를 통해 자신의 생각을 늘 표현할 수 있도록 해주세요.
문제 상황에서 여러 가지 대안을 찾는 연습을 하여 상황에 융통성을 가질 수 있도록 해주세요.

2. ISTP

가. 가슴에 불을 가지고 조용하게 세상을 바라보는 아이들

● 어느 것에도 동기화되지 않던 아이가 리코더만 잡으면 훌륭한 연주자가 되어 주변을 놀라게 하고, 친구의 자전거를 모조리 고쳐주어 주변을 놀라게 하는 ISTP를 종종 만나게 된다. 시니컬한 매력으로 작은 듯 대범하며 마음먹고 하면 잘하는 것이 ISTP의 힘이다.

나. ISTP의 특징

● 겉으로는 조용하고 온순한 듯 보이지만 내적인 카리스마가 있는 것이 ISTP이다. 관심분야에 많은 정보를 가지고 있고 손재주가 뛰어나며 자기만의 세계가 강한 개성을 가졌다. 간섭하는 것과 자신이 드러나는 것을 싫어한다. 매사에 노력을 아끼는 ISTP는 "머리는 좋은데 노력하지 않는다"라는 말을 자주 듣는다. 따라서 어떤 일이든지 쉽게 간단하게 해결하는 방법을 잘 알아낸다. 주어진 책임이상의 노력은 기대하기는 어렵다. 오랜 시간 생각하다가 행동으로 옮길 때는 빠르다. 복잡하거나 지루한 것을 힘들어하며 복잡한 문제나 갈등은 미루어 둔다. 손해 보는 상황에 민감하기 때문에 잔잔한 다툼이 있으며 한 번 돌아서면 냉정하다. ISTP는 적절하게 참을 줄도 알며 적당하게 포기도 하는 낙천적인 면을 가지고 있다. 따라서 ISTP가 화를 내는 것은 오랫동안 참아온 것이며 자신의 기준에서 도무지 이해가 안 되거나 용납되지 않는 것이다.

ISTP는 앉아서 듣기만 하는 수업을 싫어하며 무엇이든지 조작하거나 활동하는 것을 좋아한다. 좋아하는 영역에서는 꾸준한 끈기와 높은 완성도를 보여준다. ISTP는 자신의 속도에 맞게 공부하며 주변의 상황에 휘둘리지 않지만 학습 과정을 갑갑해하고 지루하게 느낄 때가 많다. 이럴 경우에는 환경의 변화나 다른 자극이 필요하다. 고집이 있고 은근히 재미를 느껴야 동기화되는 ISTP는 학습의 양과 진도를 같이 결정해 나가는 것이 좋다.

ISTP가 가진 능력을 십분 발휘하게 하기 위해서는 느슨한 통제와 여유가 필요하다. ISTP에게는 목표의식을 갖고 스스로 해야겠다는 생각을 갖게 하는 것이 중요하다.

다. ISTP의 교우관계

● 내향적인 ISTP이지만 친구들과 어울려 놀고 외출하는 것을 좋아하며 마음에 맞고 놀이가 맞으면 친구들과 활발하게 어울린다. 하지만 말이 적은 편이기 때문에 먼저 친구를 찾거나 말을 거는 일이 잘 없다. 표현이 적기 때문에 표현력이 많은 친구들은 떨어져 나가는 편이다.

ISTP는 관심분야가 같으면서 자신처럼 말이 적은 친구들과 친하게 지내는 편이다. 친구와 같은 공간에 모여서도 각자 다른 것을 하면서 시간을 함께 보낸다. 자유스러운 친구관계를 좋아하며 특히 INTP와 친하게 지낸다. ISTP는 자전거 타기, 모형 자동차 만들기, 조각하기, 옷 만들기, 만화그리기 등 같은 관심거리로 친구와 친하게 지낸다. ISTP는 이런 과정을 통해 친구와 친해지면 심심하게 어울리면서도 시간을 늘 함께 보낸다.

또한 주변에서 ISTP에게 자극을 주지 않는다면 먼저 갈등을 유발하는 경우는 없다. 하지만 조용하고 온순한 ISTP이지만 공정하지 못한 상황에서 시비가 벌어지면 싸움을 피하지 않는다.

라. 교사와의 관계

● ISTP는 공정하고 자유를 인정해 주며, 세세하게 간섭하지 않는 교사를 원한다. 교사에게 꾸중을 듣기 전에 자신의 일은 알아서 하는 편이지만 교사에게 자신을 개방하는 데는 오랜 시간이 걸리며, 자신을 표현하지 않을 때가 많다. ISTP는 교사를 신뢰할 수 있다고 믿으면 말없이 깊은 애정과 믿음을 보여준다. ISTP의 교사에 대한 애정은 꾸준하며 오랜 시간이 지나도 변함이 없다.

하지만 공정하지 않거나 불합리한 교사에게는 말없는 반항의 표정이나 태도를 보인다. ISTP와 교사와의 갈등은 준비물이나 과제를 해오지 않은 것에서 비릇되거나 어떤 일에 대해 긴 설명을 하지 않아서 발생할 수도 있다. ISTP와 대화하는 데는 교사의 끈기가 요구된다. 언어표현이 적은 ISTP에게 말하기를 강요하기 보다는 서로 쪽지나 메일을 이용하는 것이 더 효과적일 때도 있다.

혼자만의 공간과 시간을 인정해주는 여유가 필요합니다.
컴퓨터 시간에 대한 약속이 필요하고 큰 약속만을 정하세요. 세세한 간섭과 잔소리는 오히려 더 큰 문제를 가지고 옵니다.

3. ESTP

가. 유머와 재치로 시원시원하게 행동하는 아이들

"우리 유형은 별나다는 말을 많이 듣고 몸에 상처가 많고 모두 깁스를 한 경험이 있습니다."라고 큰 목소리로 말해서 웃음을 주는 ESTP를 SAM프로그램에서 늘 만나게 된다. 여유 있고 선입견 없는 태도가 매력적이며 거칠 것 없는 행동이 먼저 드러나는 것이 ESTP의 힘이다.

나. ESTP의 특징

● 매사가 시원하고 어느 상황에서도 즐거움을 추구하는 ESTP는 명랑 쾌활하다. 먼저 행동하고 나중에 후회하는 형이다. 남학생은 터프한 사나이 같고 여학생은 화끈하고 뒤끝이 없는 여장부 스타일이다. ESTP의 가장 큰 장점은 개방적인 행동과 사고이다. 아무리 복잡한 문제도 ESTP에게는 단순하게 만들어지고 호탕한 웃음소리로 넘어가는 여유가 있다. 순간 적응력이 뛰어나 위기를 잘 넘기지만 고집이 강하고 독립적인 생활태도를 가지고 있어

혼자서 판단하고 행동할 때가 많아 주변 어른들을 애태우게 한다. 'Give and take'의 생각을 가지고 있어 당한 만큼 갚아주어야 하기 때문에 충돌도 잦은 편이다. 또한 양보심과 배려가 부족하고 손해 보는 것을 용납하지 않기 때문에 때로는 이기적으로 보여 진다. 문제가 발생하면 자신보다는 타인이나 상황에서 원인을 찾고 따지는 경향이 있으며 자신의 입장을 설득력 있게 잘 말한다. 따라서 어른에게도 자신의 입장을 밝히려고 하는 태도로 인해 건방져 보이는 인상을 준다.

행동파인 ESTP는 학습에서도 열정을 갖고 성급하게 덤벼들지만 싫증을 잘 낸다. 한 번에 한가지의 공부를 하는 것이 아니라 음악을 듣고 음식을 먹으면서 이 방 저 방을 드나들면서 국어와 수학을 동시에 펴놓고 산만하게 공부한다. 저학년일 경우 수업시간에는 자신이 아는 것과 상관없이 먼저 자신 있게 손부터 들고 본다. 그리고 불리한 상황은 유머와 재치로써 넘기는 재주가 있다. 너무 많은 노력이나 준비를 요구하는 과제나 학습이라고 판단되면 미리 포기하고 벌 받는 쪽을 선택한다.

ESTP가 싫어하는 것은 복잡한 음표와 같은 상징적이고 추상적인 학습이다. 단순한 계산은 빠르고 정확하나 복잡한 문제해결에서는 생각하기를 싫어한다. 행동적인 활동이나 게임에서는 승부욕이 강하며 작은 놀이에서도 꼭 이겨야한다. 물질적인 보상에 약하며 즉흥적인 토의 시간에 적극적이다. 그리기와 만들기에 소질을 보이지만 뒷마무리가 부족하다.

다. ESTP의 교우관계

● **선입견** 없는 ESTP는 누구와도 잘 어울리며 친구들을 신나게 만들고 웃기는 양념 역할을 한다. 자신의 생각이 옳다고 생각하면 끝까지 고수하는 편이기 때문에 싸움도 잦지만 뒤끝 없이 화해도 잘한다. 금방 덤비다가 곧 이어 어깨동무를 하는 ESTP 때문에 혼란스러운 것은 오히려 친구들이다. 특히 ESTP 여학생은 복잡하고 예민한 여학생의 정서적인 변화를 이해하기 힘들어 하며 오히려 남학생들과 더 편하게 어울린다. ESTP는 자신의 방식과 생각대로 행동하기 때문에 친구에게 부담을 줄 때도 있지만 관계가 형성된 후에는 대단한 수용력을 나타낸다. ESTP는 항상 친구와 소문을 몰고 다니며 가는 곳 마다 언제나 시끄럽다. 궁금한 것이 있으면 그냥 지나치지 못하고 학급 구성원의 모

든 일에 시시콜콜 간섭한다.

따라서 친구들에 대한 많은 정보를 가지고 있으며 문제해결사를 자처한다. 학기 초에는 이런 모습으로 좋은 인상을 주고 친구들에게 인기가 많지만 시간이 지날수록 지나친 주장과 언행불일치의 태도 때문에 인기를 잃어가는 용두사미 격이 되는 경우가 종종 있다.

라. 교사와의 관계

● **ESTP는** 자신의 행동적인 성향을 이해하고 친구 같은 교사를 원한다. 교사가 자신의 별난 행동을 참아주는 여유로운 사람이기를 바란다. 단순하고 재미를 추구하는 ESTP와 친해지기 위해서는 신체적으로 접촉하는 장난과 농담을 주고받는 것이 필요하다.

ESTP와 관련된 갈등상황에서 "선생님이 이 상황에서 어떻게 하는 것이 가장 공정한 방법이겠니?"하고 기회를 주는 것이 중요하다. ESTP는 자신을 인정해 주는 교사에게 터무니없는 변명이나 막무가내로 자신의 입장만을 내세우지 않는다.

인간적인 관계를 형성하기 전 권위를 앞세워 일반적인 기준에 의해 잘못을 꾸짖는 것은 ESTP의 반항심을 더 크게 불러일으킨다. ESTP는 자신을 인정해 주는 교사를 숭배하고 따르며 깊은 의리를 보이며 때로는 나서서 교사의 고충까지 해결해 주려고 한다. ESTP에게는 학급의 문제해결사 같은 역할을 주는 것이 좋다. ESTP는 자신의 편이 되어주는 지지자 같은 교사가 필요하다.

넘치는 에너지를 주체하지 못해 꾸중을 자주 듣고 자라는 ESTP에게는 꾸중하기 전에 잘못된 행동을 하게 된 이유를 들어주세요.
그리고 잘못된 행동에 대해서만 꾸중해주세요.
많은 꾸중이 자칫 ESTP 인간 전체에 대한 비난이 될 수 있어요.
그러면 마음속의 억울함으로 화를 자주 내게 될 수 있어요.
작은 일이든 큰일이든 ESTP와 늘 상의하세요. 자신의 일을 스스로 결정했을 때 동기화가 잘되고 마무리도 잘 지어요.

4. ESTJ

가. 씩씩한 책임감의 대들보 같은 아이들

● **신뢰받는** ESTJ가 반장이 되었다면 ESTJ는 스스로 부담임이 되어 담임교사 못지않은 책임감으로 낙오자가 한 사람도 나오지 않도록 통솔해간다. 친구들에게는 신나게 어울리며 어려움을 말할 수 있는 동료로, 교사에게는 학생들과 연결해 주는 다리역할을 하며 교실 한편에 있기만 해도 든든함을 느끼게 해주는 것이 ESTJ의 힘이다.

나. ESTJ의 특징

● **책임감이** 강하고 사교적인 ESTJ는 주변의 신뢰를 많이 받는다. 정리정돈을 잘하고 질서를 잘 지키며 예의바르다. ESTJ는 활발하고 명랑하며 장난도 잘 치지만 이들의 행동에는 절제가 있다. ESTJ는 생각이 분명하고 자신의 논리가 교사나 부모님과 같은 외부로부터 반박 받는 것을 싫어한다.

하지만 ESTJ는 타인의 생각을 받아들일 자세가 되어 있다. ESTJ의 고집스런 생각의 바탕은 사회적 규범이나 필요에 의한 것이 많다. 때로는 ESTJ의 사고가 너무나 원론적이어서 답답할 때도 있다.

ESTJ는 공정하지 않은 것을 참지 못하며 억울한 대접을 당하면 끝까지 따져든다. ESTJ는 계획이 세워지면 바로 행동으로 옮기는 성급함 때문에 종종 후회를 한다. 성취 지향적이고 목적의식이 분명한 ESTJ는 학업성취가 낮은 자신을 견디지 못하고 열등감으로 자신을 괴롭힌다. 지나치게 잘하기 위해 행동하는 ESTJ는 때로는 삭막하게 보인다. 성급함과 경쟁심 때문에 친구들과 주먹이 오고 가는 싸움을 할 때도 종종 있다.

ESTJ는 공부도 계획을 세워 노력하는 편이며 반복해서 암기하는 과목에 강하다. 암기한 단편적인 사실을 나열하는 것은 잘하지만 수집된 정보나 개념의 연결고리를 이해하고 엮어나가는 것을 힘들어한다. 따라서 초등학교 저학년 때는 학습에 두각을 나타내지만 학년이 올라갈수록 학습에 어려움을 느끼는 경우가 있다. 또한 더 나은 향상을 위해 ESTJ가 노력하는 과정은 자신을 힘들게 한다. 성급함으로 인해 학습과제나 활동을 빨리 검사 받는 것에 목적을 두고 부실한 내용의 과제물을 제출할 때도 있다. 발표를 조리 있게 잘하며 토의를 좋아한다.

다. ESTJ의 교우관계

● 주변을 배려하고 친절한 ESTJ는 친구들에게 먼저 다가가고 두루 친하게 지내며 개방적이다. 친구들 사이에 편지나 선물을 적절하게 주고받는다. ESTJ는 직선적인 행동이나 말 때문에 자신도 알지 못하는 사이에 친구들에게 상처를 주는 경우가 있다. 교우관계에서도 원칙이 있으며 자신의 열등한 모습을 절대 보이지 않으며 깊은 내면의 교류를 믿지 않는 경향도 있다. 또한 ESTJ는 매사를 객관적으로 받아들이기 때문에 때로는 친구들에게 교사나 선배 같은 인상을 주기도 한다.

ESTJ는 학급 일도 공정하게 처리를 해서 의견 불일치 시에는 모두가 만족해 하는 중재안을 잘 내놓으며 타협점을 잘 찾는다. 학급이든 모둠이든 책임을 맡으면 한 사람도 소외되지 않도록 역할을 준다. 그것은 친구에 대한 관심이나 우정보다는 자신의 역할에 대한 책임을 다하기 위해서이다. 따라서 감정적인 친구들은 ESTJ에게서 왠지 섭섭함이나 좀 더 진한 친밀감을 느낄 수 없는 것에 대해 답답함을 호소할 때가 있다

라. 교사와의 관계

● ESTJ는 성실하고 공정하며 질서 있고 재미있는 학급을 만들어가는 교사를 원한다. 교사가 특별히 부당한 일이 없다면 교사에게 긍정적이다.

또한 ESTJ는 교사의 지시를 잘 따르며 예의바르게 자신의 의견을 나타낸다. 교사는 ESTJ에게 리더의 역할을 주어 강화하는 것이 필요하다. ESTJ는 자신이 우두머리가 되었을 때 그들이 가진 모든 긍정적인 요소들을 발휘한다. 만약 ESTJ가 학급에서 충분한 역할을 하지 못한다면 끊임없이 교사의 공정함에 의문을 제기하고 성급함으로 친구들과 자주 다투는 모습을 나타낸다.

친구들과의 관계보다는 경쟁에 치우치는 ESTJ를 보면 안타까울 때도 많다.

또한 학급에서도 지나친 의사표현이 자기과시나 건방진 모습으로 비칠 수 있으며, 감정이나 상황보다는 원리 • 원칙에 따라 판단하는 ESTJ는 매사에 변명을 해대는 아이로 보이기도 한다.

게임에서 이겼을 때 격려하고 칭찬하지만 게임에 졌을 때도 격려하고 칭찬을 아끼지 않는 것이 중요합니다. 결과보다는 과정에 충실할 수 있도록 지도하세요.

5. ISFJ

가. 한결같은 깔끔함으로 조용하게 즐거운 아이들

● **항상** 지우개가 달린 연필만을 고집하며 다른 종류의 연필은 사용하지 않는 태도 때문에 부모를 애태우기도 한 ISFJ 남학생은 사람이나 물질이나 자신에게 속한 것에는 정성을 다하고 책임을 중요시 했다. 멋스러우면서도 깔끔하고 단정하게 자신을 코디할 줄 아는 것이 ISFJ가 가진 힘이다.

나. ISFJ의 특징

● **꾸준하게** 한결같은 모습과 마음을 보여준다. 맡은 일을 완벽하게 해내는 책임감이 있고 은근하게 잘하려는 욕심도 많다. 적극적으로 주도하지 않지만 뭐든지 잘하려는 욕구가 강해 선생님께 인정받기 위해 학교에서는 양보 잘하는 모범생이다. 하지만 가정에서는 부모에게 시시콜콜 요구사항이 많고 형제간에는 양보보다는 자기 것을 고집하고 짜증을 잘 낸다고 한다. 실수할까봐 나서는 것을 두려워하며 친구들 앞에 나서기 전에 불안한 모습이 역력하다. 드러나지 않지만 항상 깔끔한 옷차림을 중요하게 생각하며 외모에 관심이 많다.

여학생 중에는 은근히 멋쟁이들이 있고 연예계에 관심이 많으며 연예정보에도 능하다. 남학생 중에는 아침은 먹지 않아도 머리 손질은 꼭 하고 등교하는 ISFJ도 종종 있다. ISFJ의 꾸준함은 학습에서도 나타난다. 바른 자세로 수업에 임하고 언제나 교사의 눈을 응시하며 자신이 집중하고 있다는 신호를 보낸다. 단위시간에 학습한 내용을 그 시간 안에 이해하려 최선을 다한다. 정답이 분명한 문제나 예습한 부분에는 발표를 잘하지만 창피당하는 것이 두려워 즉각적인 반응을 잘 나타내지 않는 편이다. 반복학습에 강하고 속도도 빠른 편이어서 수학 계산문제는 빨리 해결하지만 고난도의 문제해결은 다소 힘들어한다. 시험공부는 계획을 세워 차분하게 혼자 하는 편이며 시험기간이 알려지면 걱정부터 한다. 모둠활동이나 과제정리를(도표화, 글씨, 삽화에 능함) 잘하고 드러내지 않은 경쟁의식이 강하다. 무엇이든지 잘하려는 의욕은 강한 반면 그 만큼의 능력을 발휘하지 못해 부모님을 안타깝게 하는 경우도 있다. 열심히 노력하지만 세부적인 사항에만 매달려 전체를 보지 못하는 경우도 종종 있다.

다. ISFJ의 교우관계

● **ISFJ의** 교우관계는 남녀에 따라 상당히 다른 모습을 보인다. 대체로 자신을 잘 표현하지 않는 ISFJ는 여러 친구와 두루 사귀기보다는 한, 두 사람과 친밀한 관계를 맺는 편이다. 친밀한 관계를 맺은 친구에게는 지나치게 의존하고 다른 아이들이 그 관계에 들어오는 것을 좋아하지 않는다. 소수의 친구관계 안에서는 상당히 주도적이며 언어표현도 직선적이고 적극적이다. 한 번 의견충돌이 있었거나 마음에 들지 않는 친구와는 잘 사귀지 않는 편이다.

ISFJ 여학생은 학교에서 친구와의 사소한 다툼으로 잘 삐지고 화해하는 데 오랜 시간이 걸리는 편이다. 친한 친구에게 친절하게 배려하고 늘 함께 다니길 요구하기 때문에 ISFJ와 친구가 된 사람을 가끔은 ISFJ의 집요함에 부담을 느끼기도 한다. 방과 후에는 서로의 집을 방문하는 것을 좋아하고 어딜 가나 항상 같이 하려고 한다. 우정을 확인하기 위한 물건이나 편지 등을 잘 주고받고 우정을 다져 나가는 행위들을 중요시 여긴다. ISFJ 남학생은 친구들을 잘 이해하고 양보를 잘하기 때문에 착하다는 말을 많이 듣는다. 착한 심성과 친절로 여학생들에게 인기가 많은 편이며, 누구하고도 갈등을 만들지 않는다. 학급 구성원 전체와 두루 잘 지내며 특히 친하게 지내는 소수의 친구를 가진다.

라. 교사와의 관계

● **ISFJ는** 우리 반 선생님이라면 먼저 좋아해 주는 태도를 가지고 있다. 질서 있고 깔끔한 학급을 운영하고 준비물이나 과제를 세세하게 챙겨주고 확인해주는 교사를 원한다. 순응하고 문제를 거의 만들지 않기 때문에 대체로 교사로부터 신뢰를 받는 편이다.

ISFJ에게는 교사의 인정이 무엇보다 중요하다. 인정받기 위해 무슨 일이든 최선을 다하고 때로는 자신이 하기 싫은 부분도 과장해서 나타내기도 한다. 학급에서 토큰제도를 실시한다면 그것을 얻기 위한 ISFJ의 노력은 눈물겹다. 매사에 욕구가 가득한 ISFJ는 교사의 특별한 관심이 자신에게 집중되기를 바라며, 노력만큼 인정받지 못할 때 많이 서운해 한다.

> '이것하면 저것 줄게요' 같은 조건화는 잘하려는 욕구가 많은 ISFJ를 긴장시켜요.
> 가급적 여러 사람 앞에서 발표하고 표현활동을 할 수 있는 기회를 많이 제공해 주세요.
> 갖고 싶은 물건이 많을 때는 초등학교 저학년까지는 가급적 그 욕구를 채워주세요.

6. ISFP

가. 조용하게 주변에 영향력을 미치는 너무도 착한 아이들

● **가창시험에서** 부끄러움 때문에 한참을 미적거린 후 성악가처럼 멋지게 노래한 ISFP 남학생은 노래 부르는 내내 고개를 숙이고 있었다. 그 날의 가창시험이 아니었으면 그 ISFP 남학생의 숨겨진 재주를 몰랐을 것이다. 알아갈수록 여유와 낭만, 예술적 끼를 가지고 숨은 인기가 있는 것이 ISFP의 힘이다.

나. ISFP의 특징

● **마음이** 너그럽고 순하며 낙천적이다. ISFP는 부끄럼이 많고 자신의 머리 모양이나 옷차림새 등 타인에게 주는 인상에 대해 예민하다. 행동이 느려 다소 게으른 생활태도로 주변 사람을 애태우게 하지만 느린 가운데도 자신이 좋아하는 분야에는 성실함을 발휘한다. 자신을 잘 드러내지 않지만 ISFP는 노는 것을 은근히 좋아하며 순간순간의 즐거움을 찾아 생활한다. 현재 유행하는 것, 연예계, 먹는 것, 놀이 등에 관심이 많다. 어떤 활동을 시작할 때 처음에는 호기심과 즐거움으로 참여하지만 쉽게 지치고 짜증을 잘 낸다. 따라서 ISFP는 변덕이 심하다는 말을 듣기도 하며 끈기가 다소 부족하다. 착하다는 소리를 많이 듣는 ISFP가 고집을 부리면 모두들 놀란다. 특히 학교와 같은 공동체보다는 가정에서 터무니없는 고집을 부려 부모님과 형제를 힘들게 한다. 어른들에게 꾸중을 들을 정도의 과잉행동은 하지 않지만 잔잔하게 지속적으로 산만해서 책상주변은 늘 어지럽다.

ISFP는 내향형이지만 게임, 활동, 경험 등을 통한 학습을 선호하고, 답답하고 딱딱한 설명이나 반복 훈련을 힘들어한다. 따라서 수업태도가 다소 산만하며 열심히 하기보다는 수업의 관찰자처럼 행동한다. 하지만 질문을 해보면 나름대로 수업내용을 파악하고 있다. 발표는 정확한 답을 알거나 시키는 경우 외에는 잘하지 않으며 나서는 것을 싫어한다. 다양한 재료를 활용한 만들기를 잘하고 세세한 부분까지 장시간이 걸려도 집중한다. 학습은 본인의 의지보다는 부모님의 의지에 의해 하는 편이기 때문에 늘 최소한으로 하는 경향이 있다. ISFP는 동물을 키우거나 식물을 재배하는 것을 좋아하며 잘한다.

다. ISFP의 교우관계

● **ISFP는** "착하고 사귀면 웃겨요."라는 말을 친구들에게서 많이 듣는다. ISFP는 드러나지 않지만 가까운 친구에게 농담도 잘하고 장난도 잘 걸어 재미있는 친구로 통하며 학급에서 은근 인기 '짱'이다. 먼저 다가가 친구에게 말을 걸지는 않지만 축구나 야구, 농구와 같은 놀이를 함께 하다보면 어느새 친한 친구가 되어있다. 또한 학급의 모두에게 선입견이 없어 누구와도 친하게 지낼 수 있으며 친구의 입장을 잘 배려하고 참아주기 때문에 싸우는 일이

잘 없다. 친구와의 관계에서 자기 의견을 내세우는 일이 거의 없고 친구들의 요구를 쉽게 거절 못하기 때문에 때로는 독립적인 자의식과 함께 친구의 요구를 거절 할 수 있는 태도가 필요하다. 즉흥적인 분위기에 따라 신나게 어울려 잘 적응하기 때문에 친구의 친구들과도 쉽게 잘 사귀는 편이다.

따라서 생각 외로 친구가 많으며 때로는 쉽게 친구들의 유혹에 빠지기도 하기 때문에 청소년기 주변 친구들에 대한 관리가 필요하다. 의외로 친구들과 함께하는 ISFP의 행동은 내향형의 태도보다는 외향형의 대담성을 가지고 있어 놀랄 때도 있다.

라. 교사와의 관계

● ISFP는 순종적이기 때문에 교사를 잘 따르지만 겁이 많아 권위적인 교사 밑에서는 눈치를 많이 본다. 교사 앞에서는 자신의 끼를 드러내지 않지만 교우관계에서 나타나는 장난기와 유머감각을 보고 교사는 ISFP의 의외의 모습을 발견하게 된다. ISFP는 그런 자신의 모습이 교사에게 들키면 부끄러워 어찌할 줄 모르지만 교사의 작은 관심에 너무나 기뻐하고 고마워하며 누구보다도 열심히 생활한다.

ISFP는 할 일을 미루는 경향 때문에 교사에게 꾸중을 들을 때가 있고 질문을 해도 답변이 늦고 소리가 작아서 답답함을 느끼게 한다.

하지만 재촉하는 것은 ISFP를 더 주눅 들게 한다. ISFP는 교사에게 인내하는 것을 가르쳐 준다.

ISFP 자신이 얼마나 멋진 사람인지 알기를 바랍니다.
ISFP가 친구들을 좋아하는 만큼 친구들도 ISFP를 좋아한답니다.
생활에서 시간 설정의 한계를 그어주고 생활화 될 때까지 확인이 필요합니다.
좋아하는 동물을 키우면서 책임감도 키우는 것도 좋은 방법입니다.

7. ESFP

가. 쾌활한 웃음의 눈을 가진 현실에 충실한 아이들

● **조금** 전에도 장난, 지금도 장난으로 꾸중을 밥 먹듯 하지만 돌아서서 "선-생-님--"하며 미소 지으며 다가서는 모습에 화낼 수 없게 만드는 개구쟁이들이다. 넘치는 명랑하고 쾌활한 에너지로 주변의 모든 것을 즐겁게 만들어 버리는 것이 ESFP의 힘이다.

나. ESFP의 특징

● **장난기** 가득한 '아이' 그 자체의 모습을 가진 ESFP의 표정은 생글거리며 밝다. 에너지가 넘치고 항상 즐거움을 추구하고 심각한 것을 싫어한다. 이런 모습이 진지함이 부족한 것처럼 보이기도 하지만 심각한 일조차 특유의 재치로 쉽고 간단한 일로 만들어 버린다. 상황에 따라 초반에는 조용하게 있지만 분위기 파악만 되면 끼를 유감없이 발휘하고 분위기를 잘 만들어 간다. 먹고 어울려 노는 것을 너무나도 좋아하며 점심 급식에 맛있는 것이 나오면 행복해 한다. 적응력이 뛰어난 ESFP는 준비되지 않아도 주어진 상황에서 얼렁뚱땅 잘해내는 재치가 있다. ESFP의 노력은 순간적이며 그 순간만큼은 최선을 다하는 자세로 과제를 해결하므로 노력에 비해 좋은 결과를 가져 올 때가 많다. ESFP는 규칙적으로 꾸준하게 해야 하는 일들에 싫증을 잘 내지만 잘하고자 하는 욕구가 많아 자신의 책임을 팽개쳐 두지는 않는다. 따라서 생활태도에 기복이 있는 편이며 학년이 올라갈수록 노는 것을 너무 좋아해 학습과 놀이를 조절할 수 있는 통제가 다소 필요하다. 따라서 이들에게 지나친 노력이나 계획을 강요하는 것은 미리 주눅 들게 하고 자신감을 잃게 만든다.

재미있고 협동심이 필요한 놀이와 활동에서 두각을 나타내며 물질적인 보상이 주어지기를 원한다. 승부욕도 강하지만 게임에 졌을 때 쉽게 포기할 줄 알며 우승한 친구를 축하해 주는 여유를 가지고 있다. 복잡한 것을 싫어하며 신나는 음악을 좋아하고 의미가 가득한 지루한 영화나 책보다는 자신이 직접 해

볼 수 있는 오락이나 게임을 선택한다. 이들은 손을 활용한 기능이 뛰어나 기계를 잘 다루고 마음만 먹으면 만들기를 잘한다. 체육을 좋아하고 컴퓨터실이나 과학실 등 환경의 변화가 있는 수업을 좋아한다.

다. ESFP의 교우관계

● ESFP의 적응력은 교우관계에서도 나타난다. 친구들과의 내면적인 정서적 교류보다는 서로 시간을 함께 보내는 놀이를 통해 교류하기를 원한다. ESFP 남학생은 시간만 나면 운동장으로 나가 공을 차고 뛰어놀며 ESFP 여학생은 시간만 나면 마음에 맞는 친구들과 수다를 떤다. 단짝이 있어도 전체 구성원과 폭 넓은 교우관계를 가진다. 학급, 학년, 선후배, 동네, 학원 등 넓은 영역에 걸쳐 친구가 있고 친구들에 대한 많은 정보를 가지고 있다. ESFP는 친구의 어려운 상황을 마음 아파하고 도울 줄 알지만 그리 오래 가지는 않는다. 현재의 친구에게 연연해하지 않고 언제라도 친구는 만들 수 있다고 생각한다. ESFP는 양보를 잘하고 협조적이지만 친구관계에서 자신의 이익을 버리면서까지 친구를 위해 자신을 양보하지는 않는 현실감을 가진다. 친구와의 약속보다는 자신의 계획이나 부모님과의 약속을 더 중요하게 생각한다.

ESFP는 자신의 욕구에만 집중하여 지나치게 참견하거나 자신이 좋아하는 것만 하여 친구에게 불편을 줄 때도 있다. 때로는 아무 의도 없이 한 즉흥적인 행동과 말이 친구들의 마음을 상하게 하기도 하지만 대체로 친구들에게 많은 인기를 얻는 편이다.

라. 교사와의 관계

● ESFP는 교사보다는 학급에 어떤 친구가 있는가 하는 것이 더 중요하며 어떤 교사이든 대체로 적응한다. 교사에게 붙임성 있게 행동하고 "선생님 잘못했어요"하고 먼저 사과하며 교사의 기분을 풀어주려고 노력한다. 이러한 태도로 인해 장난기 많은 행동에 비해서는 많은 꾸중을 듣지는 않는다. 학기 초 ESFP 남학생은 심한 장난과 과잉행동으로 꾸중을 많이 듣는 대상이 될 수 있다.

하지만 시간이 지날수록 ESFP의 따뜻함을 알게 되고 순발력 있는 재치로 교사에게 인정받게 된다. ESFP와 함께 생활하는 교사나 부모는 ESFP의 행동과 감정을 구분하여 지도하고 격려할 필요가 있으며 ESFP가 자신의 충동성을 제어할 수 있도록 상황에 따른 약속을 정할 필요가 있다. 따뜻하고 협조적이면서도 친구들과 잘 어울릴 줄 아는 ESFP의 인성에 교사들은 신뢰를 보낼 때가 많다.

자신의 끼를 발휘할 수 있는 취미를 가지고 공부하는 것이 좋아요.
놀이와 학습을 구분하여 생활할 수 있는 관심이 필요합니다.

8. ESFJ

가. 생동감 넘치는 조화로운 수다쟁이 아이들

● **학기** 초에 환경구성을 교사보다 먼저 걱정 하고 교실을 "이렇게 꾸미자! 저렇게 꾸미자!" 라고 먼저 적극적으로 제안하는 협력자들이다. 샘솟는 열정과 넘치는 재치로 주변에 활력소가 되어주는 것이 ESFJ의 힘이다.

나. ESFJ의 특징

● **명랑** 쾌활하고 책임감이 강하며 활동적이다. 학교에서 공부도 열심히 하지만 놀기도 열심히 하는 것이 ESFJ이다. 놀기를 좋아하지만 스스로 통제하는 힘을 가지고 있어 흐트러진 생활태도를 보이지 않는다. 남 앞에 나서기를 좋아하며 리더가 되기를 은근히 기대한다. 무언가 일을 꾸미는 것도 좋아하며 특히 그 일이 즐거운 오락을 동반한 일이라면 신나는 자신을 감추지 못한다. ESFJ의 표정만 보아도 현재의 속마음을 짐작할 수 있을 정도로 풍부한 감정을 가졌다. 풍부한

감정 변화를 직선적 언어표현으로 잘 나타내기 때문에 변덕이 심하다는 말을 듣기도 한다. 부모님이나 친구 등 주변에 친근함을 나누는 사람들을 무척 좋아하고 신경을 많이 쓴다. 따라서 집안 분위기를 즐겁게 만드는 역할을 할 때가 많지만, 분위기의 영향을 많이 받는다. 매사에 잘하려는 욕구가 강해 '잘한다' 는 말을 듣는 경우가 많으며 그렇지 못할 경우에는 보이지 않는 숨은 노력을 엄청나게 한다.

ESFJ는 정리정돈을 잘하고 조직력이 뛰어나 오락 진행자로서 적격이다. 즐거운 분위기를 좋아해 자신이 주도하지 않아도 적극적으로 호응하는 자세를 가지고 있다. 책임감과 성취욕이 강한 ESFJ는 친구 문제보다는 자신의 진로나 성적으로 고민하며 과제, 시험에 대하여 지나치게 미리 걱정한다. 지나친 걱정으로 인해 스트레스성 두통이나 설사 같은 증상을 나타내기도 한다. ESFJ는 자신의 능력에 앞서는 무리한 일을 떠맡아 자신을 혹사시키는 경향이 있다. 살아있는 감정이나 느낌을 살린 글쓰기를 잘하고 발표력도 왕성하다. 친화력 있게 말하는 능력이 우수하며 국어를 좋아하는 편이다. 쉬는 시간에는 한 순간도 입을 다물지 못하고 2시간의 영화를 6시간에 걸쳐 이야기해준다. 수업시간에는 무척 진지하며 계속 메모를 하는 등 상기된 표정이다. 분명한 과제와 자세한 설명을 선호하며 여학생도 검도와 태권도 같은 활동적인 것을 좋아한다.

다. ESFJ의 교우관계

● **풍부한** 감정으로 친구들의 아픔을 같이하는 ESFJ는 누구와도 격의 없이 지내려 한다. 적응력이 뛰어난 ESFJ는 상황에 따라 사람에 따라 상대방의 요구를 파악하고 친하게 지내는 방법을 알고 있으며 적절하게 친구들에게 선물을 잘 한다. 친구문제로 고민할 때도 있지만 쉽게 잊어버리는 편이며 한 친구를 정해 사귀지는 않는다. 혼자일 때도 그 시간을 외로워하거나 힘들어하지 않는 편이다. 현실적인 책임감이 강한 ESFJ는 공부가 우선이지 친구가 우선이 될 수가 없다. 하지만 놀이에서 순간적인 즐거움을 친구들과 충분히 공유하기 때문에 친구들은 ESFJ가 자기 손해를 보지 않으려 한다며 섭섭함을 표시하기도 한다. 직선적인 언어표현으로 친구들에게 본의 아니게 상처를 주기도 하며 ESFJ의 수다 중에 다른 친구의 비밀스런 내용을 말해 오해를 사기도 한다.

하지만 책임감 있는 생활태도와 조화롭고 잘 돕는 모습으로 친구들은 ESFJ를 좋아하고 신뢰한다. ESFJ는 자신보다 나은 성적의 친구들의 영향을 많이 받는 편이고 경쟁에서 지게 되면 자기 비하적인 생각을 잘한다. 어느 정도의 친구들과의 경쟁은 ESFJ가 발전하는데 도움이 되지만 지나친 경쟁은 ESFJ를 힘들게 할 때도 많다.

라. 교사와의 관계

● **ESFJ는** 교사에게 존중하는 태도를 보내며, 분위기도 좋으면서 질서 있는 학급을 만들기 위해 교사와 함께 노력한다. 항상 예의바르며 상냥한 표정으로 대한다. ESFJ는 타인의 외향적인 변화에도 민감하여 "선생님, 영희 머리 스타일이 달라졌어요."하며 교사에게 먼저 알려주는 역할을 한다. 붙임성 있게 말을 걸며 교사에게 자신의 생각이나 마음을 적절하게 표현할 줄 안다. 따라서 학급구성원을 대변하기도 하고, 교사가 모르는 학급 구성원 간의 일을 조용하게 알려주기도 한다.

> ESFJ에게는 "잘 할 수 있어. 걱정하지 마. 그리고 못해도 상관없어 다음 기회가 있잖니."라는 긍정적인 메시지와 함께 마음의 여유를 주세요. 미리 걱정하고 불안해하기 보다는 적절한 긴장과 여유를 스스로 찾아 갈 수 있도록 해 주세요

9. INFJ

가. 깊고 따뜻한 내면을 가진 공감적인 아이들

● **드라마** '가을동화'의 슬픈 사랑을 보고 밤새 울어 퉁퉁 부은 눈으로 등교한 INFJ는 부모의 작은 싸움에도 동생을 데리고 고아원에 갈 것을 상상한다. 시공간을 넘나드는 탁월한 상상력과 풍부한 감성 그리고 따뜻한 공감이 합쳐서 감동의 이야기가 되는 것이 INFJ의 힘이다.

나. INFJ의 특징

● **조용하고** 침착한 INFJ는 신뢰감을 준다. 또래에 비해 어른스럽고 가끔은 무슨 생각을 하는지 종잡을 수가 없다. 드러나는 표현은 적지만 복잡하면서도 뚜렷한 자기 세계를 가지고 있다. INFJ는 타인의 반응과 분위기에 예민하다. 맡은 일은 책임감 있게 끝까지 해내려는 끈기가 있지만 적극성이 부족하고 자신 없는 일은 시도 하지 않으려고 한다. 특히 나서기를 싫어해서 많은 친구들과 교사가 권해도 학급 임원 같은 것을 꺼린다. 뒤에서 묵묵히 자신의 일을 하며 협력자로 남기를 원하지만 때로는 가장 뛰어난 리더의 모습을 보이기도 한다. INFJ는 자신에게 기대와 희망의 메시지와 좌절과 비난의 메시지를 동시에 보낸다. 때로는 정확하지 않은 추상적인 일들로 자신을 채근하며 심리적 여유를 갖지 못한다. 뛰어난 상상력으로 놀라게 하지만 자신의 정신세계를 구체화하는 것을 어려워한다. 항상 복잡한 생각으로 힘들어 하며 기분에 많이 좌우된다.

INFJ가 공부를 하기 위해 필요한 것은 교사의 지지와 친구들과의 원만한 관계 등 분위기가 우선이며 감동적인 수업에 매료된다. 학급의 분위기가 편안하면 활발하게 수업에 참여하지만 그렇지 않으면 발표를 전혀 하지 않는다. 선호도에 따라 교과목간의 성적 차가 심하며 혼자서 독서하는 것을 즐긴다. 사회적인 현상이나 역사, 문학, 언어영역에 관심이 많지만 수학은 싫어하는 편이다. 그러나 좋아하는 선생님 때문에 싫어하는 교과도 열심히 공부하기도 한다. INFJ는 사람을 감동시키는 글쓰기를 잘하며 핵심을 간파하는 예리한 질문이나 답을 한다. 오락이나 게임 등에 쉽게 빠지지 않고 자신에 대해 진지하게 반성하며 탐구해 나간다.

다. INFJ의 교우관계

● **INFJ는** 마음으로는 모든 친구들에게 따뜻하고 공감적이지만 실제로는 지나치게 행동적이거나 주장이 강한 친구는 부담스러워한다. 친구들과 두루 친한 것은 아니지만 특별히 모나게 지내는 친구도 없다. 몇몇의 친구들과 깊은 관계를 가지며 말과 생각이 통하는 친구를 잘 사귄다.

INFJ는 자신처럼 조용하면서 책임감이 있는 친구들과 어울리는 편이다. 자신과 맞는 친구와는 아주 깊은 정을 나누며 단짝이 되면서도 깊은 내면을 교류하지 못하는 아쉬움을 항상 가진다. INFJ는 친구의 비난을 견디지 못하고 갈등이 있을 때는 모든 것이 힘들어진다. 또한 친구가 무심하게 반응할 때 무척 힘들어하면서 친구에게 표현하지 못하면서 거부되어지는 것을 두려워한다. 학급에서 가장 뒤떨어지고 모두들 짝이 되기 싫어하는 친구와 앉게 해도 불평을 하지 않으며 오히려 짝에게 인간적인 접근으로 따뜻한 관심을 보여준다. 생활에서 지나치게 진지하고 융통성이 없는 INFJ는 유머나 농담을 눈치 있게 파악할 줄 몰라 친구들에게 답답함을 준다.

라. 교사와의 관계

● INFJ는 따뜻하게 공감해주는 교사를 원한다. 교사의 비난에 상처를 심하게 받는 INFJ는 교사에 대해 기본적으로 두려움을 가지고 있다. 따라서 교사에게 적응하는데 꽤 많은 시간이 걸린다. 수업에 감동을 주는 교사, 생활지도에서 감동을 주는 교사의 행동, 말 한마디 등에서 INFJ는 좋아하는 교사를 온 마음으로 존경하고 따른다. INFJ는 학기 초에는 잘 드러나지 않지만 시간이 지날수록 진실한 태도로 교사의 눈길을 끌게 되는 학생이다. 조용한 눈빛으로 교사와 교류하며 교사의 개인적인 관심과 강화에 무척 고무된다. 선생님이 써준 일기장의 한 마디로 하루의 행복이 좌우되기도 하는 것이 INFJ이다. INFJ는 교사와 자신이 통하고 있다는 뭔가를 얻기를 바라며 통했다는 생각이 들면 많은 학습과 활동에서 탁월한 능력을 발휘한다.

INFJ와는 지킬 수 있는 약속을 하세요. 약속이 지켜지지 않으면 자신이 거부되었다고 느낍니다. INFJ가 불만을 말할 때는 불만의 내용과 더불어 INFJ의 말 속에 있는 가치와 감정도 알아주세요.

10. INFP

가. 깊은 내면의 고집을 가진 따뜻한 아이들

● "선생님, 우리 순이는 왜 늘 특별 보충반 친구들하고 친한 거예요. 우리 순이도 공부 잘하는 아이들하고 친했으면 좋겠어요."하고 호소하는 INFP 자녀를 둔 어머니의 하소연을 들은 적이 있다. 주변 친구들을 돕는 자신을 통해 존재감 느끼며 조용한 영향력을 미치는 것이 INFP의 힘이다.

나. INFP의 특징

● 조용하고 말이 없으며 마음이 깊고 따뜻한 아이들이 INFP이다. 친구나 주변 상황에 민감하며 정서적으로 거부당하는 것을 어려워한다. 배려가 깊어 주장을 하지 못하고 말로 표현하기 보다는 상대방이 알아주기를 원한다. INFP의 머릿속은 현실과 공상 속의 생각들로 복잡하게 얽혀 있다. 생각이 많다 보니 뭔가를 잘 빠뜨리고 잘 잊어버리며 전혀 엉뚱한 과제를 해오기도 한다. 그래서 뭔가 심각한 일이 있거나 세상을 다 산 노인 같은 표정을 잘 한다. 남는 시간에는 주로 잠을 자는 INFP의 행동은 느리다. 과제를 주면 "안하면 안돼요?", "이것 꼭 해야 해요?"라로 반문하여 시작할 때 의욕보다는 귀찮음이 먼저 앞선다. 바깥 활동보다 실내에서 주로 움직이고 몸으로 하는 것을 싫어하며 낮에는 멍하고 밤에는 늦게까지 자지 않는 뒤바뀐 생활습관을 가진 INFP들이 많다. 따라서 착하고 온순하지만 지나치게 예민하고 느리고 의욕이 없어 보이며 고집스런 모습 때문에 부모를 힘들게 한다.

때로는 부모가 어떤 말도 하기 전에 부모의 의도를 스스로 판단하고 상처를 받고 지나친 관심에도 예민하고 무관심에도 예민하여 비위를 맞추기가 힘들다. 따라서 INFP의 성향을 이해하지 못하고 갈등을 겪는 부모를 많이 볼 수 있다. INFP는 문학, 역사, 미술, 음악을 선호하고, 반면 과학, 수학, 체육 등은 선호하지 않는 교과에 속한다. 영화와 소설을 좋아하는 INFP는 또래 친구와 달리 연예인보다 책이나 영화 속에 나오는 인물에 매료된다. 발표는 답을 알아도 귀찮음과 부끄러움으로 하지 않는다. 모둠활동에 적극적이지는 않지만 친구들이 모여서 함께하는 분위기를 좋아한다. 일기와 학원수강 같은 매일 반복해야 하는 과제는 INFP에게 힘든 일이다.

하지만 상상력을 자극하는 과제에서는 꼼꼼함과 성실성을 나타낸다. INFP는 자신이 이루고자 하는 것을 언젠가는 이루는 장기적인 끈기를 가지고 있다.

다. INFP의 교우관계

● INFP는 깊은 속마음을 주고받을 수 있는 소수와 깊게 사귄다. 학급 구성원 모두에게 친절하지만 마음을 주고받는 소위 '베프(best friend)'는 따로 두고 각별하게 지낸다. INFP는 친구관계에서도 서로 독립된 부분을 갖고 깊이 있는 관계를 원하기 때문에 자신의 생각을 지나치게 강요하지 않는다. 친구와 서로 믿음을 가지고 정서적으로 교류하는 관계를 원하며 항상 '진정한 친구'를 꿈꾸며 또래에 비해 수용하는 능력이 넓지만 감정의 기복에 따라 관계의 기복도 심하다.

INFP는 자신이 친구들에게 거부당하는 것을 무엇보다 못 견뎌하며 친구의 말 한마디와 표정에서 오해하고 서로 소원한 사이가 되기도 한다. 친구와의 갈등상태에 있을 때는 INFP의 모든 것이 힘든 상태가 된다. 말하지 않아도 친구가 자신의 마음을 알아주기 원하는 태도로 인해 친구들이 힘들어 한다.

라. 교사와의 관계

● INFP는 자신을 알아주는 수용적이고 인간적인 교사를 원한다. INFP는 교사와 학급의 분위기에 영향을 많이 받고 권위적이고 지나치게 통제된 학급에서는 주눅이 들고 안으로 숨어버리며 마치 자폐적인 태도를 보이기도 한다. 하지만 허용적인 분위기에서는 INFP 특유의 기발함과 창의성으로 주변을 놀라게 하고 따뜻한 마음을 잘 표현한다. 자신을 인정해 주는 교사와의 심리적인 유대감을 통해 무엇보다 강한 동기화가 되며 교사를 이상화시킨다.

반면에 교사의 관심을 느끼지 못하거나 거부되었다고 느낄 때 위축되고 상처받지만 자신의 마음을 직접 표현하지는 못한다. INFP는 속내를 말할 수 있는 분위기를 먼저 만들어주고 말하는 중간 중간 울거나 한참 동안 침묵을 유지하더라도 끝까지 격려하며 들어주어야 한다. 빗대서 비꼬는 것은 INFP에게는 엄청난 상처다.

지나친 경쟁과 요구는 오히려 상처가 됩니다. 스스로 경쟁하는 INFP를 인정하고 자기 속도에 맞추어 공부해 나갈 수 있도록 해주세요. 만약 INFP의 학업성취가 낮다면 좋아하는 과목부터 학업성취를 높여 학습에 성취감을 경험한 후 다른 과목으로 확대해 나가는 것이 좋아요.

11. ENFP

가. 순수함 속에 기발함이 빛나는 아이들

● **학교에서** 가장 많이 관찰되는 유형인 ENFP는 무엇보다 순수하고 아이다운 유형이다. "하루를 살아도 행복할 수 있다면 그 길을 택하고 싶어…."하고 노래하는 것으로 성격유형의 특징을 나타내던 '분생분사(분위기에 살고 분위기에~)' ENFP 7명의 여학생은 잊을 수가 없다. 자신들의 특징을 노래 한 구절로서 표현하는 기발함을 가졌으면서도 행복이라는 단어에 매료되는 순수함을 나타내는 것이 ENFP의 힘이다.

나. ENFP의 특징

● **아침이슬과** 저녁노을을 사랑하는 감성을 가진 ENFP는 순진하고 자유롭다. ENFP의 기발함은 언어표현에서 자주 나타나는데 나이에 맞지 않는 용어나 상황을 독창적으로 나타내는 말을 해서 주변을 놀라게 한다. 또한 친구들이 생각해 내지 못하거나 찾아내지 못하는 것을 예리하게 잘 발견한다. 이런 일은 어떤 노력을

들이기보다는 한 번에 맞추듯이 갑자기 이루어져 주변을 신기하게 만든다. 감정의 변화가 심해 제멋대로 행동할 것 같지만 의외로 관습적이고 보수적인 성향을 가지고 있어서 주변에 부담을 많이 주지는 않는다. 하지만 때로는 오버하기도 한다. 무슨 일이 뜻대로 되지 않으면 화를 잘 내지만 그런 행동을 곧 반성하고 사과한다. ENFP는 자신이 억울하게 대접 받는 것을 참지 못하며 억울함을 호소하고 개선하기보다는 지금까지 해왔던 것을 포기하는 쪽을 선택한다. 논리적으로 자신의 입장을 설명하기보다는 상대방이 알아주기를 바란다. 즐거운 분위기에서는 참여자 이상의 기쁨을 느끼고 함께 하는 것을 소중하게 생각한다. 하지만 자신의 정서가 받아들여지지 않고 거부당하는 조직에서는 방관자적인 자세를 취하며 그로인해 끊임없이 갈등한다.

ENFP는 늘 생각에 빠진 심각한 무표정으로 인해 수업시간에 지적을 잘 받으며 준비물을 다 챙겨놓고도 잊어버리는 경우가 많다. 시험에서도 아는 문제를 건성으로 읽고 틀리는 실수가 많아 부모를 애태우게 한다. 특히 쉬운 것을 너무 복잡하게 생각하고 어려운 것을 너무 쉽게 단순화해버리는 경우가 있으며 능력에 비해서 자신을 과소평가하는 경향이 있다. 축구와 야구 같은 그룹을 지어 운동하는 것을 좋아하고 친한 친구와 논다고 학원을 빠지기도 한다.

다. ENFP의 교우관계

● **ENFP는** 자신과 비슷한 생각과 마음을 가진 활발한 친구를 찾는다. 교실 안에서 마음이 맞는 단짝이나 그룹을 찾는다. 단짝 친구가 하루라도 결석하면 금방 외로움에 휩싸이고 풀이 죽는다. ENFP는 외향적 성향이지만 주변의 분위기에 따라 아주 내향적인 모습을 보일 수도 있으며 단짝의 성향에 따라 통제할 수 없는 말썽꾸러기가 되기도 한다. 감정의 변화가 심해 친구들과 잘 싸우고 잘 삐지고 화해도 잘한다. 헤어지는 것을 무척이나 슬퍼하고 학년이 올라가 새로운 친구를 사귀는 것을 부담스러워한다. 때로는 새로운 친구를 사귀는 것을 앞의 친구에 대한 배신행위로까지 생각하는 순수한 ENFP는 만남과 이별에서 과민하게 반응한다. 따라서 고학년의 ENFP가 전학을 갈 때는 오랜 심사숙고가 있어야 한다. ENFP는 친한 친구에게 많은 것을 양보하고 돌보는 만큼 친구도 자신에게 그렇게 대하기를 원한다. ENFP는 친구를 집으로 초대를 잘 하며 친구 집을 방문하는 것도 좋아한다. 오늘 처음 만난 친구와도 마음이 통하면 집으로 초대해서 간식을 나누어 먹기 때문에 때로는 부모를 곤혹스럽게 만들기도 한다.

라. 교사와의 관계

● **ENFP는** 자유롭게 말할 수 있는 학급 분위기를 만들어 가기를 바란다. 학급의 분위기에 따라 전혀 다른 적응모습을 나타내는 ENFP는 무섭고 권위적인 교사에게는 쉽게 기가 죽고 눈치를 보게 된다. 때로는 감정표현이 자유로운 ENFP는 교사에게 제멋대로 행동하고 말하는 인상을 줄 수도 있다.

ENFP는 교사의 말 한마디에 상처받고 무심코 한 말이 자신을 지칭한 것 같은 느낌에 힘들어한다. 교사가 일기장에 적어준 한 마디를 온 가족에게 자랑하며 힘을 얻기도 하지만 반면에 교사의 차별에 민감하게 반응하고 자신이 부당하게 취급받은 것에 대해 억울함을 참지 못한다. 특히 이들은 다른 외향형에 비해 주장하지 않는 편이지만 그런 것들이 쌓이면 감정적으로 폭발하여 교사를 미워하게 된다.

자유롭고 허용적인 분위기 속에서 꼭 필요한 과제를 최소한으로 정하세요. 그리고 확인해 줄 필요가 있어요. 비난은 줄이세요. ENFP의 자존감에 상처를 줍니다.

12. ENFJ

가. 순수한 열정과 절대적 책임의 감성적 아이들

● **반장이라는** 역할에 책임을 다하고자 학급 구성원 모두에게 의미 있는 크리스마스를 카드를 준비하며 힘들어하던 ENFJ는 자신의 역할에도, 친구 한명 한명에도 최선을 다한다.

친구에 대한 관계의 책임과 과제의 결과에 대한 책임 모두에서 성공하고자 하는 것이 ENFJ의 힘이다.

나. ENFJ의 특징

● 온순하고 침착하며 감정이 풍부한 ENFJ는 항상 꿈꾸는 아이들이다. 여리고 예민해서 자신의 감정만큼 타인의 기분이나 감정을 잘 파악하며, 타인의 기분을 걱정해주는 역할까지 한다. ENFJ는 외향적이지만 내향적인 모습을 많이 나타낸다. 가정이나 친구들 사이에서는 외향적인 모습을 많이 나타내지만 교사나 낯선 분위기에서는 내향적인 태도를 취한다. 특히 ENFJ 여학생들은 이런 차이가 많이 난다. 매사에 완벽하게 과제를 완수하기 위해 지나치게 시간을 많이 투자한다. 자신이 정한 목표에 숨차게 뛰어가고 끝까지 해내고 마는 책임감과 끈기가 있지만 그런 과정 속에 엄청난 에너지를 소모하여 자신을 혹사시키는 경향이 있다.

ENFJ는 남 앞에 나서기를 좋아하고, 자신이 주인공이 되기를 원한다. 외모에도 관심이 많고 경쟁에서 지기를 싫어한다. 친구들 가운데 자신의 경쟁상대나 이상적인 모델을 마음속으로 정하는 등 드러내지는 않으면서 자신과 남을 많이 비교하는 편이다.

ENFJ는 현실과는 거리가 있는 미래의 일이나 실존적인 문제(나는 어디서 와서 어디로 가나? 나는 누구인가? 나에게 미래가 있는가? 등)로 고민한다. 이러한 고민으로 상당한 심리적 부담감과 답답함을 느끼고 오랜 시간 슬럼프에 빠지기도 한다. 하지만 ENFJ는 자신의 상상력을 현실과 잘 연결시키는 아이디어의 창고이며 이런 모습은 문학과 예술적 능력으로 나타난다.

ENFJ의 책임은 학습에서도 마찬가지이다. 문학과 언어 및 예술적 분야에 능력이 뛰어나며 준비물과 과제는 꼭 챙기고 시험은 계획을 세워 꼼꼼하게 공부한다. 오히려 과다한 책임감과 성취욕으로 인해 스스로를 힘들게 한다. 따라서 느긋한 여유와 융통성이 필요하다.

다. ENFJ의 교우관계

● ENFJ는 몇 명의 친구들과 그룹을 지어 사귀면서도 그룹에 속한 친구들과는 다른 자기만의 독특한 영역을 가지고 있다. 친구들과 친하게 지내면서 친구 문제로 고민을 많이 하고 진정한 우정을 늘 그리워한다. 이런 태도 때문에 ENFJ는 그룹 속에서 스스로를 외톨이처럼 느낀다. 다른 외향형들에 비

하면 친구를 사귀는데 선입견이 많은 편이며 자신과 비슷하고 뭔가 통하는 친구와 관계 맺기를 원한다. 친구들과 진실한 관계를 원하는 ENFJ는 언제라도 친구를 도울 준비가 되어 있지만 친구들에게 지나치게 얽매이는 것은 싫어한다. 서로 자유로운 가운데 진정한 우정을 나누기를 원하는 욕구 때문에 오해를 받는다.

ENFJ는 친구들에게 친절하고 배려하기 때문에 자신도 친구들로부터 그런 대접을 받기를 원한다. 따라서 ENFJ는 친구들에게 신임이 높고 인기가 많다. ENFJ는 방과 후에 서로 집을 자주 방문하여 어울려 놀기를 좋아하고 친구가 다니는 학원에 자신도 다니고 싶어 한다.

라. 교사와의 관계

● **ENFJ는** 자신을 인정해주며 가지고 있는 가능성을 격려해주는 교사를 원한다. 자신이 교실에서 친구들에게 미치는 영향력을 교사가 인정해 주기를 바란다. 지지 받고 조화로운 학급분위기 속에서는 자신의 끼를 마음껏 발휘하는 천재가 될 수 있지만 그렇지 못한 분위기 속에서는 전혀 적응하지 못하는 바보가 될 수도 있다.

교사의 비난에는 급격히 위축되고 곰곰이 생각하며 분노하지만 겉으로 드러내지는 않는다. 성실하고 책임감 있는 태도로 생활하므로 꾸중들을 일이 거의 없지만 예민한 정서적 변화가 얼굴표정에 그대로 드러나기 때문에 교사를 힘들게 할 수 있다.

ENFJ는 비난에 가장 예민합니다. "왜 그렇게 시끄럽니?" 보다 "좀 조용하면 좋겠다."처럼 긍정적으로 비평하세요. 무조건적인 칭찬과 격려가 필요해요.

13. INTJ

가. 독립적인 사색가로 매사를 진지하게 탐구하는 아이들

● **과학** 교과서의 한 단원을 맡은 INTJ 꼬마보조교사의 전문적인 배경지식과 명쾌한 전달은 탄성을 지르게 했다. 토론 때마다 '어떻게 저런 생각을 했지' 하며 교사를 놀라게 하는 INTJ식 사고는 학급의 '서프라이즈' 였다. 한 가지 주제에 파고드는 집중력과 끈기가 전문성을 만들어내며 이것이 INTJ의 힘이다.

나. INTJ의 특징

● **자율적이고** 독창적인 INTJ는 어떤 상황도 한 눈에 꿰뚫는 통찰력을 가지고 있다. 자신의 행동과 사고에 대해 주관이 뚜렷하고 시작한 일에 대해서는 대단한 집중력을 나타낸다. INTJ는 쓸데없는 말을 아끼고 꼭 해야 하는 말만 가려서 하는 편이다. 따라서 평소에는 조용하고 온순하게 생활하지만 자신의 생각과 다른 일이 일어날 때는 친구, 교사 가리지 않고 자신의 의사를 분명하게 전달하는 편이다. INTJ는 권위에 기죽지 않는다. INTJ는 자신과 다른 사람과의 차이를 알고 있지만 자신을 타인에게 맞추려고 하지 않는다. 자존심이 강해 자존심이 상할 일을 하지 않으며 철저한 준비성으로 빈틈을 보여주지 않는다. 이러한 철저한 태도로 친구나 교사에게 부담을 주기도 하며 타인을 무시하는 것처럼 보일 때도 있다. INTJ는 복잡하게 많은 생각들을 하지만 실천이 약하다. 대체로 행동하기 전에 많은 생각을 하고 또 한다. 그래서 행동화된 결정들은 거침이 없고 수정이 불가능하며 자신의 실수를 스스로에게 허용하지 않고 자책한다.

과학, 수학, 역사, 음악, 미술 등 INTJ의 지적인 호기심은 여러 영역에서 끝이 없다. 특유의 끈기로 학습과제를 완벽하게 탐구해 나가며 스스로 알아가는 것에 만족할 뿐 외부에게 알리거나 공유하지 않는다. 학습내용에 대해 나름의 완전한 정리습관을 가지고 있으며 물건 정리도 철저하다. 따라서 타인이 자신의 책상이나 물건에 손을 대는 것을 무엇보다 싫어한다. 이것은 자신의 영역을 소중하게 생각하는 INTJ의 특징 때문이다. 학습에서도 독립적인 INTJ는 부모의 간섭을 싫어하며 이것은 INTJ의 학습의욕을 저하시킨다. 저학년 때는 선호하는 교과에만 집중하는 공부편식을 나타내지만 학년이 올라갈수록 독립적인 학습태도가 전 교과에 확대되어 성적이 높은 경우가 많다.

다. INTJ의 교우관계

● **사람보다는** 사물과 현상에 대한 호기심이 많은 INTJ는 주변의 친구에 대해 별로 관심이 없다. 친구를 만들기 위해 노력을 기울이지 않으며 친구들이 다가서는 것에도 냉랭한 편이다. 따라서 친구들이 더 불편해 한다. 대다수 친구들의 행동이나 생각은 유치하기 때문에 자신의 세계를 더 중요하게 생각한다.

따라서 INTJ는 친구와 함께 시간을 보내고 관심 없는 이야기를 나누는 것을 시간 낭비라고 생각한다. INTJ는 친구 집에 방문하거나 친구를 집으로 데리고 오지 않는다. INTJ는 서로에게 도움이 되고 생산적이며 좋아하는 분야가 같아서 의미 있는 시간을 공유할 수 있는 친구를 원한다. 한번 마음을 주고받은 친구와는 오랫동안 깊게 사귀며 신뢰가 깊은 우정을 만들어간다. INTJ는 모든 것을 함께 하는 친구보다는 서로 독립적인 세계를 인정해 줄 수 있는 친구관계를 원한다.

라. 교사와의 관계

● **간섭이나** 통제, 지시는 자신의 존재를 부정하는 것이라고 받아들이는 INTJ는 독립적이며 학급질서를 분명하게 만들어가는 실력 있는 교사를 원한다. 스스로 알아서 생활하기 때문에 특별하게 교사와 갈등을 빚는 경우는 적지만 교사가 공정하지 못하다고 판단되면 신랄한 비판을 한다. 상황 판단력이 뛰어난 INTJ는 자신의 지적인 호기심을 아무에게나 나타내지 않는다. 친절하게 대답을 해줄 수 있는 능력이 있다고 생각하는 교사에게 질문하기 때문에

INTJ는 나름대로 교사에 대해 오랫동안 상당한 파악을 한다고 할 수 있다. 한번 질문이 시작되면 속사포와 같이 끊임없는 논쟁을 하기를 원한다. 호기심이 많은 INTJ가 질문을 할 때는 진지한 자세로 질문의 주제를 바꾸지 말고 대답해 주는 것이 중요하다. INTJ는 자신이 질문한 내용과 대답의 내용이 맞지 않거나 주제가 바뀌면 민감하게 그 상황을 느끼고 자신이 거부당했다고 생각하거나 답변자가 실력이 없다고 단정한다. INTJ가 한 번 단정 지은 마음은 쉽게 회복되지 않는다. INTJ는 무엇보다 체벌을 싫어하고 체벌하는 교사는 무시한다. 공정하고 정의로운 것을 중요하게 생각하는 INTJ에게 체벌은 인간의 기본권을 무시하는 행위이다. 따라서 교사 역시 학생을 인간적으로 존중하며 대할 것을 바란다.

지금 현재보다는 미래에 대한 가능성을 이야기 해주세요. 자신의 실수에 허용적일 수 있는 여유를 가지도록 하는 것이 좋아요. 학업성취가 낮은 INTJ가 있다면 가장 기초적인 계산력, 암기하는 방법 등 기초적인 것부터 먼저 점검해 보세요.

14. INTP

가. 좋아하는 것이 분명한 호기심 천국의 아이들

● 장수풍뎅이와 거미를 방안 가득 키우며 곤충에 관해 백과사전과 같은 지식을 가지는 INTP는 탐구적이다. 자연 현상과 사물에 대한 독특한 호기심을 나타내며 전문가 기질을 유감없이 발휘하는 것이 INTP의 힘이다.

나. INTP의 특징

● 주관이 강하고 논리적, 분석적이며 무엇보다 간섭을 싫어하는 고집쟁이다. INTP는 겉으로는 주변의 일에 무심하게 보이지만 의외로 단순하고

솔직하다. 타인의 이목에 신경 쓰지 않고 감정을 표현해 주변을 당황하게 할 때도 있다. 조용하고 비활동적이기 때문에 부모의 말을 잘 듣는 것처럼 보이지만 부모의 요구가 자신의 사고 체계 속에 들어오기 전에는 따르지 않기 때문에 부모가 양육할 때 힘들어한다. 또한 선호하지 않는 것에는 쉽게 동기화 되지 않으며 무의미한 노력을 절대 기울이지 않는다.

INTP는 주변상황에 좀처럼 영향을 받지 않는다. 독립심이 강하며 누군가가 자신의 세계에 들어오는 것을 싫어한다. 자신이 부당한 대접을 받으면 따지기 보다는 무시하는 표정이나 행동을 통해 기분을 나타내며 인정하지 못하는 타인의 생각을 받아들이지는 않는다. 특히 INTP가 장남인 가정에서는 동생에게 양보하지 않는 행동 때문에 INTP를 꾸짖는 경우가 종종 있다고 한다. 논리적인 INTP는 출생순위에 의해 양보해야 하는 입장에 놓인다는 것을 이해하지 못한다. 비합리적이라고 생각하는 상황에서 INTP는 자기 나름의 방식으로 합리적 상황으로 만들어 가기 위해 노력하지만 주변의 호응을 받지 못할 때가 많다. 이런 것들이 감정적으로 쌓여가며 참을성이 극에 달해 폭발하듯이 화를 내기도 한다.

INTP는 컴퓨터, 오락, 과학(곤충, 우주, 식물, 등)에 특별한 관심을 가지고 좋아하는 주제에 대해 스스로 알아 가며 지식을 쌓아가는 과정을 즐거워한다. 쉬운 것보다 복잡하고 어려운 수학문제를 더 좋아하나 규칙적으로 반복되는 일은 싫어한다. 과제나 준비물을 잘 잊어버리고, 모둠활동이 자신과 맞지 않으면 참여하지 않는다. 정리정돈은 전혀 되지 않으며, 글씨체가 알아보기 힘든 암호와 같다. 뭐든지 작게 세부적으로 나타내며 학습활동이나 일상생활을 독립적으로 해나가기를 바란다.

다. INTP의 교우관계

● **INTP는** "참 재미있는 친구다"라는 말을 친구들로부터 듣는다. 겉으로는 진지하고 재미없어 보이지만 사귈수록 이야깃거리가 많고 개성 있는 행동으로 인해 친구들은 INTP를 알아가는 과정에 호기심을 느낀다. INTP는 친구들과의 관계에서 자신을 포장하지 않으며 친구들의 생각이나 의견에 휘둘리지 않고 자신의 생각을 분명히 나타낸다. 때로는 INTP의 강한 개성이 또래 친구들에게 부담스럽게 작용하기도 한다. 또한 개인의 능력에 따라 냉정한 평

가를 하고 정서적인 배려가 부족하며 자신보다 뒤떨어지는 친구를 무시하는 경향이 있기 때문에 친구들 간에 충돌이 잦기도 하다. INTP는 친구와의 충돌을 극복하기보다는 쓸모없다고 생각해 화해의 시도를 하지 않는다. 오히려 친구를 사귀기 위한 노력보다는 책이나 장난감을 선택한다. 이런 INTP의 행동은 친구들에게 잘난 척하거나 4차원 같은 느낌을 줄 수 있으며 때로는 학급의 외톨이처럼 보이기도 한다. 이런 점에서 학부모와 교사들은 INTP의 사회성을 걱정하지만, 정작 INTP는 자신의 수준에 맞는 친구와 공통된 관심사를 가진 친구를 만나지 못하는 것을 아쉬워한다.

라. 교사와의 관계

● **INTP는** 교사를 평가적 시각으로 보지만 외향 NT처럼 자신의 의견을 나타내지는 않는다. 교사들은 학기 초에 INTP를 대체로 성실하고 꼼꼼한 학생으로 인식하다가 갈수록 의외의 독특한 개성에 놀라게 된다.

INTP는 교사의 체벌을 아주 경멸하며 능력 없음으로 간주한다. 교사와 어느 정도의 관계가 형성된 후에야 많은 질문을 하고 관심영역을 함께 공유하기를 바란다. INTP의 관심영역에 교사가 관심과 인정을 가지면 동기화되고 교사를 신뢰한다. INTP는 교사상에 대한 나름의 신념을 중요시한다. 따라서 자신이 추구하는 교사상과 맞으면 개인적인 교류가 없더라도 인정하고 따른다.

친구의 말을 듣는 태도와 상대방 입장에서 생각하는 공감훈련이 필요해요. 현실과 맞지 않더라도 논리적으로 따지는 INTP의 논리성을 인정해주고 대화해 나가는 것이 중요해요.

15. ENTP

가. 독창적인 카리스마를 가진 가능성의 아이들

● **6학년을** 대상으로 구성한 15명의 또래상담부에서 유일한 남학생이었던 ENTP는 첫날 자신의 별칭을 '거슬리는 놈'으로 짓고 만족스러운 표정을 지었다. 세상을 거스르는 용기와 탁월한 영리함, 자신은 독창적이라고 말하는 당당함과 솔직함을 가진 것이 ENTP의 힘이다.

나. ENTP의 특징

● **활발하고** 상상력이 뛰어나며 넉살도 좋고 친구들과 어울려 노는 것을 좋아한다. 사고가 논리적이며 합리적이고 명쾌하다. 논리가 있고 원칙이 있기 때문에 주장이 강하고 쉽게 목소리를 낮추지 않는다. 따라서 "고집이 세고 말을 듣지 않는다"는 말을 어른들로부터 많이 듣는다. 자신의 논리가 맞다는 생각이 강하기 때문에 이기적이라는 오해를 받기도 하며, 자신의 잘못된 행동이나 말에 대해 끝까지 자기 입장의 정당성을 항변한다. ENTP와 말로 논쟁을 펼치는 데는 대단한 논리성과 정보가 필요하다. 독립적인 태도로 인해 어릴 때는 잔소리에 민감하게 따지지만 학년이 높아질수록 잔소리는 무시한다. 주변에 영향력을 미치고 싶어 하는 ENTP는 어느 조직에서나 리더가 되기를 원한다. 리더가 되지 않았을 경우 다른 리더의 능력을 평가한다.

매일 반복되고 연습이 필요하거나 재미를 느끼지 못하는 일들은 ENTP를 가장 힘들게 하는 것들이다. 특히 매일 써야 하는 일기는 고역이다.

학급에서 정한 규칙이라도 자신의 생각과 맞지 않거나 공정하지 않다고 판단되면 무시하고 쉽게 위반하면서 그에 수반되는 처벌을 두려워하지 않는 편이다. ENTP에게는 잘못된 규칙은 지키지 않는 것이 당연하다.

다방면에서 재주와 능력, 에너지가 많아 어떤 일이든지 생각해보지 않고 덥석 뛰어든다. 하지만 놀고 싶은 생각과 끈기가 부족한 점은 ENTP를 불성실한 학생으로 만들기도 한다. 선호 정도에 따라 학습태도와 성취수준의 차이가 많다. 특히 주어진 문제에 다양한 해결방식을 찾을 수 있으며 복잡한 수학문제도 간단하게 해결하는 노하우도 가진다.

하지만 지나치게 복잡한 계산이 요구되는 문제는 귀찮아서 대강 해치우는 경향이 있다. 간결한 언어표현을 잘하고, 발표력이 왕성하다. 가끔은 자기 또래에 비해 너무 뛰어나고 통찰력 있는 발표를 해서 친구들이 이해하지 못할 때도 있다. 주변 정리가 되지 않아 주위가 늘 지저분하며 다른 친구의 영역까지 침범할 때가 많다.

다. ENTP의 교우관계

● **ENTP는** 놀기를 좋아하기 때문에 친구들과 잘 어울리며 먼저 말을 걸어서 친구를 만든다. 흥미분야가 비슷한 친구와 잘 어울리며 공통적인 흥미영역에서 끝장을 볼 때까지 계속 놀이를 한다. 축구를 할 때는 축구를 잘하는 친구와, 게임할 때는 게임을 잘할 수 있는 친구와 어울리는 편이다. 스스로 어느 때나 어울려서 놀 수 있는 친구들 만들기 때문에 친구를 사귀는 데 어려움을 느끼지 않는다.

하지만 ENTP를 친구로 둔 아이들은 놀이에서 지나치게 경쟁적이고 양보가 부족하며 때로는 가차 없는 비난으로 인해 마음의 상처를 받을 때가 많다. 이런 태도로 인해 친구들로부터 이기적이라는 소리를 듣기도 하며, 의견이 통하지 않는 친구를 때로는 적으로 간주하기 때문에 친구 간에 싸움도 잦은 편이다. 친구를 용서하고 화해하는 것은 인색하지만 자신의 감정만 정리되면 싸웠던 친구에게도 스스럼없이 대하기 때문에 상대방이 당황해 한다.

라. 교사와의 관계

● **ENTP는** 자유롭고 민주적인 학급분위기 속에서 교사가 실력이 있기를 바라며 학생들과 모든 것을 협의하여 결정하기를 바란다. ENTP는 지시하고 통제하는 교사의 권위를 본능적으로 싫어하며 반항한다. 권위적인 교사는 실력이 없으니 힘으로 학급을 통제한다고 생각하며 가장 기본적인 자기 역할만 하면서 무시하는 태도로 일관한다. 그리고 좀처럼 교사의 권위에 기죽지 않는다.

하지만 교사가 수용적일 경우 귀찮을 정도로 많은 요구를 하며 교사의 잘못을 지적한다. 또한 시사와 학습 및 자신의 관심사 등 다양한 질문들을 쏟아낸다. ENTP가 학급에 있다면 주 1회 정도는 교사와 1:1로 대화하고 토론하는 시간을 가지는 것도 좋다. ENTP는 교사와 학생의 입장이 아니라 인간: 인간의 입장에서 독립된 개체로서 교사와 소통하기를 바란다.

ENTP 친구들의 고집과 독립적인 태도를 어느 정도 인정해 주어야 최대의 능력을 발휘할 수 있어요. 규칙을 최소한으로 정해 위반하는 일이 적도록 해 주세요. 청소년기 진로교육을 꼭 할 수 있도록 해주세요.

16. ENTJ

가. 옳지 않은 세상에 맞서는 당당함이 빛나는 아이들

● **상대평가의** 불합리성과 평가기준의 모호함을 일기장에 가득 적어 교사를 당황하게 했던 ENTJ 학생. 집안 모두가 모인 명절날 "엄마도 직장생활을 하는데 왜 남자들은 부엌에서 일을 하지 않느냐?"고 당돌하게 질문한 ENTJ 딸……. 세상의 불평등, 불의 및 불공정을 예민하게 간파하며 옳지 않은 것과 맞서는 용기와 당당함을 가진 것이 ENTJ의 힘이다.

나. ENTJ의 특징

● **넘치는** 에너지로 매사에 적극적인 ENTJ는 원리원칙에 따라 행동한다. ENTJ는 자신이 옳다고 정한 원칙이 무엇보다 중요하다. 한번 정한 원칙은 끝까지 지켜나가지만 학급규칙이라도 자신이 수용할 수 없다면 과감하게 버린다. 자신의 원칙에 맞지 않으면 교사나 친구나 가릴 것 없이 도전하며 자신

의 정당성을 끝까지 주장한다. 어떤 상황에서도 상황 이면의 문제를 간파하는 능력이 있으며 매사에 공정하고 논리적 설득력이 있어야하는 ENTJ는 억울하고 부당한 일을 참지 못 한다. ENTJ에게 타협이란 힘든 일이지만 끊임없는 논쟁으로 자신의 잘못을 인정했을 때는 과감하고 솔직하다. 직감적으로 느낀 생각을 계획하고 처리하는 일에 거침없으며 과정보다는 결과를 중요시한다. 성취지향적인 ENTJ는 강압적인 카리스마가 있으며 이것은 ENTJ가 강요하지 않아도 주변에서 쉽게 느낄 수 있다. 책임감이 강하고 스스로 알아서 독립적으로 판단하고 행동하기 때문에 부모에게 큰 어려움을 주지는 않지만 부모가 오히려 자식을 부담스러워 하는 경우가 종종 있다.

ENTJ는 학습에서도 책임감이 강하고 주변 정리를 잘하며 다방면에 다재다능한 능력을 보인다. 특히 선호하지 않는 영역이라도 학교 교육과정에서 요구한다면 책임감 있게 공부한다. 경쟁적인 승부욕으로 지는 것을 싫어하며 학습에 있어서도 좋은 결과를 얻는 것을 중요하게 생각한다. 지나친 간섭이나 잔소리와 같은 통제는 ENTJ가 학습하는데 역효과이지만 어느 정도 질서와 규칙을 가진 자율적인 학습 분위기를 원한다. 특히 주제토론을 선호하며 문제의 핵심을 잘 파악하며 생각을 설득력 있게 펼쳐나간다. ENTJ는 운동을 좋아하며 새로운 과제를 즐기고 탐구해 나간다.

다. ENTJ의 교우관계

● **ENTJ는** 친구를 사귀는 데 있어서도 적극적이고 솔직하다. 친구들에게 먼저 말을 걸고 노는 것도 무척 좋아하며 친구들에게 재미있는 이야기나 정보를 많이 들려준다. 하지만 친구들은 ENTJ의 속사포 같이 쏘아대는 직선적인 말이나 자신의 원칙을 강요하는 것 때문에 부담스러워 할 때도 있다. 또한 친구들과 갈등이 생기면 그 상황에 대해 객관적으로 분석하여 개개인의 입장을 논리적으로 분석해 문제를 해결하려고 한다. 이런 따지는 태도 때문에 친구들이 부담스러워한다.

ENTJ는 어떤 일을 해나갈 때 그 일을 가장 잘 할 수 있는 친구를 찾으며 아무리 친한 친구라도 계획한 일과 맞지 않으면 참여시키지 않는다. 이런 태도로 인해 냉혹하고 건방지다는 오해를 받기도 한다. ENTJ는 친구들과 방과 후 시간을 같이 놀면서 보내기도 하고 많은 놀이거리와 행사를 도모한다. 친구들은

ENTJ가 말이 많은 친구라고 느끼지만 매사를 공정하고 정확하게 판단하기 때문에 ENTJ의 지도력을 부담스러워 하면서도 신뢰를 보낸다. 따라서 친구들에게 인기도 많으며 의리 있는 깊은 관계를 유지하기도 한다.

라. 교사와의 관계

● **ENTJ는** 공정하며 책임감을 갖춘 일관성 있는 교사를 선호한다. 교사와 학생은 인간적인 교류보다 교수자로서 자신을 평가하는 대상이라고 생각한다. 따라서 교사와 개인적인 교류가 없더라도 자기 분야에서 최선을 다하고 실력을 겸비한 교사라면 믿고 따른다. 하지만 교사가 상황이나 개인에 따라 다른 평가를 하거나 일관된 행동을 하지 않을 때는 신뢰하지 않는다. 또한 불만을 즉각적으로 토로하고 개선되기를 바란다. ENTJ는 자신이 한 과제나 수업 내용에 대해 교사로부터 정당하게 인정받기를 원한다. 정당한 인정은 ENTJ를 동기화시키지만 어설픈 칭찬은 오히려 ENTJ의 자존심을 상하게 하고 반항하게 한다. ENTJ는 항상 자신이 교사로부터 공정한 평가와 관심의 대상이 되기를 바란다.

> 친구들과 어른들에게 부담을 주거나 상처가 되는 ENTJ의 말을 함께 분석하여 보세요.
> 왜 그 말이 타인에게 문제가 되는지 이해하게 됩니다.
> 독립심과 책임감을 믿고 스스로 할 수 있는 재량권을 주면 더욱더 향상됩니다.

Ⅲ 열 여섯 빛깔의 아이들에게 감사하며

● 성격 유형은 다양한 꽃들과 같다. 각각의 꽃들이 그들만의 고유한 향기와 빛깔이 있듯이, 열 여섯 빛깔의 아이들을 만나 함께 생활해 온 것은 큰 축복이었다.

앞에서 제시한 내용들은 아이들과 성격유형에 대해 가르치고 배우면서 오랜 시간 동안의 기록들을 정리한 것이다. 그동안 주변에서 흔히 볼 수 있는 유형이 있는가 하면 어떤 유형은 몇 년에 한 번 만나기도 하였다. 그러면서 유형의 전형을 만났을 때의 기쁨과 행복이란……. 그리고 아이들과의 관계 속에서 숨겨져 있던 성격유형의 특성들이 보석처럼 빛날 때면 무릎을 치면서 감탄하기도 하였다. 제법 많은 시간이 지난 지금 그 아이들은 어떤 모습으로 살아가고 있을까 생각하게 된다. 들리는 소식들을 통해 '역시 성격에 맞는 전공과 삶을 살아가고 있구나' 하고 미소 짓게 하는 아이들이 많다. 내 빛깔대로 살지 못해 힘들었던 나의 과거를 생각해보면, 타고난 대로 제 빛깔을 내며 현재를 살아가고 있는 아이들은 행복할 것이다. 그리고 어린 시절 한때 성격유형이라는 도구를 통해 자신을 발견하고 이해하며 서로를 수용하던 그 아이들의 시간들이 그들의 삶에 어떤 영향을 끼쳤을까 생각해 본다. 그리고 아이들이 저마다의 아름다움을 지닌 꽃처럼 자신의 자리에서 빛과 향기를 발하며 살아갈 수 있었으면 한다. 그리고 그 길 위에서 나와 함께 나눈 성격유형에 관한 이야기와 배움들이 그들의 삶을 더욱 풍성하고 여유롭게 하였기를 기대하며 기도드린다.

이 책에서 소개될 다음 장들은 아이들과 교실에서 함께 했던 실제 활동과 성격유형으로 풀어 본 상담 및 생활지도 사례 그리고 어린이·청소년의 심리유형에서 기본적으로 숙지해야 할 내용을 담았다.

Chapter 1. '서로 다른 아이들' 에서는 성격유형에 따른 교사와 아이들의 모습을 교사의 관점으로 기질별로 정리하였고, 16가지 성격유형에 따른 학교생활에서 관찰된 아이들의 특징을 소개하였다.

Chapter 2. '성격이란 무엇인가' 에서는 심리유형과 선호경향에 대한 아이들의 모습을 담았으며 MMTIC™를 활용하기 위해 필요한 기본적인 내용을 소개하였다.

Chapter 3. '성격 유형과 행복한 가정 만들기' 에서는 성격유형을 통해 상담을 했거나 생활지도를 했던 사례들이 소개되어 있다. 사례들은 아이들이니 만큼 그들의 가장 큰 배경인 부모와의 면담 내용도 실려 있어 성격유형을 통한 부모-자녀의 역동 및 부모교육에 대한 시사도 살펴볼 수 있을 것으로 예상된다.

Chapter 4. '부모 성격유형과 양육방식' 에서는 선호경향에 따른 양육방식과 16가지 성격유형별 양육방식을 소개하였다.

Chapter 5. '학습양식과 교수양식' 에서는 선호경향과 기질에 따른 학습방법과 16가지 성격유형별 학습양식 그리고 선호경향과 기질에 따른 교수양식과 16가지 성격유형별 교수양식을 소개하였다.

Chapter 6. 성격유형을 활용한 프로그램 운영 · 자료' 는 부록으로 제시하여 MBTI®와 MMTIC™를 활용한 다양한 프로그램의 예시와 아이들의 활동결과를 제시하여 프로그램 운영을 돕고자 하였다.

자료를 정리하면서 여전히 그때의 그 빛깔로 살아있는 아이들을 다시 만나게 되었다. 그리고 이 책의 일등공신 열 여섯 빛깔의 아이들에게 다시 한번 감사한다.

16개 성격 유형별 별칭

ISTJ	ISFJ	INFJ	INTJ
공부벌레 미스 준비물 모범생 흥부마누라 정석 2 믿어주세요	괴로운 범생이 멋쟁이 내숭 백단 새침데기 천사표	영감 초원의 빛 밤하늘의 별 순수의 빛	천재 시선집중 나는 나

ISTP	ISFP	INFP	INTP
박학다식 터프가이 불의 전차 조용한 화산 조용한 반항아 나만 태평	조용한 날라리 흥부가 기가 막혀 천사표 조용한 예쁜이들 PLAY GIRL BOY	꿈돌이 잠보 고요한 불 고집쟁이 수선화	만물박사 겉똑똑이 천재 고집쟁이 청개구리

ESTP	ESFP	ENFP	ENTP
꽃돼지 나 잘났어 왈가닥, 얼렁뚱땅 확쓸어 시장 아줌마 폭탄	개구쟁이 천방지축 눈물 가득 웃음 가득 재치꾼 날쌘 돌이 왁자지껄	썰렁이 돈키호테 순수 둘리 분생분사 영원한 자유	소크르트 (소크라테스+모차르트) 논다리 쇠고집 삐딱이 귀여운 악마 부메랑

ESTJ	ESFJ	ENFJ	ENTJ
깔끔이 허판사 충성스런 똥개 골목대장 나를 따르라	란마 미스 수다 행복을 전해요	왕내숭 완벽주의자 희망봉	왕짜증 꼬치꼬치 욕심쟁이 스파르타 철인 3종 경기

Chapter 2

성격이란 무엇인가?

성격이란 무엇인가?

4학년인 기호(가명)[1]는 목소리가 크고 활기차다. "선생님, '수집'이 무슨 뜻입니까?"라는 질문에서부터 수업내용을 알아도 손을 들고 몰라도 손을 들어 발표를 잘 하는 편이다. 나아가 컴퓨터 경진대회, 동화구연대회, 동시쓰기대회, 물로켓 발사대회 등의 학예대회에 거의 빠짐없이 참가하여 다양한 종류의 상을 받기도 한다. 점심시간에는 놀기 위해 밥을 적게 먹을 정도로 활동적이며 과제를 미리 준비하는 일이 드물지만 수업에 적극 참여하는 편이고 임기응변이 뛰어나다. 위트와 재치, 다양한 판토마임으로 아이들에게 웃음을 선사한다. 평소 과제학습이나 역할활동에 소홀한 편이어서 우등생이긴 하지만 모범생이라고 불리진 않는다.

반면에 민욱이는 우등생이며 모범생이다. 민욱이는 수업과정을 알아도 발표를 잘 하지 않지만 늘 바르고 진지한 자세로 수업에 열중하며 과제 및 역할활동에 성실하다. 성적도 우수하고 공부가 부진한 친구들에게 멘토 역할을 잘 해 많은 친구들에게 모델역할을 한다.

이렇듯 교실에서 아동들의 행동특성은 각기 다르다. 이러한 특성은 부분적으로 성격의 차이에서 비롯된다고 할 수 있다.

인간의 성격에 대해서는 다양한 이론이 있는데, 심리학자 칼 구스타프 융(Carl Gustav Jung)은 인간의 성격이 타고난다고 말했다. 융에 의하면 아동들은 처음부터 서로 다른 존재이며, 어떤 훈육이나 통제, 조건형성, 교육도 어린이들의 선천적 경향성을 감소시킬 수 없다. 즉, 아동들에게 나타나는 가장 중요한 개성의 차이점은 심리유형(Psychological Type)과 관계가 있다는 것이다. 이러한 심리유형의 차이는 그 아동이 이끌어 가는 삶의 모든 분야에 관여한다.

또한 융이 말하길 '아동의 성격이란 평생을 통하여 천천히 단계별로 성장해 가는 씨앗과 같다. 충만성과 독특성, 성숙성의 가능성이 배제된 성격 발달이란 없다. 따라서 교육의 목적은 아동이 모든 경향을 똑같이 발달시키도록 돕는 것이 아니라 아동 자신만의 고유한 경향을 지닌 잠재력의 계발을 돕는 것이다'라고 하였다. 이러한 맥락에서 건강한 성격발달이 시작되는 아동기에 자신의 타고난 성격을 이해하고, 타인의 성격을 수용하는 것은 매우 중요한 일이다. 이러한 과정은 자기 발견과 더불어 원만한 대인관계를 만들어가는 독특한 자원이 될 것이다.

1) 'Chapter 2'에 제시되는 사례의 아이들 이름은 모두 가명임을 밝혀 둡니다.

I MBTI®(Myers-Briggs Type Indicator®)와 나의 발견

1. 부끄러워서 심부름을 못 했어요

● **초등학교** 교사로 30여 년을 근무하면서 같은 반에 있는 서로 다른 아이들에 대해 많은 생각을 하게 된다. 한편, 두 자녀를 기르는 어머니로서도 첫째 아이와 둘째 아이의 다름에 대해 생각해 본다. 아이들의 다름은 어디에서 오는가? 성격이란 무엇인가? 무엇이 나와 형제, 자매의 다름을 구분하며, 또한 가족들의 다름을 어떻게 이해할 수 있을까?

"예지야, 이 책 2학년 1반 선생님께 좀 갖다 드릴래?"
"2학년 1반 선생님께..." 하고 예지는 말끝을 흐리며 고개를 약간 기울인다. 심부름은 하고 싶은데 자신이 없다는 표현이다. 예지는 심부름하기 좋아하는 은정이의 손을 잡고 교실 문을 나선다.

초등학교 시절, 내가 제일 힘들었던 일들 중의 하나가 심부름이었다. 심부름을 할 때면 늘 세 살 아래의 여동생을 앞세우고 길을 나섰다. 그 이유는 동생이 중요한 내용을 나보다 더 잘 전달할 뿐만 아니라 인사도 잘하기 때문이었다. 그래서 주위엔 큰 딸인 나보다 동생의 이름이 먼저 알려졌다. 친척들 사이에서도 똑똑한 동생에 대한 이야기들이 더 많이 오르내렸다. 그리하여 나는 자연스레 집에서 어머니의 일을 돕거나 동생들을 돌보는 일을 맡게 되었다. 나는 집안일 같은 단순한 일을 하는게 늘 불만스러웠지만 불평을 표하지 않고 착한 딸의 역할을 해냈다.

또 동생은 새로운 물건에 대한 호기심도 강하고 자기 것을 잘 챙겼다. 여름철에 새로운 슬리퍼나 새 옷도 나보다 먼저 가졌으며, 그렇지 못할 땐 떼를 썼다. 그리고 그리기 대회에서 일등을 하기도 하고, 무용을 잘해 학교 학예회에서도 화려한 모습을 뽐내는 등 사람들의 관심과 칭찬을 차지하곤 했다. 내가 좀 잘 하는 건 공부였지만 동생은 공부도 잘했다. 난 동생의 그림자처럼 뒤에 물러나 있었다.

대학을 다닐 때도 동생은 다양한 친구들과 여행을 가고 동아리 활동도 활발히 했고, 집안형편이 어려웠지만 테니스, 피아노 등을 배우러 다니느라 분주했다. 나는 도서관에서 도스도예프스키 전집 등을 비롯해 여러 작가의 전집을 읽었다. 그리고 주로 혼자 다니거나 친구 2-3명과 어울려 다니며 실존 철학에 매료되어 지냈다.

이러한 생활패턴은 성인이 되어서도 비교가 된다. 동생은 집을 꾸미거나 옷을 고르는 일 등에서도 세련되고, 생활적인 면이나 사회생활에서의 성취도 늘 앞서간다. 동생은 일에 적극적이고 사람들을 두루 아우르는 편이어서 주위에 정을 나누는 사람들이 많다.

하지만 나는 소극적이고 소수의 친한 사람들과 조용하고 소박한 생활을 추구하면서 있는 듯 없는 듯 살아가는 편이다. 그러면서 스스로에게 느끼는 부적절감과 열등감이 잠재되어 있다. 자매간의 성격, 생활태도가 다르다는 피드백들을 받는 가운데 우리는 서로 다름을 인정한다.

어느 해 가을 MBTI®를 만나던 날 밤, 나의 성격유형인 INFJ 설명 중 '자기 안의 갈등이 많고...'를 읽고 온 몸의 전율을 느꼈다. 열등감으로 여겨왔던 나 자신의 성격에 대한 이해는 공감 받고 존중받는 느낌 그 자체였다. 가슴엔 잔잔한 파문이 일고 알 수 없는 설레임과 슬픔으로 잠을 이루지 못했다. 무엇보다도 인정받는 듯한 느낌, 마치 누군가의 지지와 더불어 동행하는 느낌이 좋았다. 오랜 동안 내 안의 갈등 속에서 우유부단했던 생활. 당당하지 못한 모습들을 스스로 이해하고 받아들일 수 있는 여유로 참 넉넉해진 듯 하였다. 후에 알고 보니 동생은 열정적이며 적극적이고 포용력이 있는 ENFP였다. 동생은 동생의 삶을, 나는 나의 삶을 살아가고 있다는 긍정 속에서 서로 다름을 존중하니 내 모습이 보이는 듯 했다.

2. MBTI®(Myers-Briggs Type Indicator®)와 MMTIC™(Murphy-Meisgeier Type Indicator For Children®)

● 미국인 캐서린 브릭스(Katharine Briggs)는 사람들에게 관심이 많았다. 개인차에 대한 브릭스 집안의 관심은 딸인 이사벨 브릭스(Isabel Briggs)가 자신의 젊은 구혼자인 칼렌스 마이어스(Clarence Meyers)를 소개했을 때 생겼다. 칼렌스 마이어스는 브릭스 집안사람들에게는 아주 매력적으로 보였는데, 그의 행동이나 성격이 자기들과 너무나 달랐기 때문이다. 그래서 캐서린은 대가족인 자신의 가족들 주변에서 일어나는 일들을 통해 나타나는 사람들의 특징과 행동 등의 개인차를 호기심으로 기록하기 시작하였다. 또한 위인들의 자서전을 통하여 인간의 개인차를 연구하던 캐서린은 1920년에 융(Jung)의 심리유형이론을 접하였다.

그 뒤 캐서린과 이사벨 모녀는 20여 년 동안 융의 이론에 입각하여 개인의 성격적 특성을 관찰하고 기록했고, 그 '인간관찰(people watching)' 기록 카드는 무려 6만여 장에 이르게 되었다. 이 카드들을 분류하여 검사도구로 만드는 연구에 캐서린의 외손자인 피터 마이어스(Peter Myers)가 함께 했다. 즉 MBTI(Myers-Briggs Type Indicator)는 브릭스 집안 3대에 걸친 70여 년 동안의 지속적인 연구 끝에 탄생했다. 이러한 과정을 통하여 MBTI는 융의 심리유형 이론의 타당성을 확증하는 계기를 마련하였다.

MBTI는 융의 심리유형을 근거로 캐서린 브릭스와 그의 딸 이사벨 브릭스 마이어스가 1941년 이후 지속적으로 연구 개발한 인간이해를 위한 성격유형 검사이다. MBTI는 세계적으로 가장 많이 사용되고 있는 심리검사에 관한 표준화된 고전이자, 현재도 가장 많은 사람들이 활용하고 있는 힘 있는 심리검사 도구이기도 하다.

MBTI는 인식과 판단에 대한 융의 심리기능 이론, 그리고 인식과 판단의 향방을 결정짓는 융의 태도 이론을 바탕으로 만들어졌다. MBTI는 개인이 쉽게 응답할 수 있는 자기보고를 통해 인간이 사물에 관한 정보를 인식하고 판단할 때의 각자 선호하는 경향을 찾고, 또 이러한 선호경향들이 하나하나 또는 여러 개가 합쳐져서 인간의 행동에 어떠한 영향을 미치는가를 파악하여 실생활에 응용할 수 있도록 만들어진 것이다.

성인용 심리유형검사인 MBTI를 근거로 아동 및 청소년 성격유형검사

MMTIC(Murphy-Meisgeier Type Indicator for Children)는 1990년 미국의 엘리자베스 머피(E. Murphy)와 찰스 메이스제이어(C. Meisgeier)에 의해 개발되었으며, MMTIC의 한국표준화 작업은 1993년 심혜숙, 김정택 교수에 의해 만 8세~13세의 아동 및 청소년 2600명을 대상으로 이루어졌다.

MMTIC 활용을 통하여 아동들에게 나타나는 심리태도 및 심리기능의 특성을 지표별로 살펴보면 다음과 같다.

Ⅱ 지표별 선호경향

1. 외향(Extroversion)과 내향(Introversion)

가. 심리적 에너지의 방향

전학하는 날의 스케치

부경이는 할아버지 손에 이끌려 전학을 왔다.

1교시 국어시간에 발표를 잘해 친구들의 관심을 끌었다. 쉬는 시간마다 친구들이 부경이 주변에 몰려들어 관심을 보이고 벌써 많은 이야기들이 이어진다. 방과 후 부경이는 여러 친구들과 어울려 집으로 돌아간다.

순영이는 전학 온 지 일주일이 지났다.

순영이는 짝하고 필요한 이야기를 나누는 정도이다. 수업시간에 스스로 발표하는 일이 드물지만 형성평가에서 좋은 성적을 나타낸다. '옛날 학교로 돌아가고 싶다'는 말을 내비치는 순영이의 이야기를 듣고 어머니는 걱정을 한다.

● **외향형의** 아동들은 더욱 자극적인 것을 좋아하고 새로운 환경을 곧잘 탐험한다. 그러나 내향형 아동들은 새로운 자극에 적응할 시간이 필요하다. 그리고 이들은 그들의 환경을 더욱 조절할 수 있기를 원한다.

나. 심리적인 에너지 방향과 세상을 향한 창

(1) 외향(Extroversion) : 바깥세상을 향한 창

● **부경이와** 같은 외향형은 에너지가 외부세계로 향하며, 외부세계에서 일어나는 사건, 사람, 행동에 자극받고 반응하기를 좋아한다. 인식과 판단에 있어서도 외부의 사람이나 사물에 초점을 맞춘다. 즉 처음 만나는 사람들과도 이야기를 잘하며 자신의 의사를 표현하는데 거리낌이 없다. 외향형은 바깥에 나가 활동을 하면서 활력을 얻는다. 행동 지향적이고 때로는 충동적으로 사람을 만나며, 솔직하고 사교성이 많으며 대화를 즐긴다. 이들은 말을 하면 할수록 힘이 나며 말을 꺼냈다하면 한 두 시간은 예사이다. 한 마디 물으면 열 마디, 백 마디를 한다.

이들은 에너지를 발산하고 대신에 다른 이들로부터 에너지를 받아들인다. 그리고 사람, 활동, 수집, 모임, 상호작용 등의 여러 형태의 외부자극을 비롯하여 에너지 요인을 키워간다. 외부의 객체들이나 상황들은 외향형들을 끌어당기는 자석과 같다. 외적 환경과의 상호작용은 이들에게 편안하고 자극적이며 흥분을 일으키는 경향이 있다.

(2) 내향(Introversion) : 내적 세계를 향한 창

● **순영이와** 같은 내향형은 자기세계를 지향하며 바깥세계보다는 자기 안의 개념(concept)이나 생각 또는 아이디어에 관심을 둔다. 바깥에 나가 친구들을 만나고 뛰어다니는 것은 피곤하다. 혼자 책을 보거나 생각에 잠기고 여유를 갖는 것이 그들로 하여금 힘이 나게 한다. 이러한 사람들은 생각이 깊고 조용한 곳을 좋아하고 자기세계와 혼자만의 세계를 은근히 즐긴다.

내향형들은 타인들이 직접 관찰할 수 없는 세계, 내적이고 주관적인 세계로부터 에너지를 받아들인다. 내향형들은 자신의 반영, 통찰, 감정, 내적세계의 아이디어로부터 에너지를 얻는다. 이들은 혼자 조용한 공간에서 일하고 활동하는 것을 좋아한다. 가족모임이나 야외 나들이보다 책을 읽거나 컴퓨터 게임을 하면서 하루 종일 집이나 도서관에서 시간 보내는 일들을 잘한다. 이들은 많은 사람들과 만나 이야기하고 의논하는 일이 피곤하다. 그래서 조별활동이나 게임을 할 때도 혼자서 자기가 맡은 역할을 조용히 해내는 편이다. 대체로 여러 사람 앞에서 나서서 하는 역할활동 및 표현활동 등을 꺼려하는 경향이 있다. 수줍음으로 목소리가 작고 행동이 작은 편이어서 자기를 마음껏 표현하지 못할 때도 있다. 따라서 이들은 미리 과제를 준비하거나 거울을 보고 역할 연습을 하는 것이 도움이 된다. 단짝 친구와 잘 놀고 우정을 오랫동안 유지하는 편이다.

2. 감각(Sensing)과 직관(iNtuition)

가. 정보를 수집하는 마음의 기능

보고서 쓰기 : 물이 되어 여행하기

● **다빈**

나는 영수의 컵에 담긴 물입니다. 나는 어느 순간 영수의 입속으로 들어갑니다. 이들 사이로 왔다 갔다 하면서 썩은 이도 보고 빠알갛게 부어오른 잇몸도 봅니다. 그러다가 나는 어둡고 긴 관을 타고 내려옵니다. 아마도 식도인가 봅니다. 그리고 조그만 주머니 속인 위로 들어갑니다. 여러 가지 음식물들이 섞여 있어서 구역질이 날 것만 같습니다. 또 신맛이 나는 것들과 부딪히게 되어 정신이 아찔합니다. 음식물들은 계속 움직이고 나는 그 사이를 왔다 갔다 하는 동안 나는 작고 섬세한 털 속을 드나들고 있습니다. 융털이라고 하는데 무척 부드럽고 작은 실핏줄들도 보입니다. 내가 실핏줄 속으로 빨려들어갈까봐 겁이 납니다. 나는 계속 아래로 내려갑니다. 그런데 갑자기 세상이 환해집니다. 나는 변기 속으로 굴러 떨어집니다.

● **종훈**

나는 물입니다. 나는 지금 여행을 시작합니다. 먼저 아프리카로 날아가 사막에 비가 되어 내립니다. 선인장과 악수를 하고 모래 속으로 들어가 있다가 곧 하늘로 다시 올라갑니다. 이번에는 미국을 갑니다. 디즈니랜드에서 많은 친구들을 만납니다. 나는 물처럼 온 세계를 여행하고 싶습니다. 나는 사람으로 살고 싶지 않습니다.

● **감각형의** 아동들은 오감을 통해서 정보를 수집한다. 지금 현재 일어나고 있는 현실적이고 구체적인 사실들에 관심을 기울인다. 그리고 경험한 사실들을 잘 적용한다.

반면에 직관형의 아동들은 육감을 통하여 정보를 수집한다. 상상, 공상, 추리, 새로운 아이디어, 이론을 좋아한다. 사건이나 사물의 미래의 가능성이나 관련성, 상징과 의미를 추구한다.

나. 비합리적 기능 : 감각과 직관

● **심리학자** 융(1921, 1971)에 의하면 감각과 직관은 이미 주어진 것으로, 이성의 법칙을 통한 판단이 아니라는 뜻에서 비합리적 인식기능이다. 융은 감각과 직관을 두 개의 서로 상호 보상하는 대극으로 보았다.

감각이란 물리적 자극의 인식을 매개하는 심리기능으로서, 의식적 지각(perception)과 같은 뜻으로 사용된다. 감정과 감각이 섞여서 감정적 색조 또는 정감이나 정동으로 나타날 수 있다. 구체적 감각은 순수하게 나타나지 않고 늘 사상, 감정, 사고와 섞여 나타난다. 추상적 감각은 그 자체의 원리를 좇아서 지각하는 것인데, 예술가에게 볼 수 있는 미적 감각 같은 것이다. 이는 미적 감각 태도를 의지에 의하여 키워나감으로써 분화시킨 감각 기능이다.

따라서 구체적 감각은 하나의 반응이고 의지적인 행위가 아니라는 의미에서 감각의 근원적 형태이다. 어린이와 원시인의 가장 특징적인 본질을 이루는 감각은 직관을 능가한다고는 할 수 없지만 사고나 감정을 넘어서는 기능이다(이부영, 1998).

직관이란 무의식적인 방법으로 인식을 유도하는 심리기능으로서, 그 내용이 무엇이든 하나의 본능적 파악이다. '이미 주어진 것' 이라는 특징이 있으므로 비합리적 인식기능이며, 직관적 인식은 확실성을 지닌다. 구체적 직관은 사물의 사실성을 인식하고 중개하는 하나의 반응과정이다. 추상적 직관은 이념적 관계의 인식을 중개하며 어떤 방향을 결정하는 요소들, 또는 의지나 의도를 필요로 한다. 직관도 유아적 원시심성의 특징을 가진다. 감각이 의식적 지각이라면 직관은 무의식적 지각으로서, 개체 발생학적으로나 계통발생학적으로 사고와 감정은 감각에서 나온 것이며, 직관이 감각의 대극이므로 직관에서 나왔다고도 할 수 있다(이부영, 1998).

다. 지금-여기, 그리고 먼 훗날

(1) 감각(Sensing) : 지금-여기에서 거둬요

● **다빈이처럼** 감각형들은 오감을 통해서 정보를 수집한다. 즉 눈, 귀, 코 등 한 가지 이상의 감각기관을 통해 관찰 가능한 사실이나 사건을 받아들인다. 감각은 현재 일어나고 있는 일만을 의식하기 때문에, 직접 하고 있는 일을 중시하며 현실적이고 관찰력이 뛰어나다. 자세한 것까지 기억을 잘하며 구체적으로 기술하고 그려낸다. 이들은 차근차근 순서에 맞게 일이나 공부를 하며 단계적으로 접근한다. 그러나 구체적인 사실에 몰두하여 전체를 보지 못할 위험이 있다. 이들은 사물, 사건, 사람을 눈에 보이는 그대로 지각하려는 경향이 있으며 사실적인 사건묘사에 뛰어나다.

감각형들은 보통 현존하는 패러다임을 지지하고 그것들을 보다 효율적으로 잘 사용하는데 초점을 맞춘다. 그들은 사실과 세부사항을 수집하고 분류하며 조직하기를 좋아하고 어느 것과 관련되는지를 결정한다.

(2) 직관(iNtuition) : 먼 훗날 위해 씨 뿌려요

● **종훈이처럼** 직관형은 오감보다는 통찰, 즉 육감이나 영감을 통하여 정보를 수집한다. 이들은 구체적인 사실이나 사건보다는 그 이면에 감추어져 있는 의미, 관계, 가능성, 또는 비전을 보고자 한다. 상징과 의미를 추구하고 상상, 공상, 추리, 고안하는 작업을 좋아하며 사건이나 사물이 안고 있는 가능성이나 관련성에 관심이 많다. 이들은 구체적인 사실보다는 전체를 파악하고 본질적인 패턴을 이해하려고 한다. 이들은 현재에 안주하기보다 미래의 성취와 변화, 다양성을 즐긴다. 이들은 상상력이 풍부하고 이론적이고 미래지향적이고 창조적이다. 그러나 구체적인 것을 떠나 전체를 보려고 하기 때문에 세세한 부분을 간과하기 쉽고 새로운 일, 복잡한 일에 겁 없이 뛰어드는 경향이 많다.

직관형들은 키튼(Kitton, 1987)이 말하는 '혁신적인 창의성'을 선호하는 경향이 있다. 그들은 문제나 상황을 다양한 관점에서 볼 수 있는 '아이디어 맨'으로서 새로운 패러다임에 초점을 맞추며 문제들을 재정의한다. 그들은 흔히 현재 작동 중인 과정에 도전하기 때문에 고도로 구조화된 조직에서 일하기 어렵다. 외향적 직관형(EN)은 브레인스토밍과 외부세계와 연결 짓기를 잘한다. 내향적 직관형(IN)은 집중적으로 내면화된 아이디어와 직감을 가지지만 이들 아이디어를 타인들, 심지어 자신들에게도 말로 나타내거나 의사소통하는데 어려움을 갖는다.

3. 사고(Thinking)와 감정(Feeling)

가. 결정이나 선택을 내리는 마음의 기능

준호의 글 (2010.02)[2)]

제목 : AK

학교를 마치고 주영이가 3,000원으로 AK를 샀다. AK가 뭐냐면 총의 종류다. 탄사력이 좋고 비율감이 많이 없어서 서바이벌 할 때 딱 맞는 총이다. 작년엔 TR이 인기가 많았는데 지금은 AK가 유행이라고 한다. 나도 AK를 사고 싶은데 엄마가 돈을 안 줘서 못 산다. TR은 AK보다 탄사력이 없고 비율감이 있어서 TR이 인기가 엄청 떨어졌다고 한다. 그리고 탄사력이 뭐냐면 총알, 탄알을 여러 번 쓰는 걸 말한다. 요즘은 따발이라고도 부른다. 그리고 비율감이 뭐냐면 무게가 많거나 적은 것이라고 한다. 비율감이 적으면 저율감이라고 부르고 비율감이 많으면 정률감이라고 한다. AK는 TR보다 파괴력이 좋은 것 같다. TV에서 봤는데 TR은 스티로폼까지 파괴시키고 AK는 고무까지 파괴시킨다고 한다. AK는 소,중,대로 나눠져 있는데 '소'는 고무까지, '중'은 나무까지, '대'는 사람의 목숨까지 위협할 수 있다고 한다. 나도 AK '소'쯤은 가져야 될 것 같다.

서영의 글 (2010.02)

제목 : '강아지 똥'을 읽고

강아지 똥아, 우리는 다 처음부터 아빠도 있고 엄마도 있는데 넌 엄마 아빠가 없으니까 참 안됐다. 늘 다른 친구들에게 놀림만 당하고 너무 불쌍하다. 그런데 민들레가 '나의 거름이 되어 달라'고 해서 기분이 좋았겠구나. 잘 됐다. ㅎㅎㅎ. 네가 처음에 '난 쓸모없는데 왜 세상에 태어나게 해주었어요?'라고 했잖아. 난 다 알아. 쓸모없는 사람도 나중에 해낼 수 있는 것이 있으니 이 세상에 태어나게 해주었잖아. 태어난 걸로도 고맙고 행복한 거야. 쓸모없는 사람도 나중엔 해낼 수 있을 테니까 태어난 거야.

2) 준호와 서영이는 초등학교 2학년이며, 같은 반 친구이다.

● **사고형은** 논리와 공평성, 객관적인 분석을 바탕으로 결정을 내린다. 보편타당한 진리나 원인과 결과에 따른 명료성을 선호한다.

반면에 감정형은 사람이나 관계, 상황을 중심으로 주관적인 가치를 바탕으로 결정을 내린다. 즉 다른 사람의 기분에 민감하고 조화로운 관계를 추구한다.

나. 합리적인 기능 : 사고와 감정

● **판단기능으로서** 사고기능은 주어진 관념내용을 그 고유의 법칙에 따라 서로 연관시키는 기능으로, 반드시 판단작용이 수반된다. 융(1921, 1971)에 의하면 감정은 표상이나 지각의 이차적인 현상이 아니라 하나의 독립된 기능으로서 주관적인 판단기능이다. 감정은 그 나름대로의 천부적 재질이고 총체적이며 가시적인 감정기능을 표현한다(이부영, 1998). 일반적으로 의사결정을 할 때 사고형과 감정형은 다른 준거를 사용한다.

사고에는 능동적인 면과 수동적인 면이 있다. 능동적인 사고는 어떤 목적을 향하여 방향 지어진 의지적 판단작용이며 합리적인 기능이다. 수동적인 사고는 일종의 직관적인 사고로서 비합리적인 기능이다. 사고기능에는 논리적 원칙을 따르지 않고 감정에 종속된 감정적 사고가 있다. 융(1954)은 사고가 두 가지 원천에서 나오는 것으로 보았다. 하나는 주관적이며 무의식적인 원천에서 주어지는 내향적 사고이고, 다른 하나는 감각을 통한 지각으로 인식되는 객관적인 사항으로부터 주어지는 외향적 사고이다. 본질적으로는 외향적 사고와 내향적 사고 모두 창조적인 사고이다. 단지 그 능력이 서로 다른 목표를 향하고 있을 뿐이다(이부영, 1998).

융은 감정을 표상이나 지각의 이차적인 현상으로 보지 않고 하나의 독립된 기능으로 본다. 감정은 사고나 마찬가지로 이성의 법칙에 따라 진행되는 판단의 한 양식이므로 합리적 기능이다. 융(1954)은 감정(feeling)과 정감(affection)을 구별하고 감정이 그 정도가 신체적으로 느낄 만큼 고양되면 이를 정감 또는 정서(emotion)라고 보았다. 구체적 감정이란 어떤 구체적 내용에 대한 주관적이고 개인적인 평가이다. 추상적인 감정은 일반적이고 객관적인 감정상황을 말한다. 또한 능동적인 감정이란 주체가 자신의 의도에 따라 가치를 판단하는 경우이고, 수동적인 감정은 주체가 어떤 사물의 내용에 감정을 자극받아 평가를 내리게 되는 경우이다. 감정이란 결국 지적인 개념으로는 설명이 불가능한 것이다(이부영, 1998).

다. 객관적인 진리와 주관적인 의미

(1) 사고(Thinking) : 객관적인 진리를 추구해요

● **준호처럼** 사고형은 논리와 객관적인 분석을 바탕으로 결정을 내린다. 즉 사고형은 객관적인 기준을 바탕으로 하여 정보를 비교 분석하고 논리적 결과를 바탕으로 하여 판단을 한다. 사고형은 인정에 얽매이기보다 원칙에 입각하여 판단하며, 정의와 공정성, 무엇이 옳고 그른가에 따라 판단한다. 인정과 사정에 이끌리지 않고 일관성과 타당성을 중요시하므로 차갑고 냉정하게 보이는 경우가 많다. 인간미가 적다는 이야기를 들을 수 있으며 객관적인 기준을 중시하는 과정에서 남의 마음이나 기분을 간과할 수 있다. 사고형들은 객관적인 자료를 바탕으로 결론에 이른다. 그들은 분석, 논리, 인과, 귀결, 정의와 공정성의 준거를 바탕으로 한 이성적인 것에 초점을 둔다.

(2) 감정(Feeling) : 주관적인 의미를 추구해요

● **서영이처럼** 감정형은 객관적인 기준보다는 자기 자신과 다른 사람들이 부여하는 가치를 중심으로 판단한다. 사고형이 객관적이라면 감정형은 주관적이다. 이들의 가치는 주관적이고 인간적이기 때문에 논리와 분석보다는 자신이 타인에게 미치는 영향을 더 중시한다. 감정형은 친화적이고 동정심이 많으며 조화로운 인간관계를 중시한다. 원리원칙보다는 사람의 마음을 다치지 않게 하는데 더 신경을 쓴다.

감정형들은 애착을 갖는 자신의 가치체계를 사용하는 경향이 있다. 그들은 흔히 자신이 건실해지려는 욕구와 타인을 기쁘게 해주려는 욕구 간에 갈등을 경험한다. 조화는 감정형들에게 가장 중요하다.

4. 판단(Judgement)과 인식(Perception)

가. 외부와의 상호작용

아이들의 책상과 사물함을 한번 살펴볼까요?

보람이는 아침 일찍 학교에 와서 책상을 깔끔하게 정리하고 청소한다. 오늘 공부할 책들을 꺼내놓고 사용하지 않는 학용품은 사물함에 넣어둔다. 사물함 속에는 책과 학용품이 가지런히 정리되어 있다. 보람이는 사물함이 정리되어 있지 않으면 짜증이 난다고 한다. 쉬는 시간에 오른쪽으로 줄을 지어 화장실을 다녀온 후 다음 수업을 준비한다. 그리고 선생님께 다음 수업 시작시간을 알려주기도 한다.

채은이는 등교시각이 일정하지 않다.

대체로 수업을 시작하기 직전에 교실에 들어오지만 어떤 날은 제일 먼저 와서 교실 문을 열기도 한다. 쉬는 시간에 책을 읽거나 운동장에 나가 뛰어노는데 놀이에 빠지면 수업에 늦게 들어오기도 한다. 책상 주변이나 책상 속엔 책과 공책, 학용품, 실내화가 뒤죽박죽 섞여 있다. 수업이 시작되면 사물함으로 다가가 필요한 준비물을 챙기느라 바쁘다. 노트정리를 잘 안하지만, 글의 내용을 잘 알아듣고 발표를 기발하게 잘한다.

● **판단형은** 계획과 구조화로 체계화된 생활양식을 좋아한다. 시간계획에 따르고 마무리 짓기를 좋아하며 주변정리를 잘 한다.

인식형은 자발적이고 유연한 생활양식을 선호한다. 끝맺음보다 개방된 상태, 상황에 따른 적응, 그 과정 자체를 좋아한다.

나. 행동양식 : 판단과 인식

● **융은** JP지표에 대해 "대개 판단하는 입장에 서 있는 판단형의 사람은 의식적 성격측면을 잘 파악하고, 인식형의 사람은 무의식적인 성격에 영향을 받는다. 왜냐하면 판단은 정신현상의 의식적 동기에 더욱 관심을 가지고,

인식은 단지 일어난 일을 기록하기 때문이다"라고 언급했다.

그리고 캐서린 브릭스와 이사벨 브릭스 마이어스는 융(1921)이 간략하게 언급하고 넘어간, 판단과 인식의 대극으로 이루어지는 JP지표를 첨가함으로써 심리경향의 체계가 완결되었다(Myers & Myers, 1980).

판단과 인식은 외부세계에 대한 태도나 적응에 있어서 어떤 과정을 선호하는가를 말한다.

(1) 판단(Judgement) : 계획하고 마무리해요

● **보람이처럼** 판단형은 질서, 계획과 구조화된 생활양식을 선호한다. 판단형은 외부세계에 적응할 때 사고나 감정의 판단과정을 사용하기를 좋아한다. 즉 판단형은 의사를 결정하고, 마무리를 짓고 활동을 계획하며 어떤 일을 조직적이고 체계적으로 진행시키기를 좋아한다. 사고에 의한 판단(TJ)을 선호하는 사람은 '논리적 분석'을 바탕으로 하여 의사결정을 하거나 계획을 한다. 반면에 감정에 의한 판단(FJ)을 선호하는 사람은 인간적인 요인을 바탕으로 하여 의사결정 하기를 좋아한다. 사고든 감정이든 판단(J)적 태도를 선호하는 사람은 의사결정을 내릴 정도만큼의 정보를 얻으면 지각을 닫아버린다. 즉 판단이 앞선다. 판단형은 계획을 짜서 일을 추진하고 미리미리 준비하는 편이며, 정한 시간 내에 마무리해야 직성이 풀린다. 외부행동을 보아도 빈틈없고, 단호하고 목적의식이 뚜렷하다. 판단형들은 구조와 가치가 제공되는 조직적 사회적 분야에서 아주 편안해 한다. 조직이 구조화되고 효율적으로 잘 기능하도록 규칙과 규율을 준수하는데 초점을 맞춘다.

(2) 인식(Perception) : 여유롭게 기다려요

● **채은이처럼** 인식형은 들어오는 정보 그 자체를 받아들이기를 즐긴다. 삶을 통제하고 조절하기보다 상황에 맞추어 잘 적응하며 이해하려는 편이다. 감각적 인식(SP)형은 직접적인 사실 및 실재와 관련된 정보를 추구하고, 직관적 인식형(NP)은 새로운 사실 그 자체보다 새로운 가능성을 추구한다. 인식형은 인생은 무엇이든 융통성을 발휘할 수 있고 잠재적인 가능성이 있다고 생각하며 즐긴다. 이

들은 지각적 태도가 개방되어 있으며 호기심과 흥미가 많다. 이들의 외부행동도 자발적이고 적응력이 높으며, 새로운 사건이나 변화를 추구한다. 인식형들은 의사결정을 미루는 경향이 있으며, 새로운 통찰과 정보가 표면화될 때면 모든 결정은 일시적이며 수정될 수 있다. 끝맺음보다는 개방된 상태를 선호하며, 이것저것 관심가지고 벌리는 것은 많지만 뒷마무리가 약하다. 판단형은 단기전에 강하고 인식형은 장기전에 강하다. 판단형은 노는 것도 일처럼 계획과 구조가 필요하다면, 인식형은 일하는 것도 노는 것처럼 하여 여유만만하다. 판단형은 인식형을 보고 느리고 굼뜨며 답답하다고 한다. 인식형은 판단형을 보고 성급하고 여유가 없이 조급하다고 비난한다.

어린이들의 생활에서 나타나는 각 지표의 특성들

이 표는 부모가 자녀의 성격유형을 파악하거나 또는 어린이가 자신의 성격유형을 짐작하는데 도움을 받을 수 있다.

가. 에너지의 방향에 따른 구분

외향 (E)	내향 (I)
1. 처음 보는 아이 들과도 쉽게 이야기를 하거나 친해지는 편이다.	1. 친한 사람이나 친구가 없는 모임에 가면 매우 불편해 한다.
2. 모르는 사람이 많이 모여 있는 곳에서도 비교적 활발하게 행동하는 편이다.	2. 친구를 쉽게 사귀는 편이 아니며 친한 소수의 친구들과 아주 친하게 지낸다.
3. 여기저기 친구나 아는 사람이 많다(학원친구, 교회친구, 학교친구 등).	3. 평소 침착하고 조용하다는 말을 자주 듣는다.
4. 모임에서 상대적으로 말을 많이 하는 편이며 적극적으로 행동한다.	4. 혼자 놀거나 조용히 책을 읽는 모습이 자주 눈에 띈다.
5. 슬프거나 기쁜 일이 생기면 즉시 부모님에게 이야기하는 편이다.	5. 먼저 신중히 생각한 다음 행동하는 편이다.
6. 활발하고 적극적이라는 말을 많이 듣는 편이다.	6. 부끄러움을 쉽게 타는 편이다.
7. 시간이 걸리는 일이나 놀이에 싫증을 내고 새로운 놀이나 활동을 원한다.	7. 자신의 의견이나 감정을 표현하는 데 재빠르지 않은 편이다.
8. 혼자 조용히 있거나 책을 읽는 것보다 사람들과 어울리는 것을 좋아한다.	8. 누가 물어 보았을 때에야 대답하는 편이다.
9. 새로운 유행이 시작되면 다른 친구들보다 먼저 시도해 보는 편이다.	9. 낯선 곳에 혼자 심부름 가기를 매우 주저한다.
10. 기분을 잘 드러내기 때문에 남들이 나의 기분을 잘 알게 된다.	10. 생각에 빠질 때가 자주 있다.

나. 정보를 받아들이는 정보수집 기능에 따른 구분

감각 (S)	직관 (N)
1. 비유적이고 상징적인 표현보다는 구체적이고 정확한 표현을 잘 이해한다.	1. 상상 속의 이야기를 잘 만들어내는 편이다.
2. 주변 사람들의 외모나 다른 특징들을 잘 기억한다.	2. 종종 물건을 잃어버리거나 어디에 두었는지 기억을 못할 때가 있다.
3. 꾸준하고 참을성 있다는 말을 자주 듣는 편이다.	3. 창의력과 상상력이 풍부하다는 말을 자주 듣는다.
4. 공부할 때 세부적인 내용을 잘 암기할 수 있다	4. 다른 아이들이 생각하지도 않은 엉뚱한 행동이나 상상을 할 때가 종종 있다.
5. 손으로 직접 만지거나 조작하는 것을 좋아한다.	5. 질문을 많이 하는 편이다.
6. 꼼꼼하다는 말을 자주 듣는 편이다.	6. 공상 속의 친구가 있기도 하다.
7. 새로운 일이나 활동보다는 늘상 하는 일이나 활동이 더 편하다.	7. 신기한 것에 호기심이 많다.
8. "그게 정말이야?"라는 식의 질문을 많이 한다.	8. 장난감을 분해하고 탐색한다.
9. 새로운 방법을 시도하기 보다는 남들이 하는 대로 따라서 하는 것이 편하다.	9. "하고 싶다, 되고 싶다"라는 꿈이 많다.

다. 받아들인 정보를 판단하는 기능에 따른 구분

사고 (T)	감정 (F)
1."왜"라는질문을자주한다.	1.부모님이나 선생님의말을잘 듣는편이다.
2.의지와 끈기가강한편이다.	2.감정이 풍부하고인정이많다는말을많이 듣는다.
3.궁금한점이있으면 꼬치꼬치따저서궁금증을풀고 싶어한다.	3.정이 많고 순하다는말을자주 듣는다.
4.참을성이 있다는말을자주 듣는다.	4.주위에불쌍한 사람이나친구들이있으면마음아파하고도와주고싶어한다.
5.야단을 맞거나 벌을 받아도 눈물을 잘 보이지 않는 편이다.	5.야단을맞거나벌을받으면 눈물부터나온다.
6.한번 마음먹은일은꾸준히밀고 나가는편이다.	6.다른 사람 의반응에민감하다.
7.주변 어른들이귀엽다고말하거나 쓰다듬어주면 어색해할 수있다.	7.매를 맞으면쉽게잘못했다고하는편이다.
8.성적이 올랐거나잘했을때직접적인칭찬을받아야좋아한다.	8.싹싹하고연하다(부드럽다)는 소리를잘 듣는다.
9.논리적이고 구체적인설명으로부모나친구들를설득하는 편이다.	9.양보를쉽게하는편이다.
10.TV나 책에서경찰관이악당을벌주는내용이나오면 매우 신나한다.	10.음식,장난감을선택할때쉽게결정을못내릴 때가 많다.

라. 생활양식에 따른 구분

판단 (J)	인식 (P)
1.대체로먼저 공부나할일을해놓고 노는편이다.	1.계획을잘 세우지않고 일이 생기면 그때그때 처리하는편이다.
2.시험 보기전에 미리 여유있게공부 계획을짜 놓는다.	2.어떤 일을할 때마지막 순간 한꺼번에 처리하는경향이있다.
3.마지막 순간에쫓기면서일하는것을싫어한다.	3.방이 어수선하게흐트러져있어 도개의치않는다.
4.계획에따라 규칙적인 생활을하는편이다.	4.주변에서일어나는일들에호기심이많고새로운상황에잘 적응한다.
5.목표가 뚜렷하고 자신의의견을분명히 표현하는 편이다.	5.남의 지시에따르기보다 자신의마음에따라 행동하는것을 좋아한다.
6.계획에없던일이 생기면힘들어한다(짜증을 낸다).	6.노트나책가방 등을덜 챙기는편이다.
7.학교나친구들 모임에서책임 있는일을맡고 싶어한다.	7.신발이나 옷이 떨어져도 무관심한편이다.
8.예정에 없던일이 생겨 계획을바꾸어야 하면 힘들어한다.	8.자기 것을덜 주장하고 고집하는편이다.
9.깨끗이정돈된상태를좋아한다.	9.자기 것을형제나친구들에게 비교적잘 나누어 주는 편이다.

※ 출처:어린이및청소년성격유형검사안내서 매뉴얼

본 자료는 MMTIC™ 성격유형에 대한 이해를 돕기 위해 각 지표들에 대한 특성을 들을 제시하고 있다.

본 지표별 특성들은 자신의 성격유형을 추측하기 위한 자료일 뿐이므로, 아동의 정확한 성격유형을 알고자 하는 사람은 MMTIC™ 전문교육을 받은 전문가에 의해 MMTIC™ 검사를 받고, 이에 대한 해석을 받아야한다.

Ⅲ U-밴드(Undetermined Band) : 미결정영역

● **어린이의** 성격유형 검사(MMTIC™)에서 선호점수는 일직선상에 나타난다. 선호도 점수는 단지 선호도의 방향을 제시할 뿐, 이 점수의 크기가 선호도의 발달정도나 아동의 어떤 능력을 설명해 주지 않는다. 또한 어떤 기준의 참고자료로 사용되지 않는다.

그리고 어느 지표에서 아동의 선호도가 결정되지 않는 경우가 있다. 이때 아동들은 선호도가 아직 발달 중에 있으므로, 뚜렷하게 차이가 나지 않는 점수를 가지고 유형을 분류하면 오류를 범할 가능성이 크기 때문에 U-Band로 분류한다. 예를 들어 ES**U**P인 아동의 경우 외향형, 감각형, 인식형이고 T와 F 지표는 분명하지 않은 것이다. 따라서 이 아동의 경우 ESTP 또는 ESFP의 선호경향을 지닐 수 있다.

U-밴드는 첫째, 아동의 성격발달 특성으로 나타나는 중요한 변별 영역으로, 미분화(undifferentiated)나 문제성을 의미하지 않는다. 단순히 선호도의 방향이 지표 중 어느 하나에 귀속될 만큼 아직 충분히 뚜렷하지 않다는 것뿐이다. 둘째, 발달과정상 나타나는 특성으로 연령이 높아질수록 U-밴드 비율이 대체로 낮아진다. 이는 아동들이 커가면서 만족할 만큼 충분한 수준의 선호도를 획득하고, 자신의 선호유형을 찾아간다고 볼 수 있다. 셋째, U-밴드는 아동의 선호유형의 하나로서 고유성을 지닌다. 그런데, 그룹분류 때 편의상 점수가 가까운 지표에 넣어 분류하기도 한다.

어린이 성격의 주된 부분은 초등학교 시절 전반에 걸쳐 발달을 계속하게 되므로 이 시기에 어린이의 선호성은 분명하게 구별되지 않을 수도 있다. 한편, 어린이는 환경과의 상호작용에 의해 상당한 영향을 받을 수 있다. 즉, 부모나 교사들에게서 얻은 정보나 피드백이 오히려 자신의 선천적 특성을 찾아가는데 방해가 될 수도 있다고 본다. 따라서 성인들이 제공하는 정보나 피드백이 어린이들에게 미치는 영향의 정도가 성인들이 수용하는 정도보다 더 클 수 있다는 점을 고려하여야 한다. 또한 이 시기의 어린이들이 공통적으로 갖는 특정한 유형의 선호성이 반영된 행동들을 보일 수도 있다. 예를 들면, 아동기의 특성과 잘 부합되는 ENFP나 ESFP와 비슷한 행동특성을 부분적으로 드러낼 수도 있다. 이러한 발달적 특징을 위한 여지가 바로 '미결정 즉 U-band' 영역을 두는 이유라고 할 수 있다.

자신의 성격 유형을 가장 잘 알 수 있는 사람은 자기 자신이다. 하지만 어린이 혹은 특정한 방어기제를 과도하게 사용하는 사람의 경우 그 자신이 가진 참 유형(True-Type)이 보고된 유형(Reported Type)과 일치하지 않을 수 있다. 따라서 어린이 성격유형검사는 과정에 많은 관심을 기울여야 한다. 즉, 최적유형(Best-fit Type)을 찾기 위해 자기 추측 유형(Self assessed type)과 검사결과(보고된) 유형(Reported Type)이 일치하도록 찾아 가는 과정이 중요한 것이다. 이를 위해 어린이와 가장 가까운 부모나 교사를 통해서 얻는 관찰의 결과도 중요한 참고 자료가 될 수 있다. 결론적으로 어린이에게서 나타나는 지표는 분류 자체에 의미를 두기 보다는 현재 이 시점에서 아동이 보고한 자신의 모습에 의미를 부여하여야 할 것이다.

Ⅳ 아동의 선호경향의 특성

● **인간은** 성격 유형에 있어 선천적 경향성을 가지고 태어나 부모양육태도, 교육, 문화 등의 다양한 환경과 상호작용하면서 경험을 쌓아 자신에게 편안하고 자연스러운 쪽으로 행동패턴을 만들어 간다. 선천적인 경향이 있지만 아동기에는 발달시기상 공통적으로 나타나는 특성이 있다. 아동들은 작은 소리로 토의하기 보다는 큰 소리로 말하고, 행동반경도 커서 큰일 보다 작고 세세한 일을 잘 못하는 경향이 있다. 이는 대근육 운동에서부터 소근육 운동으로 발달하는 발달의 원리에 따른 현상이라고 할 수 있다. 즉 아동들은 외향형이 아니더라도 자기 표현적이고 활동적이며 관계 지향적인 특성을 나타낸다. 또 생각하고 느낀 대로 자유롭게 표현한다. 기쁠 때 웃고 화나거나 슬플 때 울며 갖고 싶은 게 있으면 떼를 쓰고 응석도 부린다.

특히 아동기 초기에는 구체적 조작기로서 사물을 만지고 경험하는 활동을 통해서 지적 발달을 꾀한다. 그리고 소꿉놀이와 병원놀이 등의 가상놀이나 모방, 또래와의 놀이 등을 통해서 사회성을 발달시킨다. 또 상대방에 대한 감정표현이 자유롭고 진솔하며 상상력이 풍부하다.

따라서 아동들에게 나타나는 성격분포는 성격유형 분포 그 자체라기보다 '아동기'에서 보이는 발달시기상의 특성을 포함하고 있다. 나아가 선천적인 경향성이라는 잠재성은 발달해서 성인이 되었을 때 좀 더 뚜렷하게 자신의 선천적 경향에 가깝게 표현된다.

아동들은 발달 중에 있으므로 유형에 관계없이 다양한 종류의 기회와 경험이 필요하다. 아동의 유형을 추측할 때는 새로운 정보에 마음을 열어두고 자신의 관점이나 가정을 기꺼이 바꿀 수 있어야 한다. 아동을 어떤 유형으로 명명하는 것은 그것이 맞든 틀리든, 그 아동 자신에게 심리적 울타리를 치는 것일 수 있다. 그러므로 아동의 성격특성을 현재 보이는 그 자체로 보고, 어느 유형의 틀에 넣지 않는 태도가 진정 그 아동을 이해하고 성장의 길로 안내하는 일일 것이다. 아동들이 자기를 꽃피우는 데는 자기과정이 필요하다. 부모나 교사가 아동들을 느긋하게 바라봐 주고 기다려 주는 허용적인 태도 속에서 아동들은 자기를 찾아 나아갈 것이다. 나아가 성인들은 아동들이 자신의 독특한 뿌리를 내리고 이상을 향한 날개를 달고 마음껏 날 수 있도록 도와야 할 것이다.

그럼에도 불구하고 많은 부모들은 자녀들을 위한다는 명목으로 아동들에게 너무 많은 정보와 교육을 투입한다. 너무 많은 음식을 섭취하면 모든 영양분이 충분히 몸에 축적되지 않는 것처럼, 이 경우 많은 아동들은 쉽게 지치고 낙담하며 자신에 대해 부정적인 평가를 할 가능성이 커지게 된다. 따라서 아동기에는 다양한 경험을 통해 아동 자신이 정말 좋아하고 잘하는 일을 발견하도록 하는 일이 중요하다. 아동들이 즐거워하고 잘하는 것이라면 더 많은 교육 기회에 노출되는 것이 아동 자신의 성장과 발전을 위해 필요한 것이 될 수 있다. 하지만 그것이 아동의 관심과 흥미와 관련이 없는 것이라면 이는 아동에게 과중한 짐을 지우는 것과 다름없을 것이다.

특히 건강한 체력을 기를 수 있는 다양한 활동과 독서 등 정신발달의 기본이 되는 교양을 쌓는 일은 미래의 자원을 마련하는 일일 것이다. 또한 특정한 학습 영역에 몰입하는 것은 장차 학업에 흥미를 잃게 하는 중요한 원인이 되기도 한다.

V 성격유형과 행복한 세상을 향한 꿈

● **부모** 혹은 사회가 어린이에게 줄 수 있는 가장 큰 선물은 무엇일까? 5월이면 듣게 되는 노래 가사처럼 '장난감도 비싼 학용품도 아닌, 함께 놀아 주고 이야기를 들어 주며, 인정해 주는 것' 일 것이다. 또 한 가지, 부모가 자신의 자녀에게 줄 수 있는 큰 선물은 많은 유산과 학원 혹은 유학 기회가 아니라 화목한 가정과 사랑이 넘치는 가족관계를 통해 행복한 유년시절을 보내게 해 주는 것이다.

한 번도 자연 속에서 뛰어 놀아 본 적이 없는 아이! 옷을 더럽힐까 염려되어 운동장의 흙도 만져보지 못하는 아이! 나무 위에 한번 올라가 보지도 못한 채 밤늦도록 학원을 순례하는 아이! 이 아이들에게 과연 행복이란 무엇일까?

아이들은 대답한다.
"All 100점"
"공부 잘해서 검사되는 것!"
"공부 열심히 해서 의사 되는 것"
그래서 부모님을 기쁘게 해드리는 것이 행복이라고 말한다.

'어떤 의사가 되겠다' 는 생각을 해보지 않고 오직 돈이 되는 곳만 찾아가는 의사라면 자신의 삶은 어떤 의미가 있을까? 또 그런 의사가 차고 넘칠수록 우리 사회는 어떤 사회가 될까? 궁금해진다.

마음껏 친구들과 뛰놀고 소리 지르며, 부모와 함께 자연을 느끼고 환경을 소중하게 여기는 체험을 하고 자란 아이와 대도시의 콘크리트 숲 속에서 자란 아이들의 행복에 대한 생각은 어떻게 다를까?

수단과 방법 가리지 않고 많은 부와 명예를 먼저 획득하는 것, 혹은 싸워서 쟁취하는 것이 행복이라고 믿지는 않을까? 자연을 사랑하고 존중하며 환경과 생명을 가치 있게 여기는 어린이들이 자라면 어떤 세상이 만들어질까?

형제, 자매 사이에 우애를 발휘하며 교실에서도 책임감을 가지고 자신이 맡은 작은 일을 잘 해낼 수 있는 어린이, 나 보다 힘이 약하거나 부족한 어린이들을 배려하는 태도를 지닌 어린이들이 어른이 되면 우리 사회는 어떻게 변할까? 생각해 본다.

유년 시절부터 끊임없는 경쟁에 내몰려, 형제자매마저도 경쟁의 대상이 되고 옆 집 아이, 같은 반 친구들 모두를 이겨야 할 경쟁의 대상으로 여긴 아동이 자신이 쟁취한 그것을 나누며 살아갈 수 있을까?

아메리카 인디언들이 맨 처음 미국 공교육에 들어와 시험을 치게 되었을 때, 그들은 교실 바닥에 둥글게 둘러앉았다. 이를 본 교사가 시험을 칠 것이라고 말하자 시험이란 이렇게 "서로 모르는 것을 토론하고 가르쳐 주는 것"이라고 대답하였다고 한다. 세계 최고 수준의 핀란드 교육은 초등학교에서 고등학교를 졸업할 때까지 등수를 매기지 않는다. 교실에서 항상 등수를 매기면 과연 행복한 학교생활을 하는 어린이가 얼마나 될까? 생각해 본다. 이웃 일본에서 동경대학의 사토 마나부 교수가 이끄는 '배움 공동체' 운동[3]은 공부는 무엇이며, 학력이란 무엇인지를 되묻고 있다.

최근 우리나라에서도 경기도 광주의 남한산 초등학교[4]를 비롯하여 작은 학교 교육연대를 통해 아이들이 행복한 학교를 만들고자 애쓰는 교사와 학부모들이 늘고 있다. 그러나 한편 모든 학교, 교사와 학생들을 일제고사로 평가하여 줄을 세우겠다는 무모한 계획 역시 학력 혹은 실력을 높인다는 명목으로 교육의 근간을 뒤흔들고 있다. 참된 실력이란 무엇이며, 공부란 무엇인가? 사회적 합의가 부족한 상태에서 입시 산업과 교육 기득권에 의한 학력 신장, 경쟁제일주의 신화는 과연 그 실체가 무엇인지 묻고 싶다.

필자들은 초등학교 교사로 살면서 아이들과 함께 날마다 행복한 학교생활을 꿈꾼다. 교실에는 웃음이 넘쳐흐르고 배우는 기쁨과 가르치는 보람이 강물처럼 넘쳐흐르는 학교에서 살고 싶다. 아이들과 교사가 서로 사랑하고 이 사랑을 마음껏 표현할 수 있는 학교는 어디에 있는가? 우리 아이들이 저마다 자신의 성

3)사토마나부,2003,배움으로부터 도주하는아이들,북코리아

4)작은학교육연대지음,2009,작은학교행복한 아이들,우리교육

격에 맞는 공부 방법을 터득해 재미있게 공부하고 학교를 오고 싶은 곳으로 여길 수 있기를 희망한다. 교사들이 저마다 자신의 성격유형에 맞는 교수 방법을 인식하고 학생들을 가르칠 수 있는 그런 학교를 꿈꾼다[5]. 부모들이 저마다 자신의 양육유형을 인식하고 자녀의 성격 유형을 고려해서 아이들을 길러, 웃음이 넘쳐흐르는 가정을 상상한다. 수능성적을 받아 들고서 갈 대학을 생각하는 것이 아니라, 자신의 성격유형에 맞는 진로를 꿈꾸며 자신이 정말 좋아하고 하고 싶은 일을 하면서 그 일을 마침내 잘 해냄으로써 저마다 자신을 존중하고 실현하는 사회를 꿈꾼다. 직장에서는 서로의 갈등과 의견 차이를 이해하고 상대방의 관점에서 표현하며 서로의 실수와 허물을 덮어줄 수 있는 그런 사회생활을 꿈꾼다.

혼자서 꾸는 꿈은 공상에 그칠지라도 함께 꾸는 꿈은 언젠가 현실이 될 수 있기에 이상주의자 NF 교사들은 오늘도 성격유형을 통해 행복한 세상을 꿈꾼다.

5) EBS 다큐 프라임, 2010.4.12-4.14, 당신의 성격(좋은 성격 나쁜 성격)

Chapter 3

성격 유형과 행복한 가정 만들기

I 서로 달라서 행복해요

가. 너무나 다른 우리 가족

● **성격의** 관점에서 많은 사람들을 만나다 보면 아쉬운 순간들이 많다. 즉, 많은 가족들이 서로에게 기쁨과 행복을 주는 존재가 되기보다는 고통과 원망과 상처를 안겨 주고 있음을 목격하곤 하는 순간들이 그렇다. 물론 미치도록 사랑해서 결혼한 커플들도 세 쌍 중의 한 쌍 이상이 이혼을 하는 것이 요즈음의 세태이다. 이혼 자체가 잘못된 것은 아니다. 다만 서로에 대한 이해와 소통의 부재는 가족이 누릴 수 있은 가장 큰 축복을 빼앗아 간다. 서로에 대한 배려와 사랑, 돌봄과 이해는 오해에 떠밀려 저만치 떨어져 있다.

사람들은 이를 성격의 차이라고 부른다.

하지만 '다름'이 축복이 될 수 있음을 우리는 목격한다. 그래서 성격 유형에 대한 연수가 끝난 뒤 많은 부모들로부터 다음과 같은 안타까운 고백을 듣곤 한다.

> "내가 진즉에 이 성격 유형에 대한 연수를 받았더라면, 내 아들(딸)과 그렇게 전쟁을 치르지 않고, 죄 짓지 않고 지금쯤 정상적으로나마 화목하게 살고 있을 수도 있었을 텐데"

심리학자 이훈구는 그의 저서 『미안하다고 말하기가 그렇게 어려웠나요?』에서 부모를 살해하게 된 명문대 재학생이 왜 부모를 끔찍하게 살해하는 지경에 이르렀는지 낮은 목소리로 들려주고 있다. 이 학생의 형이 법정에 동생을 위해

탄원을 하고 있었는데, 문제의 원인은 바로 부모와 자녀와의 관계에 있었다. 자녀에 대한 과도한 기대와 강박이 마침내 한 젊은이를 '부모와 나, 둘 중의 하나가 제거되지 않으면 함께 공존할 수 없다.'는 결론에 도달하게 했고 마침내 천륜을 어기는 비극에 이르게 한 것이다. 자녀를 향한 부모의 잘못된 욕심은 자녀의 인격과 삶마저도 파괴할 수 있음을 보여 준 사건이었다.

지금도 많은 가정에서 부모들이 '자식을 위해서'라는 명목으로 자녀의 어린 시절을 빼앗고 인권을 박탈하는 고문을 하고 있다. 자녀의 삶을 인정하지 않고 부모가 설계한 길을 따라 성공에 이르도록 재촉하고 있는 것이다.

그러나 그런 가정에서 자란 아이들이 과연 행복하게 살 수 있을 것인가? 자신의 행복을 위해서는 타인의 권리와 인권마저도 짓밟을 수 있는 괴물이 되는 것이 아닌가 생각해 본다.

가족이 서로의 다름을 인정하고 각자의 생각과 행동을 존중하는 편안하고 행복한 집을 만드는 것, 이것은 우리 시대에 정녕 이루기 어려운 꿈인가?

나. 다르다는 것의 의미를 찾아서

● 우리나라 성인들 중에서 가장 많은 유형은 ISTJ이다. 가장 많은 ISTJ 유형의 초등학생들에게 '내가 부모가 된다면'이라는 제목으로 글을 써보게 했다. 자세한 내용은 [그림 3-1]을 통해 살펴 볼 수 있다.

여학생들의 경우 글을 통해 자신의 자녀들에게 매를 들 것이고, 자녀 교육은 5살 때부터 시작하겠다는 결심을 밝혔다.

남학생의 경우에도 역시 내가 부모가 된다면 어떠한 일이 있더라도 공부를 열심히 시켜서 남들보다 뒤쳐지지 않게 하겠다는 다부진 결심을 밝혔다. 심지어 학교에서 시험을 보지 않더라도 집에서 1주일에 2-3번씩 시험을 보게 하겠다고 말했다.

이 유형의 자녀가 자라서 부모가 되면 사명감을 가지고 자녀를 교육하게 될 것이다. 그러나 문제는 부모의 교육관이 자녀의 희망이나 욕구와 거리가 있는 것이라면 자녀와의 갈등이 생길 가능성이 많다는 점이다. 그렇다면, 반대로 부모님의 교육관과 방향을 같이하는 희망과 욕구를 지닌 자녀를 만나는 것이 과연 행운일까?

다. 성격이 꽃피는 정원에서

● **가정이라는** 정원에는 다양한 꽃들이 모여서 살아간다. 민들레도 있고 장미, 백합도 있으며 코스모스도 있다. 모두가 다 소중하고 아름다운 꽃들임이 분명하다. 모든 꽃들은 저마다의 향기와 아름다움을 뽐낸다. 이러한 꽃들은 각기 필요한 수분의 양이나 햇볕의 양도 다를 수 있다. 한 꽃에게 좋은 영양분이 다른 꽃에게는 나쁜 영향을 줄 수도 있다. 그러므로 모든 꽃들에게 같은 열매를 맺으며 같은 향기를 내라고 강요하지는 않는다.

가정은 서로 다른 성격을 가진 꽃들이 어우러져 피어나는 정원이 되어야 한다. 내 정원에 한 종류의 꽃만 있다면 그 아름다움이 크고 다양하지 않을 것이다. 하지만 다양한 꽃들이 서로 다른 아름다움을 뽐내며 상대방을 시기하지 않는다면, 얼마나 아름다울 것인가? 민들레가 장미를 부러워하지 않듯, 장미도 민들레를 시기하지 않는다. 이렇게 다양성을 만들어내는 '다름'은 얼마나 아름답고 소중한 것인가?

언젠가 아들에게
"다음 세상에 태어나면 네가 아버지가 되고 내가 네 아들이 되면 참 좋겠다."
라는 말을 한 적이 있었다. 이 말을 한 가족 모임에서 했더니 옆에 한 어머니가 자신도 자주 그런 말을 한다고 했다.
"너도 결혼해서 너처럼 똑같은 아들을 낳아 봐야 엄마 심정을 알 것이다."
라고 말한다는 것이다. 그래서 내 말뜻은 그게 아니라,
"내가 아들이 되면 전생에 아들의 마음에 상처를 주고 아프게 했던 것을 갚을 수 있도록 효도 하고 싶다"는 뜻이라고 말하였더니, 그분은
"같은 말인데 그렇게 다른 뜻으로 사용될 수 있어서 놀랍다."라는 말을 했다.
INTP 아들에게 힘에 겨워 지쳐버린 ISTJ 어머니의 말이었다.

또, 한 번은 아들이
"아버지, 천국[1]이라는 곳이 있다면 예수님이나 공자님, 부처님같이 뭐 이렇게 다 점잖고 착한 분들만 계실 것 아니에요. 그러면 재미없을 것 같지 않아요? 저는 그런 재미없는 곳에서 살고 싶지 않아요."라고 하는 것이다.

1) 물론 천국은 세상에서 이야기하는 가족 관계나 혈연을 더 넘어서는 새로운 존재로 변화하는 것이므로 신학적인 해석은 미뤄 두시길 바란다.

그래서 나는

"듣고 나니 그러네. 그래 네가 없는 천국이라면 애비가 그 곳에 간들 무엇 하겠느냐? 나는 네가 가는 곳으로 가마, 너도 내가 있는 곳으로 오거라."

하고 대꾸하였더니,

"그러지요."라고 아들이 응수 하였다.

하지만 부모가 자녀에게 줄 수 있는 가장 큰 선물은 내세의 천국이 아니라, 살아가는 날들마다 매 순간의 행복을 경험하고 사랑하고 서로 위해 주는 가족애가 아닐까 싶다. 그래서 우리는 서로를 인정하고 기다려 주며, 서로 기도해 주고 수용해 줄 뿐이다. 내 기준에서 서로를 좋은 방향으로 변화시키려고 안달하고 더 좋은 것을 주려고 강제로 자녀의 입을 벌리지 않을 수 있기를 나는 생각하고 또 생각한다.

우리 가정을 저마다 다른 성격의 꽃이 필 수 있는 살아 있는 정원으로 만들 것인지, 박제된 동물이나 벽에 걸린 그림처럼 고정된 역할을 하는 관념의 틀에 끼워 넣을 것인지 결정할 때이다.

미래의 천국을 위해 지금 행복을 유보하는 것을 선택하기보다 이미 일상 속에서 매 순간 찰나마다 오롯이 천국을 살아가는 것은 어떨까?

'행복은 가불할 수도 저축할 수도 없는 현재의 선물'이기 때문이다.

[그림 3-1]

ISTJ 아동 '내가 부모가 된다면'

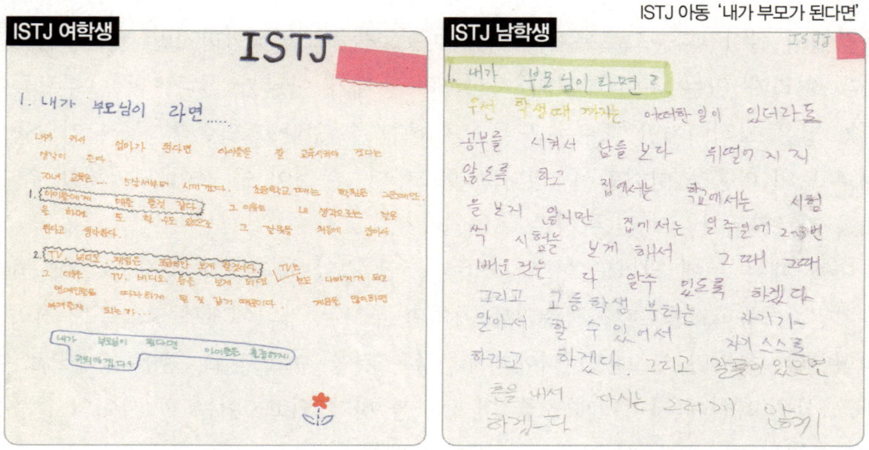

Ⅱ 도저히 이해할 수 없는 내 자녀

가. 부모들의 하소연

: 내가 낳은 자식이지만 이해할 수가 없어요!

● **세상에** 마음먹은 대로 되지 않는 것이 둘 있는데 하나는 자녀 교육이고 다른 하나는 돈 버는 일이라 한다. 둘 중에 더 힘든 것은 무엇일까? 만약, 둘 다 성공하는 것이 어려워 둘 중의 하나를 선택해야 한다면 어느 쪽을 선택하고 싶은가? 자녀 교육에는 성공을 했는데 돈을 버는 일에 실패한 사람과 돈을 버는 일에 성공하였지만 자녀 교육에는 실패한 사람, 둘 중에 어느 쪽이 더 행복할까? 아니면 덜 불행할까? 물론 둘 다 성공하면 좋겠지만 때로는 둘 다 실패하는 사람도 있는 만큼 이러한 물음을 던져 본다.

자녀란 부모의 몸을 빌어서 태어나고 성인이 될 때까지 일정 기간을 함께 한 공간에서 살아간다. 그토록 가까이에서 서로를 보고 경험하지만 늘 이해할 수 없는 거리가 있는 것이 부모와 자식과의 관계가 아닐까 싶다. 많은 부모들이 내가 낳은 자식이지만 때로는 도무지 이해할 수 없다고 말한다. 물론 자녀들도 내 부모의 마음을 이해할 수 없다고 호소한다. 무엇이 둘 사이를 이해할 수 없도록 가로막는가? 그 깊은 강은 무엇인가?

어릴 때는 눈에 넣어도 아프지 않을 것만 같았던 자녀가 성장을 함에 따라 유치원, 초등학교를 지나 사춘기를 거치면 부모는 자녀에게서 낯설음과 거리를 경험한다. 하지만 부모는 자녀에게 더 많은 것을 주고 싶고, 좋은 방향으로 이끌고 싶은 욕심에 자녀에게 조금 더 요구를 하게 되고, 이는 둘 사이의 갈등이 되어 나타난다. 그럴 때 부모는 이렇게 고백한다.

"내가 낳은 자식이지만 도무지 이해할 수가 없어요."

이처럼 자녀를 이해하거나 오해하는 것의 사이, 그 간격이 생기는 것은 부모와 자녀가 각각 보는 시각에 차이가 있기 때문이다. 즉, 부모는 부모의 입장에서 자녀를 바라보고, 자녀 역시 자녀의 입장에서 부모를 바라보기 때문이다. 이 때 둘 사이에 '오해'가 다가오고 '이해'는 멀어진다.

첫째 아이와 둘째 아이는 많이 다르다. 물론 더 많은 자녀가 있을 경우에도 다양한 '다름'이 있고 우리 가정의 경우에도 마찬가지이다. 정신의학자이자 심리학자인 알프레드 아들러(Alfred Adler)는 이러한 '다름'을 「출생 순위에 따른 생존 법칙의 차이」로 설명을 하였다[2]. 일상적으로 볼 때도 첫째와 둘째는 생활 태도의 다름이 엿보인다.

하지만 여기서는 출생 순위보다 더 우선적으로 작용하는 힘이 성격 유형이라고 지적하고 싶다.

우리 집도 그러하다. 첫째인 딸아이는 ISFJ이다. 이 아이는 엄마가 교육을 가거나 출장을 가는 날이면 초등학교 저학년 때부터 이른 아침에 혼자 일어나 가방을 매고 세수를 하고 밥을 먹었다. 가방을 벗어 놓으라고 여러 번 당부해도 "지각 할까봐!"라고 말하며 걱정이 되어 가방을 벗지 못한다. 숙제는 집에 오면 바로 끝내고 나서 딴 일을 해야 한다. 심지어 일기까지도 말이다. 또한, 자신의 물건과 용돈도 기가 막히게 관리를 잘 한다. 공부도 알아서 하기에 부모가 걱정할 것이 별로 없다. 다만, 말을 할 때는 다른 사람의 마음을 살피고 배려하기보다 용건만 이야기하기 때문에 INFP인 동생이 자주 상처 받는다.

둘째인 막내아들은 INFP이다. 초등학교 1학년 때 이미 신발주머니만 8번 잃어버렸고, 운동장이나 학교 앞 문구사에 겉옷을 두고 오는 바람에 찾으러 간 적도 여러 번이었다. 깨울 때까지 일어나지 않을 뿐만 아니라 깨워도 못 일어난다. 그리고는 듣지 못했다고 하기 일쑤이다. 방을 치우지 않고, 가끔 치울 때는 옷장이나 침대 밑으로 밀어 넣는 것이 치우는 것이다. 마음속으로는 실천을 해야지 하지만 게으름이 끝이 없어 결심을 늘 삼켜 버린다.

이렇게 다른 두 아이를 같은 시각으로 바라보고 같은 잣대를 적용할 수는 없을 것이다. 이제 고 3이 되는 아들은 ESFP인 엄마 인내심의 한계를 시험한다. 아들은 고등학교에 들어가면서 이런 부탁을 하였다.

---

2) Gerarld Corey, 2003, 조현춘 · 조현재 공역, 심리 상담과 치료의 이론과 실제, 시그마 프레스, p.125-p.127

"저를 믿는다고 하셨죠? 지금도 그렇게 생각하시는지요?"
"그랬지. 그건 지금도 변함이 없지."
"그렇다면 좀 기다려 주시면 안 될까요?"
"그러지, 얼마나 기다리면 될까?"
"삼년 만요."

그 3년을 기다리는 것이 참으로 쉽지 않아서 아내는 자주, "내가 아들을 믿는다는 말로 방치함으로써 마침내 아들을 망치는 것이 아닐까?"라고 걱정을 하곤 한다. 하지만 ENFP인 애비가 INFP인 아들을 어찌 모르랴.

"선택도 자신이 하고 책임도 자신이 감당하는 것! 그것이 인생이다"라고 나는 믿는다. 그러나 이 믿음은 날마다 부딪히는 일상의 갈등 속에서 때로는 시험을 받는다. 하지만 이미 믿어 온 것이 아까워서라도 기다려 줄 것이다. 기다리는 동안 다만, 보여 줄 뿐이다. 말이 아니라 삶으로, 실천으로, 그리고 기도함으로써. 마침내 그가 자신의 삶을 돌이켜 성실하고 행복하게 살아가게 되는 것이 부모의 바람이지만 좀 덜 성실하고 조금 덜 행복한들 어떠랴! 그 것도 제 몫인걸!

그런 아들의 모습에 현실적인(S) 엄마(ESFP)와 누나(ISFJ)는 속이 상하지만 나는 끊임없이 부탁하고 당부한다. 꾸중하고 싶을 때 그를 위해 기도하고 애정을 가지고 사랑을 보여 주라고. 그는 이미 무엇을 해야 할지 다 알고 있다. 다만 때가 이르지 않아 실천하지 못하고 있는 것일 뿐! 살아 있는 나무의 키를 누가 잴 수 있으랴? 죽순은 땅 속에서 5년을 있다가 때가 되면 하루에 1미터도 넘게 자라지 않는가! 땅을 보며 죽순을 끌어내어 주고 싶은 그 욕심을 버리면 모두가 평화로울 것이니. 그래서 가끔 아내는 말한다.

"우리 집은 참 행복하다. 공부에 대해 누군가 이야기를 꺼내지만 않는다면!"

어찌 우리 집 뿐이랴! 나는 공부에 대해 이야기할 기회가 올 때마저 "가족들이 서로에 대한 욕심을 내려놓고 있는 그대로를 수용할 수 있다면 매 순간 행복할 수 있지 않겠느냐?"라고 이야기해 본다.

모든 가정이 나름대로 자녀 양육에 관한 어려움을 가지고 있다. 그래서 부모와 자녀들은 서로에 대해 말한다. 내 자식이지만 도무지 이해할 수 없고, 우리 부모님을 이해할 수가 없다고.

나. 사례를 통해 살펴보는 자녀와 부모의 시각차이

● 더 나은 이해를 돕기 위해 명길이(가명)[3]의 사례를 통해 부모와 자녀의 시각 차이를 살펴보고자 한다.

명길이의 입장 – 우리 부모님을 도저히 이해할 수가 없어요!

INTP(내향적 사고형)인 명길이는 ESTJ(외향적 사고형) 아버지와 ISTJ(내향적 감각형)인 부모님을 도무지 이해할 수 없다. 학교에서 억울한 일을 당하고 오면 부모님은 자신의 말은 들어 보지도 않은 채 "선생님 말씀은 무조건 옳은 것이니 예, 하고 들어야 된다."고 한다. 학교에 가고 싶지 않다고 몇 번을 이야기해도, "네가 참으면 될 것"이라며, "참는 것을 배우는 곳이 학교"라고 말한다. 미쳐 버릴 지경이다.

최근의 갈등은 이것이다. 학교에 소위 짱을 먹은 아이가 있고, 모든 아이들은 다 비굴하게 그 아이에게 아양을 떤다. 하지만 나는 그럴 수 없다. 부당하고 사리에 맞지 않는 심부름도, 친한 척 하는 것도 용납할 수 없다. 하지만 선생님조차도 그 아이가 모범생인 줄 알고 계신다. 그 아이는 다른 아이들을 시켜 나를 교묘히 괴롭힌다. 의자에 침을 뱉어 놓거나 심지어 압정을 깔아 놓은 적도 있다. 내가 화를 못 이겨 왜 그러냐고 소리를 지르면 선생님은 꼭 그 순간에 들어오신다. 그러면 그는 친구들과 내가 싸우는 것을 자신이 말리고 있었다고 말한다. 실내화와 필통이 없어지고, 때로는 나를 투명인간 취급하는데 가장 가까웠던 친구들조차 어느새 짱의 편에 서 있었다. 나는 이런 학교를 다닐 필요도 없고 선생님도 믿을 수가 없다. 그런데 부모님은 내가 이런 어려움에 처해 있다고 하면, 무조건 참으라고, 선생님께 가서 잘 말씀을 드려 보라고만 하신다. 이런 부모님을 나는 도저히 이해할 수가 없다. 어떻게 자식 말을 듣지 않고 선생님 이야기에 더 귀를 기울이는지 나는 이해할 수 없다. 지난 번 중간고사에서는 담임선생님께서 시험 시간 중에 떠들었다는 이유로 –친구들의 묻는 말에 대답을 한 것뿐인데– 시험지를 찢어 버렸고 나는 가방을 가지고 집으로 와 버렸다. 선생님도 믿지 못하겠고 전학을 가고 싶지만 쉽지 않고, 전학을 간다고 문제가 다 해결 될 수 있을 것이라고는 보기 어렵다. 우리나라 학교가 다 거기에서 거기이기 때문이다. 그래서 상담실을 찾는다.

---

3) 'Chapter 3' 사례에 제시되는 아이들의 이름은 모두 가명임을 밝혀 둡니다.

부모님의 입장 – 내 자식이지만 도저히 이해할 수가 없어요!

명길이가 수업 중에 집으로 돌아왔다. 시험을 치던 아이가 갑자기 집으로 왔는데 그 이유가 선생님이 시험지를 찢어 버려서라니 미쳐 버릴 것만 같다. 명길이가 얘기할 때는 대수롭지 않게 여겼는데, 생각보다 상황이 심각한 것 같다. 당장 학교에 쫓아가서 항의를 하고 싶지만 마음을 가라앉히고 상황을 파악할 필요가 있었다.

그래서 나와 남편은 일단 상담을 받아 보기로 결심했다. 상담 선생님은 이러한 경우에 당장 담임교사를 찾아 학교로 가거나 교장실로 뛰어가는 것은 문제 해결을 위해 가장 최악의 선택을 하는 것이며, 상담실로 상담교사를 찾아 온 것은 다행스럽고 지혜로운 선택이라고 나를 안심시켜 주었다.

자녀와 부모님의 시각 차이

주관이 뚜렷하고 자존심이 강한 아동인 INTP 명길이는, 학교에서 부당한 이유로(짱에게 아부를 하지 않는다는) 집단 괴롭힘을 당하고 있는 현재 상황을 도저히 수용할 수 없다. 그러나 SJ(전통주의자, 보수주의자)인 부모가 보기엔 자녀가 학교의 환경에 순응해서 적응하는 것이 최선이라고 생각한다. "적당하게 맞춰 주면 될 것을 왜 너만 참지 못하느냐?"고 명길이에게 말하지만 부모의 속마음은 미칠 지경이다.

다. 상담으로 서로를 이해하기

● **나는** 상담을 통해 아동의 성격 유형이 INTP(겉똑똑이, 고집쟁이라고 불림)인 것을 확인하였다. 부모님의 성격 유형을 검사한 결과는 ESTJ와 ISTJ이었다. 각 성격 유형에 대해 설명하며 그로 인해 아동이 이 가정에서 느끼는 외로움과 어려움에 대해 설명하였다. 아울러 부모님의 어려움도 들어 보았다. 이 가정에서 아버지는 외향적 사고형이고 어머니는 내향적 감각형이며

아동은 내향적 사고형이었다.

INTP의 도덕은 자신의 마음속에 있기 때문이다. 자신이 옳다고 생각하는 것이 도덕이다. 죽어도 아닌 것은 아닌 것이다. 그럼에도 불구하고 이 문제에 대해 부모는 자신의 편이 되어 주지 않고 있으며, 담임선생님 역시 사건의 실체를 외면한 채 자신만 문제아로 취급하고 있는 것에 대해 분노하고 있었다.

상담을 진행할 때, 먼저 아동의 이야기를 믿어 주고 인정하여 줌으로써 아동이 자신의 속마음을 이야기 할 수 있는 대상을 찾아 주는 것이 중요하다. 명길이 사례의 경우, 그 역할을 상담교사와 부모가 맡기로 하였다. 특히 아버지가 너무 바빴기에 아버지 자리를 찾아 주는 것이 필요했다. 따라서 아버지에게 주말에는 다른 일들을 다 제쳐 놓고 아들과 놀아 주기를 당부하였고, 아버지는 이를 실천하였다. 또한 아동의 편에서 이야기를 들어 주고 부당하고 억울한 상황에 대해 공감하여 줌으로써 분노가 자신을 해치지 않도록 하는 것이 필요했다. INTP 유형의 경우, 아무도 자신을 믿어 주지 않고 인정해 주지 않을 때 갈 곳이 없어진다. 그 결과 분노와 절망이 온 몸을 삼켜 버릴 수도 있다.

많은 경우 INTP 아동의 부모는 자녀가 사회성에 다소 문제가 있으며 문제의 원인을 제공하는 것에 대해 안타까움을 가진다. 그래서 집에서는 자녀의 편에서 그 심정을 들어주기보다 자녀가 잘못한 작은 사실에 대해 추궁하고 그것을 고치면 문제가 일어나지 않거나 해결될 것이라고 자녀에게 강요하게 된다. 이 때 INTP 아동은 완벽하게 버림받는 것을 체험한다. 세상에서 가장 가까운 관계인 부모가 자신의 마음과 처지를 알아주기보다 자신의 잘못을 되풀이해서 지적하는 것에 절망하고 마침내 학교에서 일어나는 불합리한 일들에 관해 말하기를 포기하게 된다. 그리고 자신만의 대응 방식을 개발하게 된다. 그러나 이것은 커다란 거리감과 소외의 시작이다. 일단은 자녀의 이야기에 귀를 기울여 주고 마음을 위로해 준 다음에 사실에 대해 의논해도 늦지 않다는 것을 기억하여야 한다.

부모와의 상담 이후에 담임교사와의 상담을 통해 아동이 겪고 있는 지속적인 집단 괴롭힘에 대해 상황을 공유하고 아동을 도와줄 방법을 찾아보았다. 상담 후에 담임교사는 아동의 잘못이 목격될 경우, 판단을 하기에 앞서서 먼저 자신의 입장을 설명할 수 있는 기회를 명길이에게 주기로 하였다. 아울러 명길이를 괴롭히던 아동들과 예전에 친했던 친구들 등과 함께 집단을 구성하여 집단 상담(4회)을 실시하였다. 집단의 과정에서 "말장난 하는 것 같고 시간 낭비라는 느낌이 든다."라고 했던 짱과 그의 친구들도 「신문지 위에 올라 서기」, 「뒤로 넘어 지기」 등의 스킨십(Skinship) 프로그램과 속마음을 이야기 하는 대화 프로그램을 실시한 가운데 조금씩 마음을 열게 되었다. 그럼에도 불구하고 완전히 관계가 개선되지는 않았고, 아동의 희망에 따라 다음 학년에서는 주동적으로 집단 괴롭힘을 하던 아동과는 같은 학급이 되지 않도록 조처하였다. 그 후 명길이는 중학생이 되었고 공부도 잘하고 학교생활도 잘하고 있다고 전해 듣고 있다.

라. 행복한 가정으로 가는 길

● **부모의** 입장에서 자녀가 자신과 다를 때 부모는 당황하게 되고 자신의 자녀에게 문제가 있는 것은 아닐까 염려하게 된다. 그러나 그 '다름'은 축복의 다른 모습임을 깨달아야 한다. 만약 가족 구성원 모두가 '같은' 장점과 '같은' 결점을 가진 가정이라면 행복할 것일까? 그렇지는 않다.

주기능이 같다는 말은 열등기능도 같다는 말이며, 자신의 열등기능 즉, 자신의 콤플렉스를 자신의 자녀에게서 발견할 수 있다는 것이다. 이는 자신에게 매우 고통스러울 수 있다. 그래서 '같음'은 또 다른 갈등의 원인이 되기도 한다. 특히 자녀들 중에서 나와 닮은 아이에 대한 애증은 미묘한 문제이다. 자녀가 외모뿐만 아니라 성격도 자신과 꼭 닮았다면, 그 자녀에게 정이 더 가고, 더 가깝게 느끼게 된다. 그러나 한편으로는 자녀를 통해 자신의 어두운 그림자를 보게 될 수 있는데 이것은 본인에게 감당하기 어려운 일이 될 수 있다.

하지만 가정에서는 대개 닮은 성격에 따라 가족 간의 편이 갈리게 된다. 즉, 자신과 비슷하게 정보를 인식하고 판단하는 사람들끼리 어울리기 쉽다. 이러한 가족 내의 '같음'은 위로가 되기보다는 다른 편에 상처를 주기 쉽다.

현실에서 '다름'의 아름다움을 받아들인 가정과 '다름'으로 인해 상처를 주고 후회하는 가정 사이에는 매우 큰 차이를 보인다.

우리는 Chapter 3에서 서로 다른 아동들과 부모들이 더불어 살아가는 모습을 만나게 될 것이다. 사례는 16가지 유형을 다 이야기하기 보다는 기질을 중심으로 NF(이상주의자) - NT(합리주의자) - SJ(전통주의자) - SP(경험주의자)의 대표 유형을 만나보게 될 것이다.

Ⅲ 기질별로 살펴보는 대표 유형별 사례

1. 순수한 돈키호테 - ENFP

가. 강남 엄마 자녀 교육에 올인 하다
: ESTJ 엄마와 갈등하는 ENFP

● **지금부터** 약 15년 전 시골 학교에서 근무할 때의 일이다. 6학년 담임을 맡고 있을 때 서울 강남에서 한 가족이 전학을 왔다. 딸만 하나인데 집에는 TV도 없고 어머니는 자녀 교육에 대한 열정으로 가득했다. 학교 교육에 대한 관심도 높았다. 어머니의 교육열은 대단해서 학교장과 대화가 잘되지 않는다고 판단하면 교육청과도 가끔 대화를 시도하였다. 그런데 이 아이는 가끔씩 표정이 어두웠다. 더욱이 학급에서 물건이 없어지는데 그 원인으로 지목되는 것이 아닌가? 이쯤 되면 부모와도 상담이 필요하겠지만 여간 조심스럽지 않았다. 일단 상황을 정확하게 파악하는 것이 중요하여 아이의 글을 살펴보았는데, 부모 특히 어머니에 대한 원망이 많이 묻어나 있었고 그 표현 또한 상당히 심각한 정도에 이르렀다. 이른바 풍선에 바람이 가득차서 곧 터져 버리기 직전의 위기가 느껴졌다. 나는 아이의 어머니를 호출하여 상담을 실시하였다. 어머니에게 이전에 혜진이에게 '한마당 집단상담[4]'을 실시하였고, 그 상담을 통해 혜진이가 아이들의 문구류를 가져갔다는 것을 알았으며, 이에 대한 걱정을 함

4) 학교 현장에 적용하는 한국형 집단상담 모델 – 필자가 고안하여 시행.

께 언급 하였다. 어머니는 펄쩍 뛰면서 집에 넘쳐 나는 것이 외제 학용품이고 원하는 것은 안 사준 것이 없는데 무엇이 부족하여 시골 아이들 학용품을 훔치겠느냐고 하셨다. 이에 아이들이 적은 의견서[5]와 혜진이 자신이 시인한 '한마당 집단상담'의 소감문을 보여 드렸더니 그제야 혜진이 어머니는 요즘 아이의 학교생활에 문제가 있는 것 같다며 어떻게 하면 좋을지 속상해서 죽겠다는 넋두리를 하셨다.

어린이 MBTI®(MMTIC™) 검사 결과 아이의 성격 유형이 ENFP(외향적 직관형)인 것을 설명하며 어머니의 MBTI® 성격 유형 검사 결과인 ESTJ(외향적 사고형)와 비교하여 설명하였다. 한참을 들은 뒤 어머니는 "제가 어떻게 하면 될까요?"하고 물었다. 그래서 먼저 체벌을 하시느냐고 물었더니 가끔 체벌을 한다고 대답을 하였다.

"어떻게 배운 곳에서 틀릴 수가 있니?"

특히 수학 문제와 같은 것을 틀리면 아이를 위해 체벌을 한다는 것이다. 그래서 ENFP에게 체벌하는 부모는 아이에게 부모님이 아니라 간수요, 고문을 하는 사람으로 비춰질 수 있음을 설명했다. ENFP 자녀의 학습동기를 불러일으키는 힘은 부모님과의 관계에서 스스로 공부를 하고자 하는 결심을 갖도록 하는 것이 가장 핵심임을 전했다.

그리고 그만 하길 다행임을 감사했다. 아이가 그 지경에서 자신과 남을 해치지 않고 겨우 물건을 가져가는 정도로 자신의 고통을 표현한 것은 아직 건강하다는 증거이니 지금부터가 아이를 함께 도와줄 때라고 말했다. 그리고 부탁하였다.

"따님과 함께 수목원이나 휴양림 같은 곳에 1박2일 정도 여행을 다녀오세요."

"가서는 무엇을 하면 됩니까?"

"그냥 따님의 이야기를 들어 주기만 하면 됩니다."

"아무 것도 질문하지 마시고 ENFP인 딸에게, '너희 선생님을 만나서 상담을 하였는데 엄마가 그 동안에 네 마음을 많이 이해하지 못했구나. 엄마가 어떻게 너를 도와주면 좋겠니?' 라고 물어봐 주세요. 시간이 더 필요하면 월요일까지 하루 더 머물고 오셔도 좋습니다. 연락을 주시면 결석으

5) 진술서라고 표현하는 것은 위험하므로 사용해서는 안 됨.

로 처리하지 않을 수 있습니다. 그러니 다녀오시기 바랍니다. 빠를수록 좋습니다."

월요일 아침 혜진이가 밝은 표정으로 다가와 인사를 했다. 엄마와 1박 2일간 여행을 다녀왔다고 했다. 이전에 발생했던 문제도 모두 다 해결되었다. 혜진이는 두 번 다시 다른 친구의 물건에 손을 대지 않았고, 엄마도 혜진이가 시험 문제를 틀렸을 때 기다려 주고 대화할 수 있게 되었다. 사춘기인 ENFP 딸과 ESTJ 어머니의 전쟁은 1박 2일간의 여행으로 눈 녹듯이 녹았고, 두 사람은 누구보다 가까운 친구가 되었다. 성격유형이라는 도구를 통해 서로를 이해하였기에 이런 결과가 가능했던 것이다.

나. 교실을 날아다니는 아이
: ENFP 엄마와 친구가 된 ENFP

● **학기** 초 유난히 목소리가 큰 윤정이에 대해 이전 학년 담임선생님은 "속 좀 썩을 거예요"라며 걱정을 해 주었다. 자그마한 키에 기차 화통을 삶아 먹은 듯 큰 목소리의 윤정이는 책상 위를 뛰어 다니며 장난을 친다. 전형적인 ENFP 아이이다. ENFP 아이가 이처럼 기가 죽지 않고 생생할 때는 분명 지원군이 있을 터! 아니나 다를까 어머니도 ENFP이었다. 어머니는 딸을 있는 그대로 인정해 주고 있었고, 윤정이의 자신감은 하늘을 찌르고 있었다. 윤정이의 과도하고 근거가 다소 부족한 자신감은 많은 교사들을 당황하게 하기에 충분하였으리라!

학기 초 MMTIC™ 검사를 실시하였는데, 윤정이는 담임교사와 같은 유형이 나왔다. 이것에 윤정이는 자부심을 느꼈고 가끔씩 하는 '도움이 수업[6]'에서 자신이 좋아하고 잘하는 미술 수업을 멋지게 하였다. 그 아이는 교사인 나보다 사람을 잘 그리고, 특히 일본 만화가들에 대해 감탄할 만한 전문 지식으로 친구들을 놀라게 했었다.

그해 우리 반은 마지막 학급 회의를 통해 졸업 여행으로 정동진 해돋이를 보러 가기로 결정하였다[7]. 학급회의에서 정한 것을 바꿀 수는 없는 일, 교감 선생님께 허락을 얻어 여행을 가기로 결정하였다. 윤정이 어머니께서도 함께 가서

6) 학생들이 돌아가면서 한 시간씩 수업하는 것을 뜻함.
7) 그 당시 충주 A 초등학교에서 근무함.

도와주시기로 하였다. 여행을 위해 열차에 탔는데, 열차 안은 아이들의 수다로 가득 찼다. 나는 연방 교육을 잘못 시킨 담임교사로서 열차 안에서 취침을 하시는 승객들에게 취침을 방해한 것에 대한 사과를 해야 했다. 다음에 갈 때는 열차 한 칸을 다 빌리거나, 아니면 한 반을 더해서 열차 한 칸을 빌려야겠다고 생각했다. 10시 36분 충주역을 출발한 열차는 새벽 3시 34분 우리를 정동진에 내려 주었다. 바다를 볼 기회가 잘 없는 내륙 지방 아이들이라 그 길로 모래사장과 컴컴한 바닷가를 첨벙거리며 장난을 쳤다. 아이들이 신나게 놀고는 피곤에 지쳐 "선생님, 우리 어디 가서 좀 쉬어요!"라고 했다. 아이들이 정신없이 쓰러져 잠든 사이 윤정이 어머니께서 담임교사에게 이렇게 말했다.

> "선생님, 윤정이가 학교에 가는 것이 재미있다고 했는데, 오늘 와서 보니 이유를 알겠습니다."
> "저야말로 윤정이가 평소 활발하고 자신감이 넘쳐 그 '빽'이 궁금했는데 오늘 어머니께서 함께 하시는 모습을 보니 그 이유를 알게 되었습니다. 윤정이를 지금 이대로 클 수 있도록 도와주세요. 너무 멋지고 예쁜 아이입니다."

윤정이는 자신과 엄마와의 관계를 [그림 3-2] 그림과 같이 표현했다. ENFP 윤정이가 인정받고 신명나게 살 수 있는 사회가 되기를 나는 꿈꾼다.

[그림 3-2]

윤정이(ENFP)의 '나는 이런 부모가 될 거야'

2. 꿈돌이 - INFP

가. 엄마의 뒷모습이 너무 미워요

: ISTJ 엄마와 갈등하는 INFP

● **INFP인** 민우는 어느 날 엄마에게 집에서 친구들과 캠핑을 하게 해달라고 말했다. 그러나 어머니는 민우에게 "안 돼."라고 거절했다. 민우가 집에서 캠핑 하는 것에 대해 거절을 당한 일이 있은 후, 학교 작문시간에 '세상에서 가장'이란 주제로 글을 쓰게 되었다. 민우는 자신의 부탁을 거절하는 엄마의 뒷모습이 너무 미웠지만 글을 쓰면서 세상에서 가장 자신을 사랑해주는 분이 엄마인 것을 깨닫고 엄마의 마음을 아프게 해드린 자신에 대한 자책과 결심을 [그림 3-3] 와 같이 표현했다.

INFP(내향적 감정형)인 민우의 어머니는 책임감으로 반듯한 ISTJ(내향적 감각형)이었고, 자녀를 잘 기르고자 하는 책임감이 가득했다. 민우의 어머니는 그를 위한 삶의 목표를 세우고, 이를 실현시키고자 부단히 노력하는 분이었다. 민우가 집에서 캠핑을 하고 싶다고 했을 때, 민우 어머니는 대화를 통해 문제를 해결하는 지혜를 발휘했다.

잠보이며 꿈돌이인 INFP(내향적 감정형)는 마음이 여리고 쉽게 상처받는 아이들이다. 늘 생각에 잠겨 있기 일쑤이며, 공부보다는 엉뚱한 상상을 즐기고 끈기가 부족하다. 끈기가 부족한 INFP의 부모에게 가장 필요한 것은 인내심과 끈기이다. 믿고 기다려 주는 것 외에는 다른 방

[그림 3-3]

INFP – '세상에서 가장'

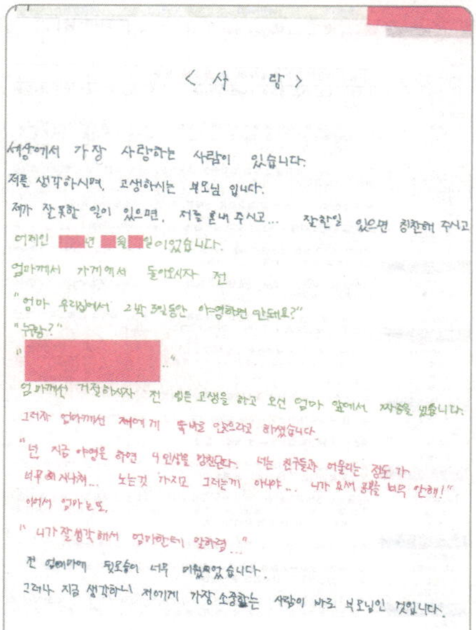

* 당시 학교에서 이면지 사용이 권장되어 이면지를 사용함.

법이 없다. 스스로 깨달을 수 있도록 자연스러운 기회와 경험을 제공하는 것이 최선의 방법이다.

INFP는 자신만의 신념이 있고 이상적인 것을 추구하며, 이상적인 세상을 만들어 가는 사람들이다. 어른들의 경우에는 마음이 따뜻하고 자신이 지향하는 이상에 대해 정열적인 신념을 가지고 있다. 또한, 책과 언어에 관심이 있고 표현력이 뛰어나 작가가 될 수 있는 천재성을 가지고 있는 경향이 있다. 그러나 어린 시절의 INFP는 너무 생각에 잠겨 있고 게으르기에 '과연 사람 구실을 하고 살 수 있을까?' 라는 오해를 받기도 한다.

나. 안과 밖을 조화롭게 이룩하다.

● **INFP인** 민우가 전교 어린이 회장에 출마했을 때 나는 너무 여리고 순한 그가 리더십을 발휘할 수 있을지 걱정이 되었다. 그러나 사람들을 좋아하고 심성이 착한 그를 아이들은 회장으로 뽑았다. 특히, 민우와 가까이에 있는 소수의 친한 친구들은 거의 신자들처럼 그와 가까웠다. 자신이 지닌 내적 성실성과 이상, 부모님의 기대에 대한 순응적인 태도는 민우에게 동기를 불러일으켰지만 학과 공부에 두각을 나타낸 것은 아니었다. 여전히 친구들과 놀기를 좋아하고 대화하고 교류하는 것에 관심이 있었다.

이토록 여린 INFP인 민우는 1년간의 전교 어린이 회장직을 수행하면서 자신도 모르는 사이에 조금씩 조금씩 리더십을 몸에 쌓아 갔다. 물론 그의 노력 못지않게 부모님의 응원이 있었다. 학기 초 민우는 목소리가 떨려 마이크를 잡는 것조차 힘들었던 여리고 여린 소년이었지만 시간이 갈수록 부모님과 담임교사, 그리고 교감, 교장선생님의 칭찬에 힘입어 자신감을 빠르게 쌓아 갔다.

그의 변화 과정을 살펴보면 참으로 놀랍기만 하다. 민우는 다른 사람 앞에서 매주 한 번씩 조회를 진행하고 매월 전교 어린이회를 이끌며 교내외의 다양한 행사에서 학교를 대표하게 되었다. 그러면서 그에게 가장 먼저 찾아 온 변화는 다른 사람들 앞에 서는 것에 대한 콤플렉스가 조금씩 걷히는 것이었다. 그러나 나는 1년이 다 지나도록 민우가 자신의 의견을 발표할 때 얼마나 떨리는 가슴으로 발표를 하는지 그의 얼굴빛이 붉어지는 것을 보면서 느낄 수 있었고, 아이의 심장이 방앗간의 물레방아처럼 쉼 없이 쿵덕거리는 소리를 들을 수 있었다.

전교 어린이 회장이라는 자리는 그에게 책임감을 부여하였다. 책임감으로 인한 첫 번째 변화는 지각을 하지 않고 시간을 지키는 것이었다. 물론 집에서 ISTJ 부모님의 도움이 있었겠지만, 학교에서도 시간을 맞춰 회의를 진행하게 되었으며 일을 마무리 하는 것을 배우고 있었다. 그에 따라 태도의 변화도 함께 따라왔다. 에너지의 방향(외향-내향)과 생활 방식(판단-인식)은 실상 좀처럼 변하지 않는 생활방식(Living Style)이지만 초등학교 6학년 동안 전교 어린이 회장직을 수행했던 민호에게는 그 동기가 생활의 변화를 가능하게 하였다. 회장이라는 역할을 해나가면서 민우가 어디서 누구로부터 그 역할에 대해 배울 것인지 궁금하였다. 누구에게 배운 것인지 모르겠지만 그는 빠른 속도로 ESTJ로 변하는 모습을 보여 주고 있었다. 그리하여 마침내 학기를 마칠 즈음에 그는 익숙한 ESTJ가 되어 있었는데 그럼에도 불구하고 그의 내면에 있는 '속' 사람은 INFP이었다.

나는 민우를 통해 어린이들이 자신의 주변 환경에 따라, 얼마나 빠르게 변화하고 다른 역할을 배울 수 있는지에 대해 놀라운 경험을 할 수 있었다.

어린이는 '환경과 상호작용을 하는 가운데 자신의 성격을 찾아 간다.'는 말이 전적으로 옳다. 나는 마음속에 따뜻함을 가득 지닌 INFP가 필요에 따라 ESTJ의 리더십을 발휘하는 모습이 매우 보기 좋았다.

[그림 3-4]

또 다른 INFP가 스스로 생각하는 자신들의 성격 특성

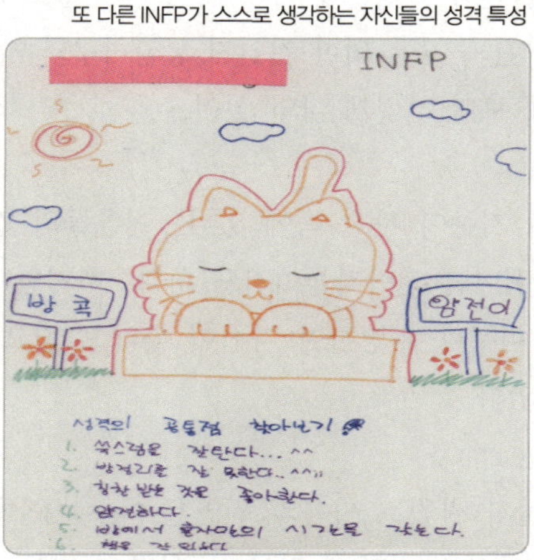

3. 청개구리 - INTP

가. 히틀러를 존경하는 아이
: ESTJ 어머니를 손들게 한 INTP 아들

● 국어 시간, 존경하는 인물을 이야기하는 시간에 히틀러를 존경한다는 종현이의 말에 학급 모두는 의아해졌다.

"이유를 말해 줄 수 있겠니?"
"역사에 이름을 남겼잖아요?"
"역사에 이름을 남겼다고 다 존경 받는 것은 아니잖아. 이순신 장군처럼 나라를 구하는 애국자의 이름이 있는가 하면, 이완용처럼 나라를 일본에 팔아먹은 매국노의 이름도 있지."
"어쨌든 이름을 남긴 것은 무언가 대단한 일을 한 사람이라는 증거라고 생각해요."
"그래, 히틀러는 2차 대전을 일으켰고 유대인 600만 명을 학살하였지. 그 것은 대단한 일이 아니라 잔혹한 범죄일 뿐이야."
"유대인들은 죽을만하기 때문에 죽은 것이니까 잘못이라고 볼 수는 없죠."
"네 이야기가 어떤 근거에 의한 것인지 궁금하구나?"
"제가 읽은 책에 보면 그렇게 나와 있어요."

INTP는 그 판단의 기준이 자신 속에 있다. 어른들의 경우 아이디어 뱅크이며 비평적인 관점의 뛰어난 전략가들이기도 하다. 하지만 어린 INTP는 주관이 강하고 자기 세계가 너무나 분명하여 자신이 옳다고 믿으면 어떤 정보도 받아드리지 않는 경향이 있다.

종현이는 늘 친구들과 싸웠고 싸움의 원인은 아주 사소한 것이었다. 금을 넘어 왔다거나 친구가 자신을 쳤다는 것이다. 물론 쳤다는 것은 단지 손발이 몸에 닿은 것을 말한다. 수업 시간에는 수업과 관련이 비교적 먼 질문을 끊임없이 함으로써 수업의 흐름을 끊어 놓기 일쑤였다.

이 아이의 글 속에서 죽음, 피 비린내 등의 말을 보았을 때 위기 상황이라는 판단이 들었다. 종현이뿐만 아니라 부모님도 상담을 해야겠다고 판단하였다. 그러던 차 종현이의 누나가 수잔 서랜들의 『흔들리는 부모』[8]라는 책을 주면서 동생보다는 엄마가 더 문제라고 부모님도 상담을 함께해 줄 수 없겠느냐고 부탁하였다. 편지로 고마움을 표하고 부모님도 상담을 하겠노라고 답했다.

나. 겉똑똑이 스스로를 구원하다.

● **종현이와** 상담을 하면서 HTP 검사를 실시하였다. 그가 그린 집(House)과 나무(tree)와 사람(person)그림 검사(HTP 검사)의 결과는 당혹 그 자체였다. 그 결과는 [그림 3-5]에 제시하였다.

집은 창문(외부와 통하는 문)이 전혀 없으며, 나무는 옹이 진 윗부분에 벼락을 맞았고 줄기도 가지도 무성한 잎도 없으며, 뿌리는 노출되어 있었다. 사람은 옆에다 미친 사람이라고 적어 놓았다. 특히 눈동자가 없고 손끝이 날카로운 모습은 괴기함마저 느끼게 한다. 이 결과는 모두 종현이의 현재 자신의 모습을 보여 주는 것이다.

[그림 3-5]

HTP 검사결과 : INTP House, Tree, Person

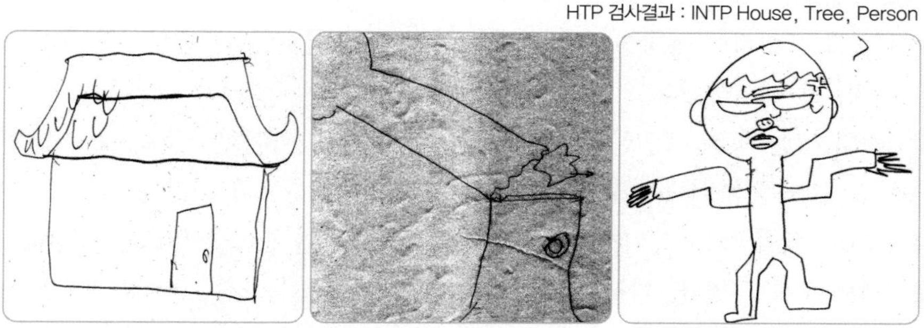

8) 최근에는 『독이 되는 부모』(푸른육아, 2008)로 출간 되고 있음.

[그림 3-6]

종현이(INTP)의 적루

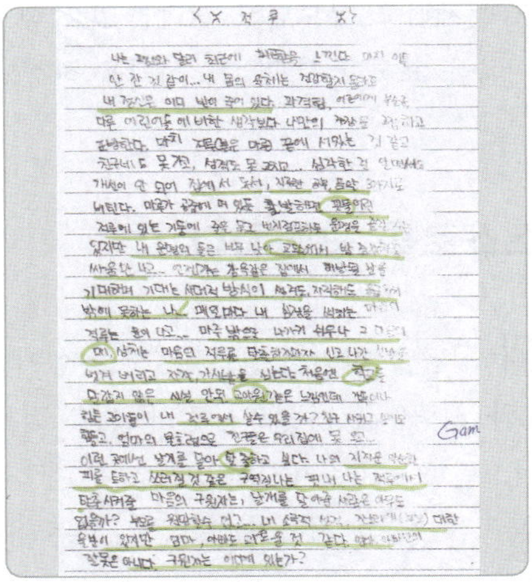

이 아이가 적은 「적루(붉은 마루)」라는 글 또한 아이의 현재 상황과 그 심각성을 보여주고 있다고 판단되었다. 문장 완성 검사에서도 사람들이 자신을 과격하게 보고 있으며 엄마의 체벌에 대한 언급이 있고, 공부를 하는 일을 어른들의 노예가 되는 것이라고 표현하였다. 종현이가 쓴 글에서 새가 되어 마음껏 하늘을 날아다니고 싶은 종현이의 한 부분을 만나 볼 수 있었다. 또한, 아이가 자신의 심정을 절박하게 표현하고 있었다. 초등학교 6학년 아동의 글치고는 생각이 깊고 표현력이 독창적이며, 놀라움이 가득한 글이었다. 종현이의 글은 [그림 3-6] 로 제시하였다.

검사와 글을 통해 확인한 결과, 무엇보다 먼저 이 아이의 마음속에 풍선처럼 가득 찬 분노를 빼어내어야 할 것으로 판단되었다. 분노의 원인을 찾아보기 위해 간단한 역할극과 빈 의자 기법, 인형극 등을 통해 분노를 일으킨 대상에 대해 표현하도록 하였다. 가장 먼저 표현한 아이의 분노는 친구 어머니 중 한분이 한 말에 대한 것이었다. 자신을 '버릇이 없는 아이이므로 함께 놀지도 어울리지도 말고 집에 데려 오지도 말라' 고 했다는 것이다. 그것에 대한 분노를 쏟아 놓도록 했다. 두 번째로 표현한 분노는 교회에 대한 것이었다. 교회의 어른들이 여름에 자신들만 에어컨이 빵빵한 방에서 모임을 가지면서 종현이를 비롯한 아이들은 초등학생이라는 이유로 선풍기만 틀어져 있는 지저분한 방에서 있게 한다는 것이었다. 종현이가 생각하기에 어른들은 다 위선자이며 하느님도 교회도 사기꾼이라는 것이다. 이에 대한 분노도 표출하게 하였다. 이렇게 한바탕 간접적으로 분노를 표출한 다음에 엄마에 대한 분노도 조심스럽게 드러내었다.

종현이 어머니를 만났을 때 어머니는 아들이 무섭다고 했다. 어머니는 종현이가 자신의 말을 듣지 않고 공부도 하지 않고 집에서 화를 자주 낸다고 했다. 사실, ESTJ 어머니가 자녀를 양육하는 방식은 초등학교 저학년(1, 2학년), 중학년(3, 4학년)까지는 따라 갈 수 있지만, 머리가 커지는 고학년(5, 6학년)이 되면 아이들의 불만이 밖으로 표출되기 시작한다. 이를 성격 유형 검사 결과를 바탕으로 설명하였다. 먼저 직장 생활로 아들과 거의 놀아줄 시간이 없는 아버지(ISTJ)에게 아버지 자리 찾기와 가장의 역할의 중요성에 대해 의논하였다. 지금 이 기회를 놓치면 아들을 영영 잃어버리게 되고 두 번 다시 대화하는 관계가 되기 어렵다는 것을 함께 인식시켰다. 한편, 부모에게 모든 일을 제쳐 놓고 주말에는 아들과 함께 시간을 보내며 대화하기, 가족 회의하기를 당부하였다. 즉, 가족의 구조를 순기능으로 작용하도록 재구조화하는 작업이었다.

가족회의는 불만을 시스템 안에서 이야기 할 수 있는 공식적인 채널을 만드는 것으로 매우 중요하다. 아울러 INTP는 체벌에 대해 깊이 분노하고 있으므로 어른이라는 권위에 의지하여 체벌과 순종을 강요하지 않도록 의논하였다. 독립적이고 비판적인 NT들은 이해할 수 없는 벌에 대해 심각하게 분노한다. 어머니에게는 특히 체벌을 하지 않을 것과 INTP 아들의 말을 중간에 끊지 않고 들어주기 과제를 드렸다. 아울러 친구들을 초대하여 왕래할 수 있도록 하고, 친구 집에 가는 것도 허락해 줄 것을 약속하였다. 무엇보다 아이의 주장을 인정해 주고 대화를 통해 문제를 풀어 가도록 대화하는 시간을 가질 것을 당부하였다. 마지막으로 대화에 필요한 간단한 공감하기, 나 전달법(I-message)에 대해 안내하였다.

2번에 걸친 가족 상담과 4번에 걸친 아동과 함께 하는 문제해결식 단기 집중 상담을 실시한 결과, 아동의 문제 행동[9]이 눈에 띄게 줄어들었고 친구들과의 교우 관계도 크게 개선되어 함께 축구를 하거나 어울릴 수 있게 되었다. 따라서 1차 상담을 4회기 만에 종료하였고, 2번 정도 월 1회 추가상담을 실시하였으며, 그 이후 문제 행동도 더 이상 재발하지 않았다.

종현이는 수업시간에 질문을 많이 하는데, 대체적으로 수업 내용과 관계없는

9) 수업 시간에 수업과 관련 없는 질문을 통해 자기 과시하기, 욕설하기, 싸움 등

질문을 많이 해서 같은 반 친구들이 그에 대해 불만이 있었다. 나는 수업 시간에 관계없는 질문하는 문제에 대해 이렇게 접근하였다.

"오늘 종현이가 국어 시간에 발표를 한 회수는 몇 번쯤 되었을까?"
"한 열 번 쯤?"
"정확하게는 열 네 번 이었지."
"선생님은 종현이가 다른 친구들에 비해 아는 것도 많고 자신이 궁금한 것을 참지 않고 수업 시간에 질문할 수 있는 용기를 가진 것에 대해 긍정적으로 생각해! 하지만 모든 친구들은 저 마다 우리 학급 1/35 만큼의 발표할 권리를 가지고 있다고 봐. 그런데 누군가 그 중에서 14를 차지하게 되면 다른 사람의 발표 기회가 그만큼 줄어드는 것이지. 네 생각은 어떠니?"
"저는 궁금하니까 질문을 하는 것이잖아요?"
"그렇지, 궁금한 것을 질문을 통해 아는 것은 좋은 습관이지. 하지만 수업 시간과 직접 관련이 없는 질문의 경우 다른 사람들은 궁금하지 않겠지. 이러한 질문은 수업 시간 중이 아니라 쉬는 시간에 개인적으로 하면 어떻겠니?"
"그럴게요!"
"또 한 가지 부탁 할 것이 있어."
"나는 네가 다른 사람들보다 아는 것이 많아서 대답도 빨리하고 질문도 많이 하는 것을 칭찬했지만 누구나 대답할 수 있는 평범한 질문이나 대답은 친구들을 위해 양보하면 어떨까? 대신 선생님이 한 시간에 한 가지 정도 아주 어려운 질문을 낼 텐데 그것은 네가 대답해 주면 좋겠어!"
"네, 알겠어요! 그렇게 하도록 노력 할게요."

그 후에 아이의 소나기 질문이 한꺼번에 줄어들지는 않았지만 반으로 줄어들었다. 그 정도의 변화로도 학생들 모두에게 의미 있는 도움이 되었다. 아울러 학급에서 그가 할 수 있는 역할을 마련해 줌으로써 학급을 위해 봉사하는 것에 대한 칭찬을 자주 하였다. 이를테면 학급 게시판에 『과학란』 혹은 『신기한 이야기』 등을 만들어 그가 자신의 지식을 발표할 수 있는 기회를 주는 것은 1석 2조의 효과가 있었다. 이러한 활동이 도움이 된 이유는 INTP 유형의 경우에 자신을 알아주고 인정해 주는 사람을 마음으로 따르는 경향이 있기 때문이다.

4. 골목대장 – ESTJ

가. 성취욕에 불타는 아이

● **초임** 시골학교에서 학급의 반장이었던 ESTJ 주환이는 나라를 빛낸 위인들을 조사해 오라는 사회 과목의 숙제에 책을 한 권 만들어 왔다. 어디서 구했는지 작년 교과서와 각종 참고서들을 오려붙여 스크랩을 해서 책을 만들었다. 조사 범위는 신라 시대 화랑부터 가장 최근의 대통령까지였다. 자료의 양도 많았지만 이를 단순히 오려 붙이는데 그치지 않고 중간 중간에 의견을 첨부하여 훌륭한 한 권의 논문을 만들었다. 그런데 그것은 수행 평가가 아니라 간단한 숙제였을 뿐이었다. 이처럼 ESTJ가 자신의 중요성을 증명하기 위해 일을 할 때 발휘하는 추진력은 나를 놀라게 했다.

또한 주환이는 학급의 반장으로서 교사가 할 수 없는 온갖 악역을 기꺼이 도맡아 하기도 했다. 청소 검사를 반장에게 맡으라고 하면 그날은 아무도 제 시간에 집에 갈 수가 없었다. 이렇게 철저한 의무감의 화신인 ESTJ는 학기 초 그 많았던 팬들을 1학기가 다 지나기 전에 안티로 만들어 버린다. 일에 묻혀 사람을 볼 수 없기 때문이다. 가끔 누군가 악역을 해야 할 때, 그것이 자신이 될지라도 ESTJ 유형들은 기꺼이 그 십자가를 지겠다고 생각한다. 하지만 아무도 그 일을 그에게 먼저 맡기려고 하지 않는다. 그러나 ESTJ는 무엇보다 윗사람을 공경하고 예의바르며, 선생님의 이야기를 법으로 알아듣고 매우 현실적이다.

주환이가 작성한 '세상에서 가장' 이란 과제는 ESTJ가 추구하는 현실의 행복을 잘 보여 주고 있다.

주환이(ESTJ)의 '세상에서 가장' 이란 과제 中에서

"세상에서 가장 성공한 사람이 있었습니다. 그는 중소기업을 운영하는 사장이었는데 돈도 많이 벌었고 가족들도 모두 성공하였습니다. 어느 날 가족들과 유럽으로 해외여행을 갔는데 돈을 많이 가지고 가서 그런지 부족한 점은 없었습니다. 그렇지만 불필요한 물건을 사거나 낭비를 하지는 않았습니다. 그런데 갑자기 회사에서 급한 일이 있어 한국으로 귀국을 하게 되었습니다. 하지만 나머지 가족들은 여행을 계획대로 계속하였습니다. 지금도 우리나라에서 중요한 일을 맡고 있는 이 사람은 세상에서 가장 행복한 사람입니다"

ESTJ 그룹이 자신들을 상징하는 동물을 그려 보라는 질문에 돈을 그리며 대답했다. "요즘 세상의 중심은 돈이기 때문에 우리 조의 상징은 돈이며 별칭은 땡전입니다." 라고.

[그림 3-7]을 통해 ESTJ의 상징에 대해서 살펴볼 수 있다.

[그림 3-7]

ESTJ의 상징

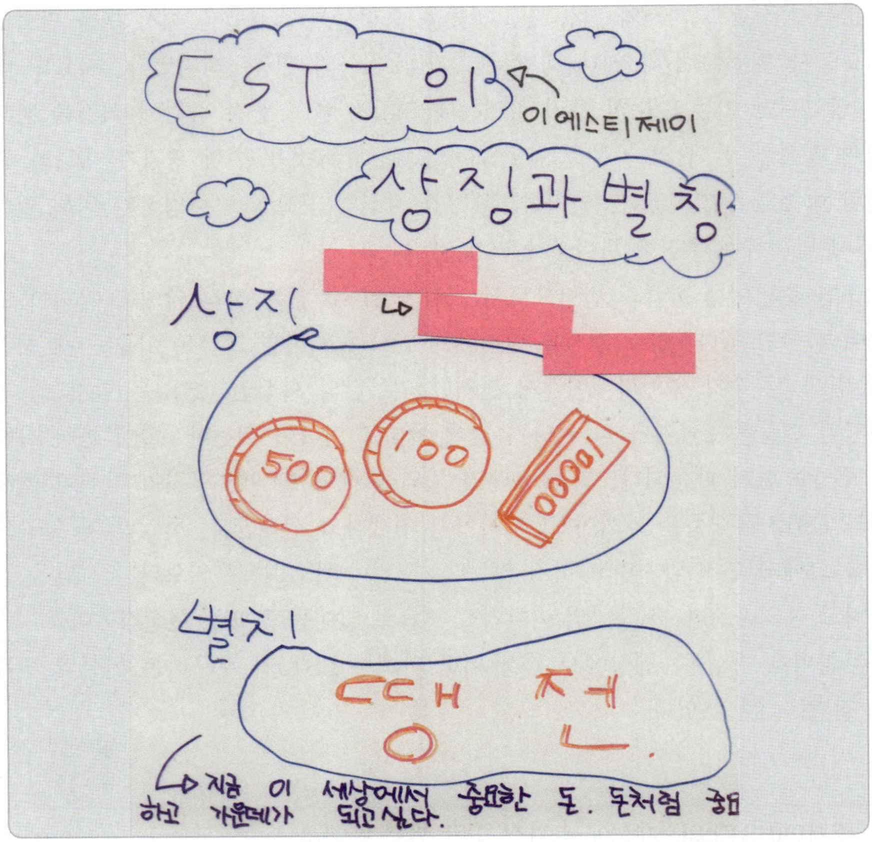

나. ESTJ와 상담하기

● **그들의** 놀라운 리더십은 어디에서 오는가? 실상 ESTJ가 남자 아동이라면 부모는 걱정을 하지 않을 것이다. 예의 바르고 웃어른을 공경하며 긍정적이기 때문이다. 또한 책임감이 충만하고 감정에 잘 흔들리지 않는다. 하지만 가끔 너무 빨리 일을 결정하고 추진하는 과정에서 타인의 의견을 받아들이는 것이 힘들기도 하다. 매사에 너무 공정함을 추구하다보니 따지는 어린이가 되기도 하지만 상대방의 논리적인 이야기에 수긍을 한다. 학업과 관련하여 성취욕이 연결되면 자부심을 느끼지만 그렇지 못한 경우 열등감이 클 수도 있다.

ESTJ 여자 아동들은 남자 아동들을 압도한다. 논리적으로 타당하고 근거를 가지고 빠른 결정을 하기에 말로나 행동으로 남자 아동들이 당해 내기 힘들다. 이들은 리더가 되지 못할 때에도 나름대로의 리더십을 발휘하곤 한다. 즉 가정에서 동생을 돌보거나 책임을 맡은 일을 완성하는 일이 그것이다.

그럼에도 불구하고 이들이 추구하는 공정함은 친구들의 마음을 상하게 하는 결과를 가져다준다. 일을 추진력 있게 완성하기 위해 주변을 채근하고 속도를 내다보면 어느새 사람은 보이지 않고 일만 보이게 되어 주변 사람들의 마음을 상하게 하는 말과 행동을 하게 된다. 이들이 사람들의 마음을 살피는 대화법을 터득하고 이를 몸에 배어 실천한다면 모두에게 존경받고 사랑받는 리더가 될 것이지만, 그렇지 않고 사람들을 챙기지 못한다면 두려움을 주는 리더가 될 가능성이 많다.

따라서 ESTJ와의 상담에서는 인지적이고 논리적인 접근이 더 타당하게 보인다. 감성적인 접근은 이들의 마음을 열고 이해시키기 어렵다. ESTJ의 고민은 자신의 성취를 위한 주변 환경의 협력이며, 자신이 의미 있고 필요한 존재가 되지 못할지도 모른다는 것에 대해 고민한다. ESTJ는 자신이 조직의 리더가 되었을 때 가장 장점을 잘 발휘하게 된다. 그가 조직의 리더가 되지 못했을 경우 리더의 공정함에 대해 끊임없이 고발하는 역할을 하게 될 가능성이 많다.

ESTJ가 먼저 상담실에 찾아오는 경우는 거의 없다. 만약 상담실을 찾아온다면 자신(ESTJ)이 학급의 반장인데 반원들이 자신의 말을 잘 듣지 않아서 고민이라는 정도일 것이다. ESTJ의 부모 역시 별 불만이 없다. 때로 따박따박 따지는 모습이 염려스럽기는 하지만 전혀 틀린 이야기는 아니기 때문이다.

ESTJ의 글을 통해 보다 현실적이고 일상에 충실한 ESTJ의 모습을 살펴볼 수 있다. [그림 3-8] 에서 그 내용을 잘 보여준다. 내용을 살펴보면 ESTJ의 행복은

머리부터 발끝까지 아픈 곳 하나 없는 것을 지켜보는 것이라고 하였고, 중학교에 가서는 공부 안 한 것이 후회되지 않도록 앞으로 공부를 더 열심히 해야 한다는 당위성이 표현되어 있다.

[그림 3-8]

ESTJ의 '나에게'

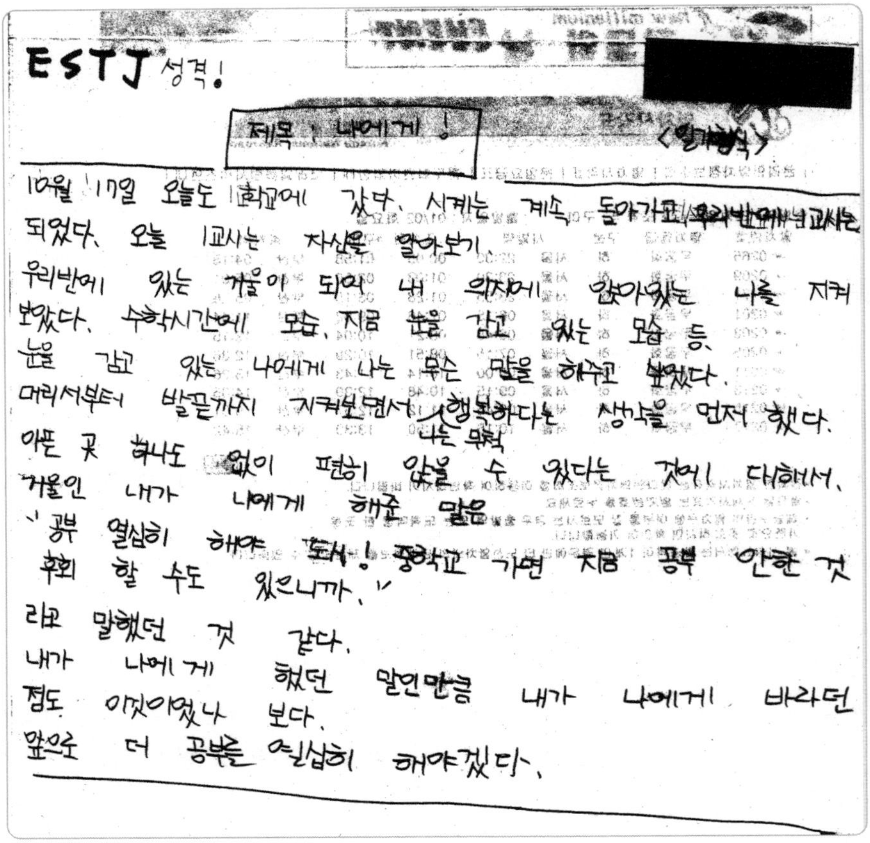

ESTJ 성격!

제목 : 나에게 !

<일기형식>

10월 17일 오늘도 학교에 갔다. 시계는 계속 돌아가고 우리반에 1교시는
되었다. 오늘 1교시는 자신을 알아보기
우리반에 있는 거울이 되어 내 의자에 앉아있는 나를 지켜
보았다. 수학시간에 모습, 지금 눈을 감고 있는 모습 등.
눈을 감고 있는 나에게 나는 무슨 말을 해주고 싶었다.
머리서부터 발끝까지 지켜보면서 나는 무척 행복하다는 생각을 먼저 했다.
아픈 곳 하나도 없이 편히 앉을 수 있다는 것에 대해서.
거울인 내가 나에게 해준 말은
"공부 열심히 해야 돼! 중학교 가면 지금 공부 안한 것
후회 할 수도 있으니까."
라고 말했던 것 같다.
내가 나에게 했던 말인만큼 내가 나에게 바라던
점도 이것이었나 보다.
앞으로 더 공부를 열심히 해야겠다.

* 학교에서 이면지 사용을 권장함 : 이면지 사용으로 뒷배경이 비침

5. 괴로운 천사표 - ISFJ

가. 선생님 칭찬 좀 그만 해주세요
: ISTJ 어머니 선생님께 도움을 요청하다

● **반장인** 지혜의 어머니(ISTJ)가 찾아 왔다. 자신의 딸 지혜(ISFJ)에게 칭찬을 좀 덜해 달라는 부탁이었다. 왜냐고 이유를 여쭈었더니 아이가 과제를 하느라고 밤을 새고 아침이면 코피를 쏟는다는 것이었다. 그래서 아이의 건강을 위해 선생님께서 제발 칭찬을 좀 그만해 주셨으면 한다는 것이다.

사건의 발단은 다음과 같았다. 6학년에 올라가면 학생들은 학기 초에 교과목별로 개별 과목에 대한 수업 방법에 대해 토론을 하게 된다. 이 경우 학생들은 대부분 사회 과목은 토론식 수업으로, 도덕 과목은 역할극 등으로, 과학 과목은 많은 실험 실습으로 진행되기를 희망한다. 사회 과목을 토론식으로 진행하기 위해서는 학기 초부터 모둠 별로 발표할 내용을 사전에 정한 후, 1학기에 1번 정도 발표를 하게 된다. 평균적으로 3,4월에는 좀 헤매다가 5,6월이 되어야 안정이 되고 틀이 잡혀 간다. 하지만 4월 중순 경에 있었던 지혜(ISFJ)의 발표는 그 수준이 예년의 2학기 때나 볼 수 있는 짜임새가 있고 높은 수준이었다. 이에 대해 칭찬을 한 것이 계기가 되어 다른 과목의 과제도 높은 수준의 결과물을 만들어 내기 위해 노력을 한다는 것이었다.

ISTJ가 일에 완벽함을 추구하는데 비해 새침 떼기이자 천사표인 ISFJ는 사람들 사이의 관계에 있어서 완벽함을 추구한다. 책임감이 강하고 양보를 잘하는 ISFJ는 인내심이 많고 봉사정신까지 갖추고 있다. 그래서 조별 과제를 도맡고는 한다. 이들은 적극적으로 일을 주도하지는 않지만 맡은 일을 완벽하게 해내려고 한다. 특히 ISFJ는 교사들에게 순응적이며 인정받기를 원한다. 노력한 만큼 인정받을 때 고무되므로 매사에 잘하려는 욕구가 가득하다. 따라서 ISFJ인 지혜가 특별한 관심을 받았을 때, 최선을 다할 수밖에 없었을 것이다.

여기에서 문제는 다른 아이들이 ISFJ에게 자의반 타의반으로 미루게 되고 ISFJ는 또 과도한 책임감을 떠안아 밤을 새는 순환이 되풀이 되는 것이다. 이 점은 균형 잡힌 것이 아니고 교육적인 면에서도 문제가 있다. ISFJ가 이러한 과정을 되풀이하게 되면 늘 주변에서 칭찬을 받게 되지만 본인은 너무 힘이 들고 마침내는 소진에 이를 가능성이 크다. 따라서 이를 염려하는 ESFP 어머니의 염려는 적절했다. ISFJ인 아이에게 착하고 성실함 못지않게 때로는 '적절히 거절하기'와 '과도한 책임을 맡지 않기' 등에 대해 가르쳐야 하는 것도 부모와 교사의 몫이다.

나. 한번 반장이면 영원한 반장

● **지혜가** 중학교에 간 후에 나에게 편지를 보내왔는데, 따뜻한 마음과 성실함이 돋보이는 ISFJ의 편지였다. 중학교에 가서도 반장으로서의 책임감은 이어졌다.

나는 ISFJ 반장의 학급과 담임교사, 모든 친구들에 대한 따뜻한 배려에 깊이 감사한다.

그리고 지혜와 함께 하며 한 공간에서 공부한 것이 자랑스럽다. 그리고 괴로운 모범생 ISFJ가 때로는 적절히 거절하고 자신을 돌보기를 바란다. 지혜의 편지를 [그림 3-9] 에 제시하였다.

[그림 3-9]

지혜(ISFJ)의 편지

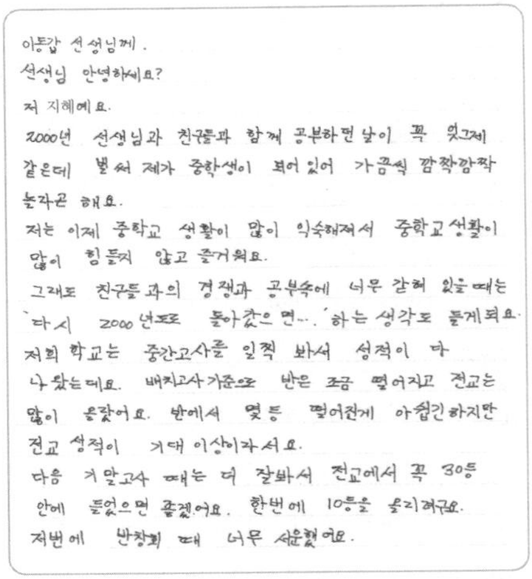
이동갑 선생님께.
선생님 안녕하세요?
저 지혜예요.
2000년 선생님과 친구들과 함께 공부하던 날이 꼭 엊그제 같은데 벌써 제가 중학생이 되어 있어 가끔씩 깜짝깜짝 놀라곤 해요.
저는 이제 중학교 생활이 많이 익숙해져서 중학교 생활이 많이 힘들지 않고 즐거워요.
그래도 친구들과의 경쟁과 공부속에 너무 갇혀 있을 때는 '다시 2000년으로 돌아갔으면…' 하는 생각도 들게 되요.
저희 학교는 중간고사를 일찍 봐서 성적이 다 나왔는데요. 배치고사 기준으로 반은 조금 떨어지고 전교는 많이 올랐어요. 반에서 몇 등 떨어진게 아쉽긴 하지만 전교 성적이 기대 이상이라서요.
다음 기말고사 때는 더 잘봐서 전교에서 꼭 30등 안에 들었으면 좋겠어요. 한번에 10등을 올리려구요.
저번에 반장회 때 너무 서운했어요.

6. 천방지축 왈가닥 - ESFP

가. 어디 재미있는 일 없을까?

● **ESFP는** 재미있는 놀이에 친구를 끌어 들인다. ENFP가 친구와 함께 있기 위해 놀이를 하는 것에 비해 ESFP는 놀이 그 자체가 목표이다. 개

구쟁이이고 천방지축이며 왈가닥인 ESFP는 자신을 '목소리가 크고 단순하고 솔직하며 유머 감각이 있고 적응력이 뛰어나다'고 표현한다. 이들은 밝고 명랑한 편이며 먹는 것을 좋아하고 멋을 부리는 것도 좋아한다. 이들을 가장 잘 나타내주는 상징은 짱구일 듯싶다. [그림 3-10]에서 잘 나타내고 있다.

[그림 3-10]

ESFP의 상징과 장 · 단점

나. 선생님 저를 못 믿으시는 거예요?!

● 학기 초 학급에서 돈이 없어지게 되면 담임교사는 당황하게 되고 교실은 급속하게 공황(Panic) 상태로 치닫게 된다. 전교생 운동장 조회를 하는 어느 날이었다. 그 날은 마침 학교에서 저금을 거두는 날이었는데, 명희는 배가 아프다고 하고 혼자서 교실에 있었다. 그런데 그날 1학년 교실에서 몇 아이가 저금을 잃어버렸다는 신고가 들어 왔다.

여러 사람들이 입을 모아서 명희가 돈을 가져갔을 것이라고 이야기 했지만, 더 지켜볼 일이라고 생각했다. 하지만 정황을 살펴보니, ESFP인 명희는 친구들에게 간식을 사주고, 비싼 하이틴 잡지를 사서 돌려 보고 있었다. 어머니께 집에서 용돈을 주셨냐고 물었더니 준 적이 없다고 하였다.

사정이 이러하다보니 나는 명희를 불러 자초지정을 물었다.
"선생님 저를 못 믿으시는 거예요! 너무 억울해요."
하면서 닭 똥 같은 눈물을 뚝뚝 떨어뜨린다.
그러나 증거를 하나 둘씩 찾아 가자,
"기억이 잘 안나요. 그랬던 것 같기도 하고 안 그랬던 것 같기도 한데 잘 모르겠어요."라고 대답하였다.

다. 먹을거리, 친구, 놀이가 되어 주다.

● ESFP의 성격적 특성은 놀기 좋아하고, 먹을 것을 좋아하며, 사람들에게 인정받고 싶어 한다는 것이다. 이에 초점을 맞추어 명희를 도와줄 방법을 찾아보기로 하였다. 먼저 어머니를 학교로 오시게 하여 상담을 하였다.

어머니는 나를 처음 보자마자 "선생님께 죄송해서 낯을 들 수가 없다."며 죄송해 했지만, "아이가 강아지도 아닌 다음에야 집에다 묶어 둘 수도 없고, 자신이 돌아다니며 한 일에 대해 부모가 어떻게 하겠느냐?"는 요지의 말을 했다.

그래서 나는 물론 이런 일로 학교를 방문하게 되면 얼마나 속이 상하고 당황스럽겠느냐며 어머니를 위로해 드렸다. 그런 연후에, "남의 물건에 손을 대는 것도 고쳐야 할 일이지만 명희에게 더 시급한 문제는 자신이 분명하게 가져 간 물건(돈)에 대해서도 자신이 가지고 가지 않았다고 눈물을 펑펑 쏟으며 억울함을 호소하다가 증거가 나오면 기억이 잘 나지 않는다는 말을 하고, 용서를 받으면 금방 웃음을 보이는 조울 증상이 더 큰 문제라고 말했다. 그래서 우선 정신과 치료를 받으며 약물 치료를 병행하도록 권했다.

정신과 치료라는 말에 어머니가 깜짝 놀라기에 "감기 들면 기침을 하는 것처럼 감정의 조절이 되지 않는 상태를 해소하는 약물 치료"라고 말씀 드린 후 매주 1회 정신과를 소개하여 방문하도록 하였다. 아울러 ESFP 아이에게는 먹을 것이 매우 중요하다고 설명하였다. 명희의 체격과 체질을 살펴보더라도 먹는 것을 떼어 놓고 지도하기는 어려웠다. 가끔 보면 명희는 1,2교시 쉬는 시간에 이미 당일 점심 메뉴에 따라 기분이 좋기도 하고 짜증을 내기도 하는 모습을 보였다. 따라서 명희와 용돈 문제에 대해 의논하였다. 명희가 다른 친구들의 돈을 가져가게 되는 가장 큰 원인은 배는 고픈데 용돈이 없어 친구들이 간식을 먹을 때 본인은 간식을 사 먹을 수 없다는 점이었다. 그래서 용돈을 얼마 받으면 친구들의 돈을 가져가지 않을 수 있을지 물어 보았다.

"한 달에 용돈으로 만원을 주랴?"
"너무 많아요."
"그럼 오천 원?"
"그것도 좀……."
"괜찮아, 말해 봐! 네가 친구들이 간식을 먹을 때 너도 간식을 먹기 위해 필요한 용돈이 얼마인지 말하면 선생님이나 어머니가 용돈을 줄 터이니 한 번 의논해 보자."
"매일 컵 떡볶이 하나를 사 먹는데 300원이고, 곱빼기는 500원이거든요. 그래서 하루에 500원씩이면 돼요."
"그러면 일주일에는 3,000원이 되겠구나. 그러면 어머니, 제가 명희 용돈을 줄까요? 어머니께서 주실래요?"

명희는 어머니에게 용돈을 받기로 하였다. 그 용돈을 어디에 썼는지 매주 화요일 병원에 가기 전에 상담을 하였고, 용돈을 쓴 내용에 대해 칭찬을 아끼지 않았다. 먹을 것을 사기에도 부족할 텐데 학용품 지우개를 산 것이라든지, 친구들에게 떡볶이를 나누어 준 일에 대해 칭찬하였다. 또한, ESFP는 놀이를 좋아 하는데 명희의 집에는 컴퓨터가 없어서 게임을 할 수가 없었다. 그래서 수업이 끝난 뒤 명희에게 내 컴퓨터를 사용할 수 있도록 하였다. 내 업무는 물론 집에 가져가서 하면 될 일이었다. 한번은 명희가 나에게 우리 반 한 남학생을 좋아한다고 하였다. 그리고 나에게 그 남학생과 다리를 좀 놓아 달라는 것이었다. 그래서 나는 그 학생을 불러 물었다.

"명희가 너와 펜팔을 하고 싶어 하는데 네 생각은 어떠니?"
"제가 어떻게 하기를 바라시나요?"
"선생님은 전해 주기만 할 뿐 결정은 네가 하는 것이지."

다음 날부터 명희는 수업이 끝나기가 무섭게 E-mail을 열어 보고 좋아하는 모습을 보였다. 학급에 좋아하는 남자 친구가 생긴 것이다. 명희는 특히 글쓰기를 좋아하고 잘했는데, 명희의 글은 늘 솔직하고 자신의 일상을 잘 표현하였기에 나는 종종 조언을 해 주곤 하였다. [그림 3-11]은 명희가 쓴 '엄마와의 약속' 이란 글의 일부분이다.

아이들에게서 '기다리고 기다리던 개학' 이라는 말을 들어 본 적이 있는가? [그림 3-11]의 명희가 쓴 글의 첫 줄을 보면 명희가 개학을 기다리고 있었다는 것을 보여준다. 나는 명희와 방학 중에도 가끔씩 안부를 물으며 연락을 유지했고, 명희는 방학을 잘 보냈다. 개학 후에도 다른 친구들의 물건에 손을 대지 않았고, 친구들과 싸움도 하지 않았으며, 친구들에게 폭력을 행사하지도 않았다. 이후 명희는 학급에서 가장 칭찬을 많이 듣고 숙제도 잘해오는 어린이가 되었다. 6학년을 마칠 때 명희는 학급의 일기왕, 숙제왕이 되었으며, 독서도 많이 하였다. 또한, 남자 친구도 생겼고, 친구 관계도 원만한 어린이가 되었다. 어머니와의 관계도 좋아졌으며 약물 치료도 졸업하게 되었다. [그림 3-12]에는 명희가 6학년을 마치면서 만든 신문을 살펴 볼 수 있다. 이후에 중학교에서도 잘 생활하고 있다는 소식이 들려왔다.

만약 명희를 분석적이고 치료적인 관점에서 접근했더라면 매우 오랜 시간과 노력이 필요하였을 것이다. 오히려 단순하게 성격 유형의 관점에서 명희를 살피고, 어머니와의 첫 대화에서도 명희의 장점을 칭찬하고 도와줄 방법을 찾은 것이 어머니의 마음도 움직였다고 생각한다.

[그림 3-11]

명희(ESFP)의 '엄마와의 약속'

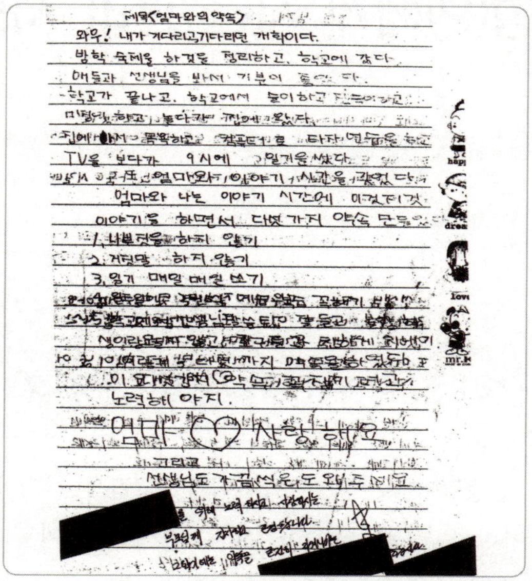
제목<엄마와의 약속>

와우! 내가 기다리고기다리던 개학이다.

방학 숙제을 한것을 정리하고, 학교에 갔다.

애들과 선생님을 봐서 기분이 좋았다.

학교가 끝나고, 학교에서 놀이하고 [illegible]

[illegible] 놀다가 집에 왔다.

집에 와서 목욕하고 컴퓨터로 타자 연습을 하고

TV을 보다가 9시에 일기을 썼다.

[illegible] 엄마와 이야기 시간을 갖었다.

엄마와 나는 이야기 시간에 이것저것

이야기을 하면서 다섯가지 약속 만들었다.

1. 나쁜것을 하지 않기

2. 거짓말 하지 않기

3. 일기 매일 매일 쓰기

[illegible]

노력해야지.

엄마 ♡ 사랑해요

그리고

선생님도 가끔씩은 도와주세요.

[그림 3-12]

명희(ESFP)의 신문 만들기

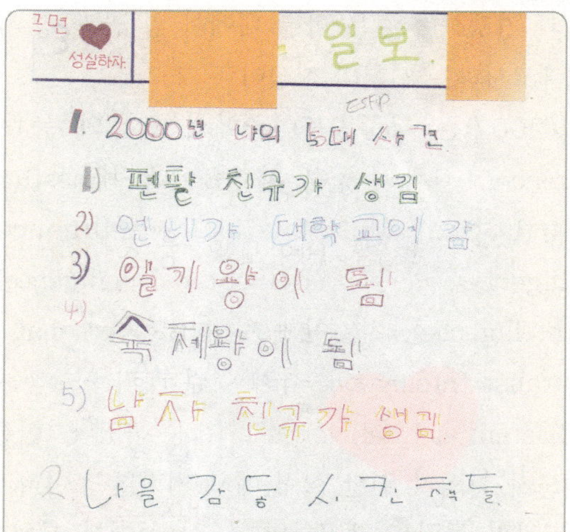
2면 ♥ 성실하자

일보.

ESFP

1. 2000년 나의 5대 사건

1) 펜팔 친규가 생김

2) 언니가 대학교에 감

3) 일기왕이 됨!

4) 숙제왕이 됨!

5) 남자 친규가 생김

2. 나을 감동 시킨 책들

1. 아버지 2. 가시고기

3. 메밀꽃 필 무렵 4. 우리들의 일그러진 영웅

Ⅳ 인식형(P)에게 시간 관리 지도하기

1. 시간관리는 자기관리의 핵심 요소

● **최근** 경쟁력이라는 말이 화두이다. 실력을 길러야 한다는 것이다. 하지만 이 실력이라는 것이 단순히 시험 점수만은 아닐 것이다. 길포드(Guilford)는 3차원의 지능구조모형을 제시하였는데, 지능의 구조를 3가지의 과정인 내용, 조작 그리고 결과의 상호작용으로 보았다.

예전에 일제고사 형식의 시험을 통해 배울 수 있었던 것은 주로 단기 기억이었다. 그리고 배움에 대한 즐거움과 가르치는 보람이 일어나는 것이 아니라 학급 내에서 친구들과 경쟁하며 같은 학년 내에서 옆 반과 경쟁하고 이웃 학교와 경쟁하는 것이 일제고사라는 시험의 핵심이 된다.

하워드 가드너(2007)는 다중지능이론에서 인간의 능력은 음악적 지능(Musical Intelligence), 신체-운동적 지능(Bodily-Kinesthetic Intelligence) 논리-수학적 지능(Logical-Mathematical Intelligence), 언어적 지능(Linguistic Intelligence), 공간적 지능(Spatial Intelligence), 대인관계 지능(Interpersonal Intelligence), 자기이해 지능(Intrapersonal Intelligence), 자연탐구 지능(Naturalist Intelligence)까지 여덟 개의 지능과 아홉 번째 지능으로 실존적 지능(Existential Intelligence)을 제시 하였다. 한편, 원동연(2000)은 『21세기의 지도자가 되기 위한 실력』에서 지력뿐만 아니라 심력, 체력, 인간관계 능력, 자기관리 능력을 제기하였다. 이 중에서 특히 자기관리 능력을 살펴보면, 자기관리 능력은 시간관리와 재정, 언어, 태도 관리로 구성되는데, 시간관리가 자기관리의 가장 핵심적인 요소라고 한다.

따라서 삶을 보다 효율적이고 책임 있게 살아가기 위해 어릴 때부터 필요한 시간관리 습관을 몸에 배이게 해야 한다. 시간관리를 잘하지 못하는 인식형(P) 아동이 유년기와 청소년 시절을 거치는 동안에 체계적인 시간관리 훈련을 배우지 못할 경우 자신의 삶을 운영하는데 치명적인 약점이 될 수도 있는 것이다.

융의 이론에 따르면, '인생의 전반기에는 주기능을 발달시키고, 건강한 부기능의 발달에 의해 균형을 잡아가는 것' 이라고 한다. 신뢰할 수 있는 주기능과 부기능을 가지고 인생의 중반에 도달하게 되면 개인의 에너지와 주의의 초점은 자연스럽게 덜 선호된 기능으로 이동하게 된다(Katharine D. Myers & Linda K. Kirby, 1999).

나 역시 인식형인 P의 수치가 높고 시간관리를 잘 못하는 사람이라 초등 교사로서 살아가면서 불편한 점이 참 많았다. 특히 요즈음의 교실에는 인식형(P) 아동들의 비율이 거의 80% 정도에 육박한다. 시간관리를 못하는 것에 대한 나의 결점을 이 아동들이 유년 시절부터 배우게 되어, '그럴 수도 있는 것' 이라는 너그러움을 넘어서 책임감마저 배우지 못한다면 그것은 잘못된 가르침을 전달하는 것이라는 걱정이 들었다. 이에 시간관리를 잘할 수 있는 프로그램을 만들어 아동들을 지도해 보고자 하는 마음을 먹게 되었다. ENFP인 내가 이러한 통찰을 얻은 것은 MBTI®를 공부하고 나서도 10년이 다 되어가는 40대 중반이 되어서였다.

2. 시간의 관리자

● **내가** 호치민시 한국국제학교에서 2년간 6학년 담임을 할 때의 일이다. 교민의 자녀들은 대부분 집안일을 돕는 사람들이 집에 있어서인지 자신의 물건과 시간을 관리하는 것이 특히 부족하였다. 나는 이에 아동들에게 시간을 잘 관리하는 훈련을 실시하고자 하였다. 2학기가 시작될 무렵『시간의 관리자』라는 워크북을 만들어서 시간관리 훈련을 실시하였다.

하지만 이런 형태의 시간관리가 공부에 도움이 안 된다고 생각하거나 심지어 방해가 될 것이라고 생각하는 부모도 있었다. 그래서 자녀에게 "대충하고 숙제나 해라.", "뭘 그리 신경 쓰냐? 바보처럼~."이라고 하거나, "숙제는 30분하는데 비해, 일과 점검표는 3시간을 넘긴다."라고 불만을 토로하기도 하였다.

한 달이 지난 후, 불만을 표시했던 어느 어머니는 "'대충해라, 시간이 아깝다!' 라고 하며, 점검표 앞에서 끙끙대던 자녀에게 했던 말들은 엄마의 급한 마음과 그 동안의 학교 교육을 믿지 못하게 한 학교의 탓도 있었다. 그러나 마치게 되어 지금은 섭섭하고 감사하다. 점검표는 자녀에게 중요한 공부를 가르쳐 준 종이 선생님이었다."라고 평가하였다. 아이는 그 후 국제학교에 진학하여 장학생이 되어 우수한 성적을 성취하였다.

뒤에 제시되는 워크북 활용 안내를 참고하기 바란다. 총 5개의 그림을 제공하며, 이를 통해 워크북을 어떻게 활용했는지 확인할 수 있다. [그림 3-13]부터 [그림 3-17]까지의 그림을 통해 살펴볼 수 있다.

내용을 작성한 아동은 전학생이었지만 과제를 잘 수행하였기에 이 책에 제시하였다. 필요한 경우, [표3-1]부터 [표3-4]까지의 자료를 참고하여 사용하면 된다.

이 작업을 실시해 보면, 판단형(J) 아동들은 평균적으로 80점대에서 출발하여 90점대 후반에 이르지만, 인식형(P) 아동들은 50-60점대에서 출발하여 90점 가까이 이르게 되어 도움을 더 크게 받았다. 그러나 판단형 아동들 역시 도움이 되기는 마찬가지다.

시간의 관리자 사용설명서

시간을 지배하는 사람

모든 사람에게 동일하게 주어지는 하루 24시간은 삶의 가장 중요한 요소 중의 하나입니다. 이러한 시간을 잘 관리하는 능력은 돈 관리와 사람 관리 등과 함께 자기관리의 핵심입니다. 시간관리를 잘할 수 있도록 돕기 위해 매일의 일과점검표와 분석표를 준비하였습니다. 주간 및 월간 점검표(30일)를 완성함으로써 한 달 동안 내가 사용하는 시간을 분석해 보고 개선점을 찾을 수 있기를 기대합니다. 먼저 30일간 한 달치를 준비하였습니다.

우선, 첫 번째 표인 『나의 하루 일과 점검표』는 모두 20개의 항목으로 구성되어 있으며 각 항목 당 최고 5점에서 최하 1점으로 기록합니다. 기상 시간의 경우 06:00에 기상할 것을 계획하여 06:00 전에 일어났다면 매우 잘함(5점)을, 5-10분 간격으로 (4-3-2-1점으로) 다음 점수를 줄 수 있습니다. 기상 시간이 학교 버스를 놓치거나 식사를 하지 못하거나 아침 일과에 영향을 끼친 정도라면 1점 혹은 2점이 되어야 할 것입니다. 제시한 20개의 항목 중에서 자신이 중요하다고 생각하는 항목을 수정하여 사용할 수도 있습니다. 자신의 의견과 부모님의 의견을 반드시 기록하여 매일 점검하면 효과가 큽니다.

일과점검표의 이면에 있는 일과분석표는 주간, 월간 분석표와 연계된 것입니다. 하루 일과를 3S로 보고 잠(SLEEPING), 공부(STUDY), 생활(SURVIVE)에 사용한 시간을 분석합니다. 하루 24시간은 30분 간격으로 나누면 48 UNIT이 됩니다. 각 UNIT 별로 잘하면 2점에서 중간 1점, 못하였으면 0점을 체크합니다. 잠을 잘 때도 숙면(깊은 잠)을 하였으면 2점이 됩니다. 이론적으로 모든 일과를 완벽하게 진행하면 96점이 되는데 4점의 빈 곳은 선행(착한 행동 1번에 각 1점을 주어 4번 이상이면 4점)으로 채워서 100점 만점을 받게 됩니다. 이를 시각적으로 정리하기 위해 형광펜을 사용하는 것을 권합니다. 잠은 하늘색을, 공부는 녹색(연두)을, 생활은 핑크색을 사용하여 2점 만점은 칸은 가득 채우고, 1점은 반만, 0점은 색칠을 하지 않습니다. 통계에서는 매일 각 영역별 시간을 합하면 됩니다. 일주일간의 기록을 모아서 주간점검표에 기록합니다. 한 주간 동안 잠을 잔 시간과 공부, 생활에 사용한 시간의 합계를 만날 수 있을 것입니다. 이를 다시 4주간의 기록을 모으고 이틀의 기록을 더하여 30일간의 기록으로 월간점검표를 완성합니다. 무엇보다 부모님의 관심과 협조가 필요합니다.

[그림 3-13]

일과표 – 처음 시작 할 무렵

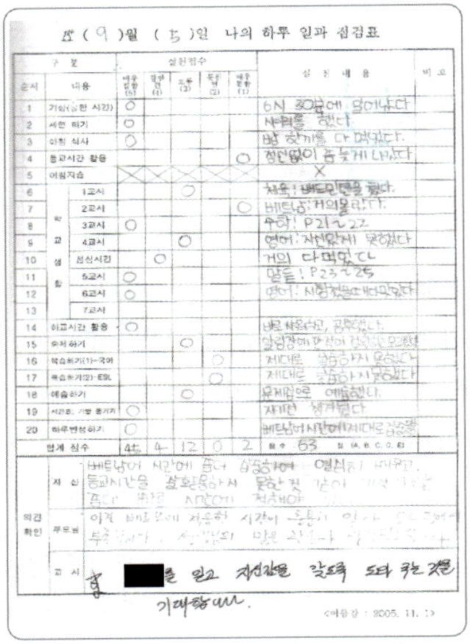

[그림 3-14]

일과표 – 마칠 무렵

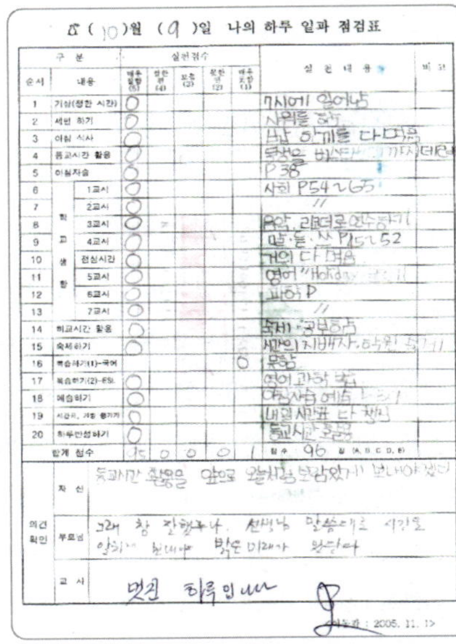

[그림 3-15]
[그림 3-16]
[그림 3-17]

일과분석표 – 하루 일과를 3S (Sleeping, Study, Survival)로 표현하기

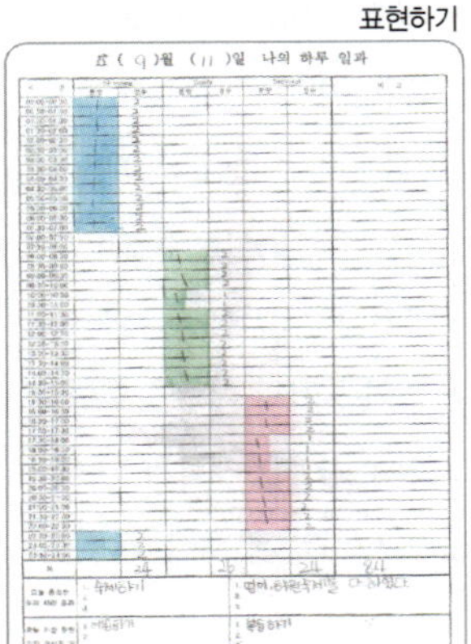

주간점검표

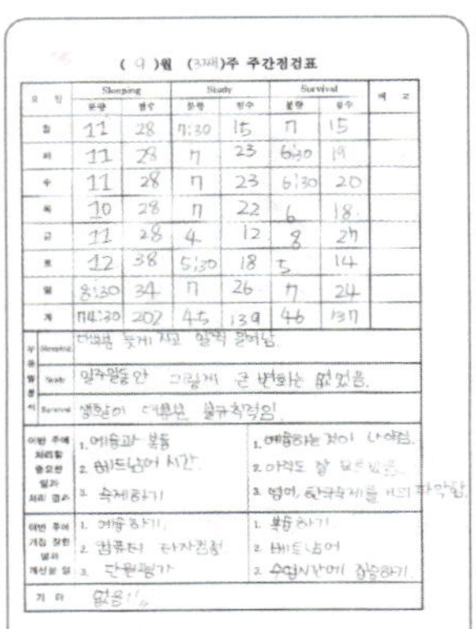

월간점검표

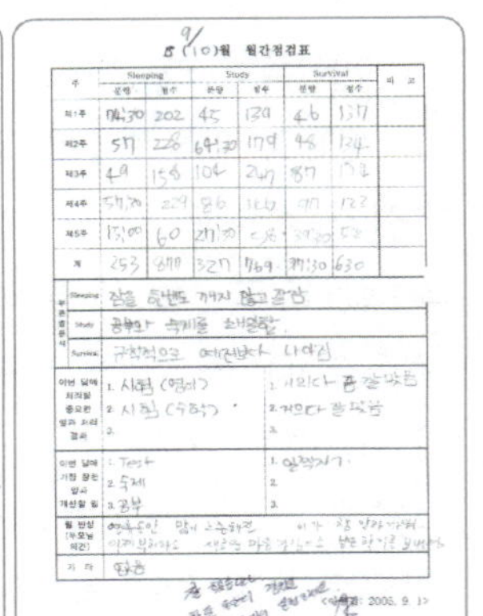

(　　　)월 (　　　)일 나의 하루 일과 [표 3-1]

시 간	Sleeping(Red)		Study(Green)		Survival(Orange)		비 고
	분량	점수	분량	점수	분량	점수	
00:00-00:30							
00:30-01:00							
01:00-01:30							
01:30-02:00							
02:00-02:30							
02:30-03:00							
03:00-03:30							
03:30-04:00							
04:00-04:30							
04:30-05:00							
05:00-05:30							
05:30-06:00							
06:00-06:30							
06:30-07:00							
07:00-07:30							
07:30-08:00							
08:00-08:30							
08:30-09:00							
09:00-09:30							
09:30-10:00							
10:00-10:30							
10:30-11:00							
11:00-11:30							
11:30-12:00							
12:00-12:30							
12:30-13:00							
13:00-13:30							
13:30-14:00							
13:00-13:30							
13:30-14:00							
13:00-13:30							
13:30-14:00							
14:00-14:30							
14:30-15:00							
15:00-15:30							
15:30-16:00							
16:00-16:30							
16:30-17:00							
17:00-17:30							
17:30-18:00							
18:00-18:30							
18:30-19:00							
19:00-19:30							
19:30-20:00							
20:00-20:30							
20:30-21:00							
21:00-21:30							
21:30-22:00							
22:00-22:30							
22:30-23:00							
23:00-23:30							
23:30-24:00							
계							

오늘 중요한 일과 처리 결과	1. 2. 3.	1. 2. 3.
오늘 가장 잘한 일과 개선할 일	1. 2. 3.	1. 2. 3.

☞ 방법 : 형광펜으로 해당 칸에 표시합니다. 잘 했으면 2점, 보통 1점, 못 했으면 0점.

하루 일과 점검표

[표 3-2]

<table>
<tr><th colspan="16">(　　　)월 (　　　)일 나의 일과 점검표</th></tr>
<tr><th rowspan="2">순서</th><th rowspan="2" colspan="2">실천 내용</th><th colspan="6">실천점수</th><th rowspan="2">주요내용</th><th rowspan="2">비 고</th></tr>
<tr><th>매우 잘함 (5)</th><th>잘 한편 (4)</th><th>보통 (3)</th><th>못한 편 (2)</th><th>매우 못함 (1)</th><th>전혀 못함 (0)</th></tr>
<tr><td>1</td><td colspan="2">기상(정한 시간)</td><td></td><td></td><td></td><td></td><td></td><td></td><td></td><td></td></tr>
<tr><td>2</td><td colspan="2">세면하기</td><td></td><td></td><td></td><td></td><td></td><td></td><td></td><td></td></tr>
<tr><td>3</td><td colspan="2">아침식사</td><td></td><td></td><td></td><td></td><td></td><td></td><td></td><td></td></tr>
<tr><td>4</td><td colspan="2">등교시간활용</td><td></td><td></td><td></td><td></td><td></td><td></td><td></td><td></td></tr>
<tr><td>5</td><td colspan="2">아침자습</td><td></td><td></td><td></td><td></td><td></td><td></td><td></td><td></td></tr>
<tr><td>6</td><td rowspan="8">학
교
생
활</td><td>1교시</td><td></td><td></td><td></td><td></td><td></td><td></td><td></td><td></td></tr>
<tr><td>7</td><td>2교시</td><td></td><td></td><td></td><td></td><td></td><td></td><td></td><td></td></tr>
<tr><td>8</td><td>3교시</td><td></td><td></td><td></td><td></td><td></td><td></td><td></td><td></td></tr>
<tr><td>9</td><td>4교시</td><td></td><td></td><td></td><td></td><td></td><td></td><td></td><td></td></tr>
<tr><td>10</td><td>점심</td><td></td><td></td><td></td><td></td><td></td><td></td><td></td><td></td></tr>
<tr><td>11</td><td>5교시</td><td></td><td></td><td></td><td></td><td></td><td></td><td></td><td></td></tr>
<tr><td>12</td><td>6교시</td><td></td><td></td><td></td><td></td><td></td><td></td><td></td><td></td></tr>
<tr><td>13</td><td>7교시</td><td></td><td></td><td></td><td></td><td></td><td></td><td></td><td></td></tr>
<tr><td>14</td><td colspan="2">학교시간활용</td><td></td><td></td><td></td><td></td><td></td><td></td><td></td><td></td></tr>
<tr><td>15</td><td colspan="2">하교 후 손 씻기</td><td></td><td></td><td></td><td></td><td></td><td></td><td></td><td></td></tr>
<tr><td>16</td><td colspan="2">숙제하기</td><td></td><td></td><td></td><td></td><td></td><td></td><td></td><td></td></tr>
<tr><td>17</td><td colspan="2">복습하기</td><td></td><td></td><td></td><td></td><td></td><td></td><td></td><td></td></tr>
<tr><td>18</td><td colspan="2">예습하기</td><td></td><td></td><td></td><td></td><td></td><td></td><td></td><td></td></tr>
<tr><td>19</td><td colspan="2">시간표 준비하기</td><td></td><td></td><td></td><td></td><td></td><td></td><td></td><td></td></tr>
<tr><td>20</td><td colspan="2">가방 챙기기</td><td></td><td></td><td></td><td></td><td></td><td></td><td></td><td></td></tr>
<tr><td>21</td><td colspan="2">하루 반성하기</td><td></td><td></td><td></td><td></td><td></td><td></td><td></td><td></td></tr>
<tr><td colspan="3">통합(합계 점수)</td><td colspan="8"></td></tr>
<tr><td rowspan="3">의견 확인</td><td colspan="2">자 신</td><td colspan="8"></td></tr>
<tr><td colspan="2">부모님</td><td colspan="8"></td></tr>
<tr><td colspan="2">교 사</td><td colspan="8"></td></tr>
</table>

☞ 방법 : 각 항목별로 해당 칸에 표시하여 점수 합계를 합니다. 자신의 의견과 부모님 의견을 첨부합니다.

(　　　)월 (　　　)주 주간점검표

[표 3-3]

요일	Sleeping		Study		Survival		비고
	분량	점수	분량	점수	분량	점수	
월							
화							
수							
목							
금							
토							
일							
계							

부문별 분석		
	Sleeping	
	Study	
	Survival	

이번 주에 처리 할 중요한 일과 처리 결과	1. 2. 3.	1. 2. 3.
이번 주에 가장 잘한 일과 개선할 일	1. 2. 3.	1. 2. 3.
기 타		

(　　　)월 월간점검표

[표 3-4]

요일	Sleeping		Study		Survival		비고
	분량	점수	분량	점수	분량	점수	
제1주							
제2주							
제3주							
제4주							
제5주							
계							
부문별분석 Sleeping							
부문별분석 Study							
부문별분석 Survival							
이번 달에 처리 할 중요한 일과 처리 결과	1. 2. 3.			1. 2. 3.			
이번 달에 가장 잘한 일과 개선할 일	1. 2. 3.			1. 2. 3.			
월 반성 (부모님의견)							
기 타							

Chapter 4

부모 성격유형과 양육 방식

I 자녀양육의 문제점

1. 자식은 마음대로 되지 않는다.

● **자녀를** 가진 부모들은 자녀의 바람직한 성장을 위해 할 수 있는 모든 노력을 다 한다. 그러나 노력에 대한 결과가 늘 긍정적이지는 않으며 대부분의 부모들은 자녀를 양육하는 과정에서 좌절하고 방황한다. 무엇이 문제인가? 어떻게 해야 할 것인가?

부모들은 자녀를 양육할 때 대체로 자신이 양육되어진 방식을 취하지만, 자신이 양육되어진 방식을 좋아하지 않는다면 오히려 전혀 다른 방식으로 자녀를 양육하고자 하기도 한다. 혹은 주변의 조언에 귀를 기울이기도 하고 때로는 양육에 관한 서적에서, 전문가의 도움으로 뭔가 제대로 된 양육의 답을 찾으려한다. 이러한 다양한 노력에도 불구하고, 그들을 당황하게 만드는 것은 바로 '자녀양육에 있어서 정답은 없다' 라는 것이다. 이 세상의 모든 부모가 자녀였고 자녀로 양육되어왔으며 또 자녀를 양육하는 부모의 위치에 있다는 엄연한 사실에도 불구하고 자녀양육에 정답이 없다는 것은 의문이 아닐 수 없다. 일이나 취미활동의 경우 10년 쯤 계속하다보면 전문가라는 말을 듣는다. 그 계통에는 일가견이 있다는 말이다. 그러나 자녀양육에 있어서도 그러한가? 실제 상황에서는 자녀가 새로운 날들을 맞고 새로운 경험을 할 때마다 부모도 똑같이 새로운 자녀양육의 경험을 한다. 부모도 자녀가 자라는 동안 좌충우돌하며 함께 성장해 나가는 것이다.

때로 앞선 사람들의 경험들을 배우고 양육에 대한 여러 가지 이론들에 기대를 걸어보기도 하지만 내 자녀들이 다른 사람들의 경험처럼, 이론처럼 자라 주지는 않는다. 부모의 기대대로 자라주지 않는 자녀를 보면서, '내가 자녀 입장이라면 이렇게, 혹은 저렇게 할 텐데...' 라는 아쉬움 섞인 푸념을 하기도 한다. 그래서 자녀를 키우면서 부모들이 가장 많이 하는 하소연이 있다면 아마, '자식은 마음대로 되지 않더라' 하는 말이 아닐까 싶다. 그러나 그럴 수밖에 없는 것이 자녀는 '내' 가 아니기 때문이다. 내가 아니기 때문에 내 마음대로 되지도 않을 뿐더러 될 수도 없다. 나처럼 생각하지도, 판단하지도, 경험하지도, 활동하지도 않는다. 그는 나와 다른 인간이다.

2. 자녀는 부모와 다른 인간이다.

● **세상을** 보라. 나, 즉 현재의 부모가 자라왔던 시대의 문화와 환경을 더듬어 보라. 지금과 같은가? 우리는 너무나 급변하는 시기를 살아왔다. 당신의 자녀는 당신과 다른 시대를 살고 있다. 시대가 다르면 환경이 다르고 문화가 다르며 가치관이 다를 수 있다. 부모가 살던 시대에는 당연하던 가치관이 지금은 구태의연하고 의미 없는 낡은 가치관일 수 있다는 사실에 주목해야 한다. 도대체 지금 아이들의 문화를 이해할 수 없다고 푸념하지만 자녀가 알고 있는 것을 부모인 당신은 얼마나 알고 있는가, 얼마나 이해하고 있는가, 얼마나 좋아하고 있는가? 관심이나 있는지 자문해보자. 물론 왜 부모인 나만 맞추어야 하느냐고 반문할 수 있다. 여기에서 말하고자 하는 것은, 자녀가 살고 있는 환경이 지금 시대라는 것이다. 서정적인 노랫말에 익숙하고 공감하는 부모들이 자녀들 세대의 래퍼들이 부르는 빠른 템포의 노랫말을 이해할 수 없다고 해서 요즘 노래는 노래도 아니라고 폄하한다면 자녀들이 고개를 끄덕이던가? 부모 세대들이 70-80년대 노래에 감동하듯이 젊은 자녀들은 그들의 음악에 열광하는 것이 현실이다.

이렇게 같은 시대에 살고 있으면서도 연령대에 따라 선호가 다르고 선호가 다른 서로를 이해하기가 쉽지 않다. 그러나 이러한 현상적인 다름보다 더 깊게 자리 잡고 있는 다름은 심리적인 선호의 다름이다. 타고난 심리적 선호의 경향이 다르다면 정보를 인식하는 방식이 다르고 판단하는 방식이 다르며 자기를 표현하고 상대를 받아들이는 방식이나 생활의 방식이 달라진다. 이것은 심리적인 선호의 경향성에 따라 좋아하는 것과 싫어하는 것도 다를 수 있고, 각각의 개인이 잘 할 수 있는 것과 힘들어 하는 것, 생각하는 방법, 표현하는 방법, 받아들이는 방법도 다 다를 수 있다는 것을 의미한다. 같은 뉴스를 보면서도 아버지는 사회의 정의를 토로하고, 딸은 개인의 정서를 헤아리는데 초점을 맞출 수 있다. 아버지는 딸의 눈물을 이해할 수 없고 딸은 아버지의 논리에 고개를 저을지도 모른다. 기상이변으로 인한 자연재해에 급히 ARS모금 전화번호를 누르는 어머니에게는 지구온난화에 대해 장황한 설명을 늘어놓는 아들이 어이없어 보일 수도 있는 것이다.

이렇게 다름은 서로를 이해할 수 없게 만들고 오해하게 하며 대화를 단절시킬 수 있다. 다르다는 것에 대한 긍정적인 인식이 없다면 다르다는 것은 틀렸다는 것으로 지각되어 상대방을 고치거나 바꾸려는 사명감으로 연결되거나 상대방에 대한 폄하의 태도로 표현되어 서로의 관계를 어렵게 만들 수 있다. 타고난 선호경향이 다름을 인정하지 않고 부모가 자녀를 일방적으로 자신의 선호방향으로 끌어가려고 한다면 자녀양육의 긴 여정은 고난의 길일 수밖에 없을 것이다.

3. 나와 다른 내 자녀를 양육하려면

● **누구나** 타고난 선호경향이 있으며 선호경향이 선천적인 것이라면 부모의 성격유형과 자녀의 성격유형이 다를 수 있다. 부모가 자신과 다른 성격의 자녀를 양육하려면 먼저 부모 자신을 알아야 한다. 나를 알아야 자녀가 나와 어떻게 다른지를 볼 수 있을 것이며 그래서 어떤 방식으로 양육할 것인지를 알게 될 것이다.

각각의 타고난 선호경향은 다양한 성격유형으로 나타나고, 구별되어지는 여러 성격유형들은 유형마다 잘 할 수 있는 것과 하기 힘들어 하는 것이 다르다. 일상생활에서의 차이는 물론이고 자녀양육에 있어서도 각 성격의 유형마다 자녀에게 바라는 것이 다를 수 있으며 잘 할 수 있는 것과 힘들어 하는 것이 각각 다르다. 어떤 성격유형의 부모는 자녀가 정의롭고 공평하면서 강건한 어른으로 성장하기를 바라고, 어떤 성격유형의 부모는 자녀가 따뜻하고 부드러운 동정적인 어른으로 성장하기를 더 바랄 수 있다. 때로 부모는 자녀가 활발하기를 원하지만 그러나 간간이 자녀가 더 신중하고 차분하기를 바랄 수도 있다. 또 부모 자신도 자녀를 데리고 여행을 하는 등 새로운 경험을 하게 하는 일은 즐겁게 할 수 있지만, 집안일을 꼼꼼하게 해내며 자녀에게 쾌적한 집안환경을 만들어 주는 일은 힘겨워 할 수도 있다.

이렇게 각각의 성격유형의 부모는 자신의 타고난 성향대로 자녀를 위해 잘 할 수 있는 것을 열심히 발휘하며 자녀양육에 힘쓴다. 그러나 내가 열심히 하고 잘 할 수 있는 것들을 나와 다른 성격유형을 가진 자녀가 나처럼 좋아할지도 생각해 볼 일이다. 부모 성격유형의 강점을 알아보면서 이러한 부모의 강점에 대한 자녀의 유형에 따른 역동도 살펴볼 필요가 있다.

이러한 잘 할 수 있는 강점과 더불어 부모의 성격유형마다 힘들어 하는 부분이 있는데 부모가 힘들어 하는 것이라고 해서 자녀양육에 있어서 포기할 수도 없는 일이다. 자녀양육은 자녀가 독립하는 시기까지 쉼 없이 이루어져야 하는 부모의 역할이며 책임인 동시에 권리이기도 하다. 부모의 각 성격유형이 가질 수 있는 힘든 점과 이런 약점으로 인한 자녀와의 역동도 역시 고려해야 한다.

또한 자녀양육이 끊임없이 이루어져야 하는 과정이라면 자녀를 양육하는 양육자는 자녀를 양육해나가는 과정에서 힘들어 할 수도 있는 자신을 돌볼 수 있어야 한다. 자녀양육은 많은 에너지를 요구하는 활동이며 과정이다. 건강한 자녀양육이 이루어지고, 양육자가 자신의 역할을 잘하려면, 먼저 양육자가 자신을 잘 돌보면서 건강한 양육자로 바로 서야 한다.

본 장에서는 양육자의 성격유형 지표에 따른 양육방식과 16가지 성격유형별 양육방식을 살펴봄으로써 양육자가 자신의 양육방식과 자녀와의 역동을 이해할 수 있도록 구성하였다.

Ⅱ 부모의 성격에 따른 양육방식

1. 성격유형 지표별 양육방식[1]

가. 외향형 부모와 내향형 부모의 양육방식

● "선생님, 우리 아이는 너무 내성적이라 제 할 말도 제대로 못하는 것 같아 부모로서 너무 답답합니다. 어떻게 좀 바꿀 수 없을까요?"라고 말하는 어머니 곁에 잔뜩 주눅이 든 아이가 고개를 떨어뜨리고 서있다.

왜? 아이가 무엇을 잘못한 것도 아닌데 그렇게 죄 지은 듯 움츠리고 있어야 할까? 부모는 마치 고장 난 물건을 보듯 안타까워하며 말한다. 고쳐달라고. 고장 난 부분만 고치면 자신이 원하는 방향으로 맘대로 운용할 수 있을 것 같아서다.

"선생님, 저는 가끔 저 애가 제가 낳은 아이가 맞는지 의심스러울 때가 있어요. 너무 말이 많고 시끄럽고 나대서 도대체 감당이 안 됩니다. 좀 차분해 지라고 서예학원을 보내도 안 되고 잠시도 가만히 있질 못하니 어떻게 하면 고칠 수 있을까요?"

왜? 무엇 때문에 고쳐야 한다고 생각하는 것일까?

부모는 걱정이다. 저런 태도로 무엇을 제대로 배울 수 있을지 믿음이 안 가는 것이다. 조금만 차분해지면 자신이 바라는 대로 자녀에게 도움을 줄 수 있을 것 같다

1) 『성격유형과 자녀양육태도』 책 내용을 바탕으로 사례를 추가하여 구성하였다.

고 생각한다.

외향형 부모는 에너지의 방향이 외부로 향해 있으므로 외부세계에 관심이 많다. 말로 표현하는 것을 좋아하며 행동하기를 즐긴다. 다른 사람과 함께 어울려 생활하는 것을 좋아하는 자신의 성향대로 자녀에게도 다른 사람들과 어울려 생활하는 기회를 만들어 준다. 반면에 내향형 부모는 에너지의 방향이 자신의 내부로 향해 있으므로 깊이 생각하고 반추하며 말로 표현하기보다는 글로 표현하는 방법을 편안해 한다. 조용한 환경을 좋아하는 자신처럼 자녀도 그럴 것이라고 생각한다. 외향형 부모는 외향형 부모 자신이 원하는 방향으로, 내향형 부모는 내향형 부모 자신이 원하는 방향으로 양육환경을 만들고 자신에게 잘 맞는 방식으로 자녀를 양육하게 된다.

(1) 외향형 부모의 양육 방식

외향형의 특성

사람을 만나고 활동할 때 에너지가 생긴다.

자기 외부에 주의를 기울이며 외부활동에 적극적이다.

경험한 다음에 이해한다.

다양한 사람들과 폭넓은 관계를 형성한다.

말을 통한 의사소통 방식을 선호한다.

생동감 넘치고 활동적이다.

● **외향형** 부모는 자녀에게 외부세계를 경험시키기 위해 바깥으로 데리고 나가는 것을 자연스럽게 여기면서 다양한 활동에 참여시키고 자녀에게 다른 사람과 함께 어울릴 수 있는 기회를 제공하기 위해 노력한다. 외향형의 자녀라면 이러한 활동의 경험들을 즐겁고 풍요로운 자산으로 받아들일 것이다. 그러나 이러한 외향형 부모의 강점은 오히려 집에서 조용히 자기 시간을 갖고자하는 내향형 자녀와 자주 충돌하는 상황을 만들 수도 있다. 또 모임 등에서 여러 사람에게 자녀를 선보이면서 즐거워하는 부모 손에 질질 끌려가다시피 하

는 잔뜩 찌푸린 내향형 자녀의 모습도 종종 볼 수 있다. 이런 자녀의 모습에 외향형 부모는 화가 나고 답답하지만 이런 버거운 상황을 겪어야 하는 내향형 자녀들의 고충도 이만저만이 아니다. 외향형 부모는 주변의 다른 외향형 자녀의 활발함과 사교성이 부럽다. 자신의 내향형 자녀는 상대적으로 더 주눅이 들고 그 상황이 난감해진다. 이렇게 부모는 자녀에게 섭섭하고 자녀는 부모가 원망스럽다.

외향형의 부모는 어린 자녀에게 질문하고 답하면서 이야기하는 자체를 즐기는 태도를 보인다. 자녀가 학교를 다니기 시작하면 외향형 부모는 자녀의 학교사회가 자신의 사회 속으로 포함되면서 하교하는 자녀에게 학교생활을 질문하며 일상적인 대화를 즐기고자 한다. 즉 사회, 학교, 자원봉사 단체, 이웃들의 사정 등 집 밖의 외부세계 대해서 함께 공유하고자 한다. 자녀도 외향형이라면 학교생활을 시시콜콜 다 이야기하게 되고, 맞장구를 치며 대화하는 외향형 어머니가 친구처럼 느껴지기도 한다. 외향형 어머니는 어느새 학교 담임선생님보다 학교생활과 급우들 사정을 더 훤히 꿰뚫게 된다. 그러나 외향형 부모의 이런 호기심 가득한 질문에 내향형의 자녀라면 단답형이다. 자녀의 '예', '아니오' 의 대답에 답답한 외향형 어머니는 차라리 자녀의 친구 집에 전화를 해서 묻는 경우도 종종 있다. 외향형 어머니가 또 걱정이 되는 것은 이렇게 대답하는 자녀가 수업 중에 발표는 제대로 하겠느냐 하는 것이다. '몇 번 발표했어? 손은 들었어, 안 들었어?' 라고 다그치는 어머니의 얼굴을 떠올리는 내향형 자녀는 집으로 돌아가는 발걸음이 무겁다.

외향형의 부모의 또 다른 강점 중 하나가, 일을 할 때 앞장서서 솔선수범하는 태도를 보이며 자녀에게 사회생활을 하는 방법과 함께 어울려 살아가는 것이 중요하며 즐거운 일이라는 것을 가르친다는 것이다. 그래서 친지들의 모임이나 단체에 즐겨 참석하며 자녀에게 사회성을 길러주기 위해 자녀를 기꺼이 동반하고 함께 참여하기를 권한다. 이 때 외향형 자녀의 사교성은 빛을 발할 것이며 내향형 자녀의 참여는 조용한 곳을 찾아 군중 속의 고독을 즐기는 형태로 나타날 것이다.

그런데 이렇게 에너지의 방향이 외부로 향해있는 외향형의 어머니가 영아나 취학 전의 어린 자녀를 돌보며 하루 종일 집에서 혼자 지내는 것은 어떨까? 외부와의 소통이 단절되면서 이런 생활을 답답하고 힘들어 하게 된다. 사회적인 기대, 외부적인 기대가 차단되는 경우도 마찬가지로 자신이 직접 관여하고 활동하지 못하면, 사는 것 같지 않게 느껴져 활력을 찾기가 어렵다. 아무런 문제가 없는데도 불만스럽고 짜증이 난다고 호소하는 젊은 전업주부들의 이러한 모습은 외부활동에 대한 욕구 때문으로 보인다. 또한 외향형의 부모는 자녀의 친구관계나 여러 활동이 활발하지 않으면 자녀에게 무슨 문제가 있는 것은 아닌지 걱정하며 지나친 관심과 배려로 오히려 자녀를 지치게 할 수도 있다. 종종 자녀의 교우관계가 문제라며 내향형 자녀를 상담실에 데려오는 경우가 있는데 정작 자녀들은 교우관계에 문제를 보이지 않으며 자신도 편안해 하는 경우가 있다. 외향형 부모는 자녀에 대한 관여가 지나치지 않도록 조절하는 것이 필요하다.

소통을 즐겨하는 외향형의 태도가 때로는 자녀의 개인적 공간을 쉽게 자주 침범한다는 것도 자각할 수 있어야 한다. 외향형 부모가 아무런 의도 없이 자녀 방을 들락거리는 것도 자녀가 내향형이라면 큰 부담으로 여겨질 수 있다는 것이다. 때로 내향형 자녀가 자기 방문을 닫고 있으면 자녀에게 문제가 생겼는지 벌써 조바심부터 내는 모습을 보이기도 한다. 자녀는 단지 조용한 혼자만의 시간과 공간을 원할 뿐인데도 말이다. 자녀에게 무슨 일이냐고 다그치면서 대화를 주도적으로 끌어가기를 원하는 외향적 태도를 가지고 있으므로 기다려야 들을 수 있는 내향형 자녀의 깊은 속 이야기를 듣기 어렵게 된다고 한다. 이렇게 자녀와의 대화에서 들어주고 기다려 주는 역할이 힘들다는 호소를 자주 하는 편이다.

외향형이 가지고 있는 많은 강점에도 불구하고 자녀를 양육하는 과정에서 발생할 수 있는 여러 가지 힘든 점이 있는 것은 사실이다. 외향형이 에너지 충전을 위해 여러 사람을 만나고 다양한 활동을 가지는 것은 부모의 역할을 할 때도 마찬가지로 충족되어져야 할 욕구이다. 어린 자녀를 양육할 때라도 집안에 고립되어 있다는 느낌을 갖지 않도록 바깥활동이나 다른 사람과 시간을 보내는 것이 필요하다. 자녀가 아주 어린 경우에는 남편이나 주변의 도움을 받아서 일주일에 한 번 정도라도 외부와 소통하는 모임을 가지는 것이 필요하다고 한다. 어린 자녀를 둔 전업주부가 남편의 배려로 남편 퇴근 후, 저녁 모임을 갖거나 지인과 심야영화를 즐기는 것도 자신을 돌보는 방법이라고 볼 수 있다. 물론 어느 때 어느 정도의 활동이 필요한지는 체득하며 결정할 일이다.

외향형의 외부로 향한 욕구대로라면 끊임없는 외부활동을 원할 수도 있다. 그러나 외향형이라 하더라도 지나친 외부활동에 역시 에너지가 소진될 수 있다. 어린 자녀를 키우는 시기처럼 끊임없이 외적인 에너지를 요구하는 시기에는 직장생활에서 내향형의 태도를 요구하는 부서가 오히려 효과적이라고 하는데 이는 역시 외부활동과 내부 활동과의 조화가 필요함을 시사한다. 외향형 부모는 일주일에 한 번 정도 집에 있는 것을 시도하여 자신의 내면을 들여다보는 시간도 필요하다고 한다. 외부의 일에 대해서나 자신에 대해서 속도를 늦추거나 조절하는 것을 스스로 체크할 필요가 있기 때문인 것 같다.

(2) 내향형 부모의 양육방식

내향형의 특성

혼자 조용히 있을 때 에너지가 충전된다.

자기 내부에 주의집중하며 내부 활동에 집중력이 있다.

이해한 다음에 경험한다.

소수의 사람들과 밀접한 관계를 형성한다.

글을 통한 의사소통 방식을 선호 한다.

조용하고 신중하다.

● **내향형** 부모는 자연스럽게 자녀를 지켜보며 자신의 어린 시절 욕구를 반추하는 경향이 있다. 자녀가 집안에서 편안하고 안정감을 갖기를 원하여 내향형 부모 자신이 실제로는 심적으로 복잡하고 갈등이 있다할지라도 내색하지 않고 조용하고 침착한 모습을 보인다. 안정적인 가정환경을 제공하려는 이러한 시도는 때때로 상황을 회피하는 약한 모습으로 자녀들에게 비춰지기도 하므로 자녀의 연령에 따른 태도의 변화가 요구되기도 한다. 또한 내향형의 부모는 조용한 시간과 공간에서 에너지를 충전하는 자신의 욕구를 반영하여, 자녀의 외부활동이 지나치다고 생각되면 자제시키며 쉬게 하고 자녀에게 조용한 시간과 공간을 제공하여 안정적인 환경을 만들어 주고자 한다. 이러한 의도와 염려로 때로는 자녀와 외부와의 관계를 제한하기도 하는데 외향형의 자녀라면 이러한 부모의 태도를 이해할 수 없고 단지 자신을 통제하려 한다는 불만을 갖기도 한다.

대체로 내향형 부모는 자녀들이 활동하는 것을 지켜보며 지나치게 개입하거나 강요하는 태도를 자제하는 편이다. 자녀를 한 개인으로서 존중하는 태도를 가지고 있으며 자녀의 말에 귀를 기울이고 사려 깊은 태도로 대한다. 그러나 때로는 이러한 사려 깊은 태도가 외향형 자녀에게는 답답해 보이거나 즉각적으로 개입하지 않는 듯이 보여, 자녀로부터 부모가 자신에게 관심이 없는 것이 아닌가 하는 오해를 받게 하기도 한다. 그러나 자녀들의 의견을 존중하고 신중하게 대답하기를 원하는 내향형의 부모는 부모대로 자신의 성향과는 다른, 즉각적인 개입이나 즉각적으로 답변을 요구하는 자녀의 태도에는 당황스러울 수 있다. 이런 일들이 둘 이상의 자녀를 양육하면서 동시다발적으로 요구되면 쉽게 스트레스를 받기도 한다. 그래서 화를 내거나 짜증스러워 하는 태도로 자녀들의 요구를 일축하는 모습을 보일 수도 있다. 또한 외향형 자녀의 활동성에 보조를 맞추기 힘들어하며 쉽게 지치는 경향이 있다. 가족 모임 등 여러 사람이 함께 하는 자리나 많은 아이들을 대해야 하는 경우를 힘들어 하기도 한다. 표현에 적극적이지 않은 내향형의 부모는 특히 생각을 말로 다 표현하고 반응해주기를 원하는 외향형 자녀를 수용하는 것을 힘들어 한다. 그래서 종종 질문에 대한 답이나 반응을 빨리 기대하는 외향형 자녀를 실망시킬 수도 있다.

이러한 내향형 부모의 성향은 자신과 다른 에너지의 방향성을 가진 외향형 자녀의 외부활동의 열정이나, 지나치게 어울리기를 원하는 것처럼 보이는 자녀의 교우관계를 용납하기 어려워한다. 외향형 자녀의 모든 일을 친구와 함께 하는 태도에 대해 강한 불만을 표시하며 비난하거나 조롱하는 부정적인 표현으로 관계가 악화되는 경우도 보여 주고 있다. 하지만 외향형 자녀의 입장에서는 내향형 부모의 소극적인 표현에 대한 불만 때문에 자신의 외향성의 표현을 친구와 더 활발히 나누고자 하는 욕구를 가지게 된다고 호소하기도 한다.

내향형 부모는 외향형 자녀의 활동성에 동참하는 것에 쉽게 지칠 수 있다. 외향형 자녀의 활동성향으로 인해 힘들 경우에는 부모가 직접 개입하지 않으면서 자녀의 외적 활동을 도와줄 자원을 활용하는 것이 좋다. 예를 들면 활동을 위주로 한 단체에 가입하게 하는 것이나 부모들의 모임에서 외향형 부모에게 역할을 위임하는 것도 방법이 될 수 있다. 그렇지만 지나친 자녀의 외적 활동에 대해서는 자제시키거나 거절할 필요도 있음을 기억해야 한다.

또한 외향형 자녀의 외적 활동에 대한 욕구와 내향형 부모 본인의 내적 활동을 추구하려는 욕구 사이를 경계 짓고 조절할 필요도 있다. 내향형 부모에게는 혼자만의 시간을 가지는 것도 필요하다. 지나치게 외향적인 활동으로 에너지가 소진된다면 계속되는 자녀의 요구에 감정을 폭발시킬 수도 있다. 흔히 내향형 부모는 이런 욕구로 인해 자신만의 시간을 가지는 것에 죄책감을 가질 수 있다. 그러나 에너지를 충전할 수 있는 자신만의 시간을 갖는 것이 화를 내거나 짜증을 내는 부정적 표현을 하고나서 죄책감을 가지게 되는 것보다 훨씬 나으며 자신을 돌보는 방법이기도 하다는 것을 명심해야 한다. 자녀가 너무 어리지 않다면 이러한 부모의 시간에 대해 이해를 시키고 양해를 구할 수도 있다.

내향형의 부모는 자녀의 질문이나 요구에 대해서도 즉답에 대한 압력을 느끼기도 하는데 이럴 경우에는 자녀에게 '답변하는 데는 생각할 시간이 필요하다'고 얘기하는 것이 좋다. 그렇게 함으로써 자녀가 갖게 되는 부정적인 오해를 예방하면서 자녀에게 기다리는 것이 필요하다는 것을 가르쳐주는데 도움을 줄 수 있을 것이다.

나. 감각형 부모와 직관형 부모의 양육방식

● "저 아이 머릿속에 도대체 무슨 생각이 들었는지 모르겠습니다. 왜 갑자기 그런 이야기를 하는지, 있지도 않은 일을 가지고 왜 그렇게 고민하고 복잡하게 생각하는지 도무지 이해할 수가 없습니다. 그것보다는 지금 당장 끝마쳐야 할 숙제가 더 급한데 말이지요"라고 호소하는 부모는 답답하다. 지금 무슨 일이 일어나고 있는지 무엇을 해야 하는지에 관해서는 관심이 없고 늘 먼 곳을 꿈꾸고 있는 듯한 자녀를 보면서 걱정이 이만저만이 아니다.

한 부모가 조심스럽게 말한다.

"선생님, 저는 늘 이상을 이야기하고 미래를 바라보라고 가르치는데 제 아이는 왜 저렇게 세속적일까요? 지금 당장 눈에 보이는 것에만 급급하고 보이지 않는 것은 믿으려 하지를 않습니다. 뭐가 잘못 되었을까요?"

자녀가 부모 자신과 같지 않으면 부모는 왜 잘 못 되었다고 생각할까?

감각형 부모와 직관형 부모의 차이는 정보를 인식하는 방식의 차이에서 온다. 감각형의 부모는 오감을 통해 경험적으로 정보를 받아들이며 이러한 실제적인 정보를 신뢰하는 경향을 가지고 있다. 이런 경향성은 현재와 사실에 주목하게 하며 현실에 적응하는 태도로 나타난다. 당연히 자녀에게도 지금 현재에 초점을 맞추어 생각하게 하고 구체적 정보를 제공하고 경험함으로써 배우도록 권장하는 태도를 가지고 있다.

반면에 직관형의 부모의 관심과 주의초점은 미래와 가능성에 있기 때문에 경험적인 정보보다는 의미와 가능성, 변화에 대한 기대로 정보를 인식하는 경향을 가지고 있다. 이러한 태도는 자녀에게도 영향을 미치며 자녀에게 눈에 보이는 것 보다는 보이지 않는 것에 대한 시각을 가지게 하려고 노력하며 아이디어나 창의성에 대해 높이 평가하는 태도를 보인다.

(1) 감각형 부모의 양육 방식

감각형의 특성

오감을 통해 직접 경험한 정보를 더 잘 받아들인다.
구체적으로 표현한다.
현재에 초점을 둔다.
실용성을 추구하고 현실적이다.
전통적인 가치를 중요하게 여긴다.
일관성과 일상성에 따른다.

● **자녀들에게** 지금 필요한 것과 내가 해주어야 할 것이 무엇인지를 대체로 잘 알고 있는 편이다. 의, 식, 주, 건강 등 자녀의 기본적인 욕구를 돌보는 것에 관심이 많으며 자녀들이 필요로 하는 곳에 실질적으로 있어 주는 것으로 역할을 다한다. 지금 당장 해야 할 일이 무엇인지를 잘 감지하는 감각형 부모는 가족을 위해 주변 환경이나 집안을 쾌적하게 꾸미는 일, 특별한 날에 가족이 좋아하는 음식을 장만한다든가 자녀와 함께 게임을 하거나 놀아주는 것 등 실제로 할 수 있는 것들을 찾아서 한다. 그래서 자녀들에게 세심하고 친절한 부모로 평가된다.

그리고 경험하기를 즐기는 감각형 부모는 자녀들에게도 산책, 여행, 놀이, 식물 기르기 등을 통해 풍부한 감각적 경험을 하도록 해주는 것도 중요하게 생각한다. 외향적 감각형의 부모라면 실제로 체험시키며 함께 참여하는 것을 좋아할 것이며 내향적 감각형의 부모라면 그러한 환경이나 기회를 제공할 것이다. 세상은 그러한 경험을 통해서 배우게 된다는 견지를 가지고 있어서 자녀에게도 해보라는 권유를 자주 하는 편이다. 이렇게 감각형의 부모는 세상에서 실제로 살아가는 방법을 이해시키고 경험하게 한다. 감각의 선호경향을 발달시킬 수 있는 장을 마련해주면 감각형 자녀는 건강하게 자신의 선호경향을 발달시켜 가면서 자신의 선호에 대한 긍정적인 인식을 갖게 될 것이다.

그러나 직관형 자녀라면 의미를 부여할 수 없는 일에는 쉽게 나서려 하지 않아 부모를 섭섭하게 하거나 답답하게 할 수도 있음을 각오해야 할 것이다. 특히 머릿속으로의 활동이 활발하며 골몰히 생각하기를 즐기는 내향적 직관형 자녀라면 이러한 부모의 활동에 늘 마지못해 참여하는 수준으로 그칠 수 있으며 활동들에 대해서 부모의 기대만큼 즐거운 표정을 짓지도 않을 것이다. 이런 감각형 자녀를 즐겁게 하는 활동이 직관형 자녀에게도 도움이 될 수 있지만, 직관형의 자녀들은 오히려 경험으로 배우기보다는 책을 통해 머리로 배우는 것을 흥미로워 할 수도 있다.

감각형의 부모는 또한 있어왔던 것을 중시하는 태도를 가지고 있으므로 가족 전통 등을 존중하며 준수해 나가려는 경향이 있다. 그러나 기존의 것에 대해 큰 의미를 두지 못하는 직관형 자녀들을 설득하고 따르게 하는 데는 시간이 필요할지도 모른다. 감각형 부모가 생각하기에 당연히 해왔던 일들에 대해, 직관형의 자녀는 새로운 방향이나 방식에 대한 호기심을 나타낼 수 있다. 감각형 부모는 자신이 기대하는 보수적인 성향을 띤 방식에 대해서 왜 그래야 하는지, 꼭 그렇게 따라야 하는지에 대해 불만을 표시하는 직관형 자녀가 불편할 수 있다.

감각형 부모들의 많은 강점에도 불구하고 감각형 부모는 직관형의 자녀를 양육할 때 실제적인 것과 지금 현재에 초점을 맞추는 경향으로 인해 자녀의 상상과 환상을 이해하거나 그에 동참하는 것을 힘들어 하는 모습을 보이기도 한다. 어린이의 발달과정에서 볼 수 있는 상상의 세계에 대한 이야기나 놀이를 걱정거리로 생각하고 거짓말로 여겨 야단을 치거나 정말로 봤냐며 따져 물어 자녀의 건강한 발달을 위축시키는 경우를 보기도 한다. 부모 자신이 상상적인 동화에 대해 긍정적으로 평가하지 못한다면 발달과정상 직관형의 특성을 보이는 자녀들을 위한 도서 선정에도 일방적인 선택을 할 수 있다. 이 경우 자녀들에게 부정적인 영향을 미칠 수도 있다.

감각형 부모는 또 세부적이고 사소한 일들에 지나치게 신경을 쓰는 경향을 보여 주변 사람들로부터 별것 아닌 일에 화를 낸다든지 지나치게 스트레스를 받는다는 피드백을 듣기도 한다. 해야 하는 일이나 사소한 모든 일, 예를 들면 아이 학교에 보내기, 청소하기, 은행에 가서 납부고지서를 처리하는 일 등 모든 일들이 마치 자기를 기다리고 있는 것처럼 느껴져서 압박감으로 다가온다는 보고를 하기도 한다. 처리해야 하는 일 하나하나가 다 중요한 것 같아서 자신을 지치게 할 수도 있다는 것이다.

그리고 감각형 부모는 자신의 성향과 다른, 상식에서 벗어난 듯한 이야기를 하는 자녀를 이해하기 어려워한다. 감각형의 부모가 직관형의 자녀를 양육하면서 많이 하는 말 중의 하나가 '그것이 말이 된다고 생각하느냐?' 는 것이다. '전체적인 상' 을 그리고자 하는 직관형의 자녀에 대해 비실제적이라거나 관찰력이 없다거나 엉뚱하다고 자주 부정적인 피드백을 하게 된다고 한다. 감각형의 부모가 듣기에는 엉뚱하고 도무지 이해가 되지 않는 이야기들을 직관형 자녀로부터 들을 때, 감각형 부모가 자녀에게 보내는 부정적 피드백이 직관형 자녀에게 도움이 될까? 자신이 이해할 수 없다면, 이해할 수 없다는 것을 인정하는 것이 우선이다. 나와 다른 자녀가 나와 다른 생각을 이야기했을 뿐이다. 억지로 동조하지 않더라도 듣기만 해도 된다는 것을 잊지 말아야 한다. 세상은 늘 내가 보지 못하던 것을 만들어 내고 있지 않은가.

감각형 부모가 직관형 자녀의 가상적인 놀이에 동참하는 것이 어렵다면 자녀에게 놀이의 선택권을 주어, 그들 스스로 친구나 책, 게임을 찾도록 허용하는 것이 좋다. 직관형 자녀를 걱정하고 비난하는 것보다는 아이디어와 꿈을 실현하는데 필요한 시간과 공간을 제공하는 것이 서로에게 도움이 될 것이다. 자녀의 새로운 가능성을 모색하기 위해 브레인스토밍도 좋은 방법으로 추천된다.

감각형 부모들은 자녀를 양육하면서 감각형이기 때문에 가지는 어려움이 있다. 감각형의 부모에게는 감각적인 요구를 무시하지 않고 자신의 감각기능의 필요를 충족시키는 것이 필요하다. 예를 들면 양육자가 책임감과 의무감을 우선시하는 보호자적 기질을 가진 SJ라면 일주일에 몇 시간, 또는 하루에 몇 시간이라도 자신을 위한 즐겁고 풍부한 감각적 경험을 만들 필요가 있다. 좋아하는 취미생활을 하는 것, 산책하는 것 등이 도움이 될 수 있다. 양육자가 SP라면 자녀들은 가장 어린이다운 자유를 즐기는 아동기를 보낼 수 있겠지만 양육자 자신에게는 억지로라도 일주일에 하루 정도는 '집안일 하는 날' 로 정해놓고 실행하는 것이 필요하다고 한다. 다양한 경험에 대한 욕구로 바깥활동이 많아짐에 따라 자잘하지만 해야 하는 집안일로 가득 찬 실제적 세계에 압도당하지 않도록 정해진 날에 정리하는 것이 스트레스를 줄일 수 있는 방법이라는 것이다.

(2) 직관형 부모의 양육방식

직관형의 특성

이론적이고 개념적인 정보를 더 잘 받아들인다.

추상적으로 표현한다.

과거, 현재, 미래를 전체적으로 살펴본다.

미래와 가능성이 중요하다.

새로운 변화와 다양성을 추구한다.

가능성과 의미를 추구하며 상상적이고 영감적이다.

● **직관형** 부모의 관심의 초점은 미래와 가능성에 있다. 새로운 것에 대한 호기심과 긍정적인 기대를 가지고 있어서 감각형 부모에 비해 자녀의 아이디어나 상상력에 호응하며 자녀의 잠재력에 대해 긍정적으로 기대하는 편이며 지지하는 태도를 보여준다.

직관형 부모의 또 다른 강점은 일에 대해서도 창의적이면서 새로운 접근방식을 모색하고 대안과 가능성을 제시하여 자녀에게 선택의 폭을 넓혀주는데 힘쓴다는 것이다. 일이나 상황에 대해서도 전체적인 모습을 잘 감지하는 자신의 특성처럼 자녀에게도 어떤 상황에 대해서 전체적인 윤곽을 잡도록 하며, 여러 가지 관점과 가능성을 모색하고 장려하는 태도를 가르치려고 한다. 그러나 부분적인 문제에 국한하지 않고 전체를 논하는 직관형 부모의 이야기에 감각형 자녀는 부모가 왜 다른 문제를 얘기하는 것일까 하고 의아하게 생각하기도 한다. 감각형 자녀에게는 당장 처리해야 하는 작은 문제가 더 시급하고 절실할 수 있음을 기억해야 한다.

직관형 부모는 어린 자녀의 상상의 세계에 쉽게 동참하며 흥미로워하고 지지하는 태도를 보여준다. 직관형의 특성을 보이는 어린 자녀에게는 더할 나위 없이 잘 맞는 친구 같은 부모가 되기도 한다. 그러나 감각형의 자녀는 직관형 부모의 이러한 상상적인 이야기에 "진짜예요? 정말 그렇게 될 수 있어요?"하고 현실에 맞추려고 하는 질문을 해 직관형 부모를 당황하게 할 수도 있다. 즉 감각형의 자녀는 상상이나 미래에 대한 이야기에 관심을 보이지 않을 수도 있어 상상의 나래를 펴서 이야기에 열중하고 있는 직관형 부모를 맥 빠지게 할 수도 있다.

또한 직관형 부모는 청소년기의 자녀에게 지금 알고 있는 것 외에 어떤 방법들이 있는가에 대한 질문을 하여, 자녀가 시야를 넓히거나 다른 방향을 찾도록 자극하고 가능성을 가지기를 원하는 경향을 보인다. 새로운 환경이나 사건에 대한 두려움 없이 신선한 기대로 맞이하는 긍정적인 모습을 자녀에게 보여 주기도 한다. 그러나 당장의 해결책이나 구체적인 도움을 원하는 감각형의 자녀에게는 모호하거나 너무 먼 훗날의 일들로 보일 수도 있다는 점을 알아야 한다.

의미를 중요시하는 직관형의 부모는 자녀에 대한 단순한 일도 너무 깊이 생각하는 경향을 보이기도 하고 비전을 향한 열망으로 현재를 살아가는데서 오는 기쁨이나 당면한 문제 등을 간과하기도 한다. 미래에 대한 지나친 기대를 가질 수도 있고 실제적인 삶과 이상적인 삶 사이에서 부적절감과 실망감을 가질 수도 있다.

긍정적인 태도로 자녀에게 미래관을 심어주는 직관형 부모이지만 자녀양육의 과정에서 지금 당장 해야 하는 구체적인 일이나 일상사에 대해서는 어려움을 호소하기도 한다. 자녀를 양육하는 일이나 자녀양육을 위한 집안일이 매일 반복되는 지루한 일로 여겨지기도 하고 당장 해야 하는 구체적이고 직접적인 일들이 스트레스로 다가오기도 한다.

직관형의 부모에게는 자녀에게 구체적이고 세부적인 지시를 하는 것이나 실제로 일을 하는데 드는 시간과 경비, 노력을 따져보는 것이 어려울 수 있다. 자녀에 대한 가치관이나 교육관이 확고하지만 실제로 자녀의 준비물을 돕거나 과제를 확인하는 등의 일을 놓치는 경향이 있고 해야 하는 일들에 대한 구체적인 시간이나 조건을 따져보는 것이 힘들 수도 있다.

직관형의 부모에게는 기본적인 집안일을 하는데 실제로 얼마나 많은 시간이 걸리는지 파악하는 것이 다음 시간을 계획하는데 도움이 된다. 미래에 대한 계획이나 목표에 대해서는 잘 알고 있지만 현실적인 문제에 대해서는 큰 의미를 두지 않는 경향 때문인지 실생활에 대한 정보 파악이 어렵다는 호소를 종종 하기도 한다. 이러한 집안일에 관계해서 소요되는 시간이나 필요한 상호, 위치, 전화번호 등에 대해 메모해두는 것도 권할 만하다.

직관형 부모는 자신이 중요하게 생각하거나 기대하는 것과는 다를 수 있는 감각형 자녀가 가진 감각형의 재능과 명석함에 대해서도 관심을 가지며 칭찬하는 태도를 길러야 할 것이다. 흔히 자신이 가지지 못한 것들은 감지하기 어려울 수 있고 지금 당장 잘한 작은 일들에 대해 적절한 칭찬 시기를 놓치는 실수를 하기도 한다. 부모는 나와 다른 감각형 자녀가 잘 하는 것에 주목하며 긍정의 표시를 할 준비가 되어 있어야 한다.

직관형 부모의 비약되고 확장되는 방식의 사고와 태도는 지금 해야 하는 작은 일에 대해서도 너무 확대해석하는 경향으로 지레 포기하는 형태로 나타나기도 한다. 아무 것도 하지 않는 것보다는 작은 일이라도 지금 시작하는 것이 낫다. 크고 거창한 계획도 시작은 소소하고 작은 일부터 시작한다는 것을 잊지 말아야 한다.

직관형 부모는 내일이나 먼 훗날의 일에 너무 매달려 지금의 즐거움을 간과할 수 있음도 스스로 기억해야 할 것이다. 순간순간 살아가는 것을 즐기는 삶의 태도 또한 중요한 부분이다. 특히 오늘을 열심히 사는 것으로 행복할 수 있는 감각형 자녀에게는 오늘에 대한 긍정적인 태도를 보여줄 수 있어야 한다. 어떤 유형의 부모에게도 지속적이며 일상적이고 반복적인 집안일이 쉽지는 않지만 직관형 부모에게는 그 일의 의미를 찾을 수 없을 때 더욱 힘들게 여겨질 수 있다. 지금 하고 있는 자녀양육의 작은 일들이 자녀의 장래에 어떤 영향을 미칠 것인지에 대한 의미부여가 도움이 되며 특히 NF는 자신을 위한 성찰의 시간으로, NT는 자신의 지적 욕구를 충족시키는 시간을 마련함으로써 여유를 가질 수 있을 것이다.

다. 사고형 부모와 감정형 부모의 양육방식

● **"제** 아이는 너무 나약합니다. 자기주장도 없고, 제 할 일보다 남의 사정에 더 연연해하는 모습을 보면 분통이 터집니다. 따져보면 뻔한 일에 대해서도 다른 사람의 입장을 생각해서 머뭇거리는 걸 보면 도대체 생각이 있는 것인지, 없는 것인지 이해할 수가 없어요. 어떻게 하면 좀 강인한 아이로 키울 수 있을지 고민이에요."

자녀가 왜 꼭 강인해야만 할까?

"우리 아이는 인정머리가 없어요. 제가 낳은 아이지만 또박또박 따져들 때는 정말이지 질립니다. 아이가 하는 말에 상처 받아서 속상한 적도 한두 번이 아닙니다. 좀 따뜻하고 배려하는 아이로 키우고 싶은데 제가 무엇을 잘못 했을까요?" 자녀가 부모 자신과 같지 않을 때 부모는 무엇인가 잘못 되었다는 생각을 하게 된다.

사고형의 부모는 자신의 성향대로 자녀를 양육하고자 한다. 자녀가 독립적이기를 원하며 자녀로 하여금 보다 객관적으로 상황을 분석하고 문제를 해결하도록 돕는다. 냉철한 이성과 공정성으로 신뢰받기를 바라는 자신의 욕구를 그대로 자녀에게 기대하며 이러한 태도를 지지한다.

감정형 부모는 자녀를 사랑하고 있음을 자녀가 실제로 느낄 수 있도록 해준다. 다정하고 따뜻한 말투나 정이 담뿍 담긴 눈빛, 신체적인 접촉을 통해서 표현하거나 표현되지 않더라도 자녀가 느낄 수 있게 한다. 감정형 부모는 자녀에게 '내 편'이라는 지지와 함께 안정감을 제공한다. 자녀가 어떤 유형인가에 상관없이 이러한 지지와 사랑은 꼭 필요한 안정감이다. 이런 차원에서 감정형 부모를 둔 어린 자녀들은 특혜를 받은 것과 같다.

(1) 사고형 부모의 양육방식

사고형의 특성

의사결정을 할 때 인과관계를 파악하여 객관적으로 판단한다.

원리원칙이 중요하고 이성적이다.

진실과 사실에 주된 관심을 갖는다.

무엇이 잘못되었는지 잘 분석한다.

목표달성이 사람들과의 관계보다 앞선다.

규범, 기준, 정의, 공정함에 주된 관심이 있다.

● **사고형** 부모는 자녀에게 관계되는 일은 자녀 스스로 할 수 있기를 바라며 그렇게 할 수 있도록 격려한다. 어린 자녀에게도 어떤 문제에 대하여 성숙한 수준에서 말하고 가르치며 토의하고 자녀의 물음에 답변한다. 그럼으로써 아이들의 호기심을 불러일으키고 학습에 대해 흥미를 가지게 하고 동기를 유발시키는 등의 지적인 발달을 돕고자 한다. 또한 어릴 때부터 옳고 그름에 대한 판단을 확고하게 하며 공정과 정의에 대한 개념을 자녀에게 심어주기를 원한다.

성취에 대한 자신의 욕구처럼 자녀에게도 성취에 관한 확신을 가지도록 하며 성취와 성공을 자주 강조한다. 그래서 사고형의 어머니들은 딸에게 독립적이고 능력 있는 여성의 역할 모델을 보여주려는 경향이 있다. 때로 성취에 대한 욕구가 낮아 보이거나 직업을 가지려고 하지 않는 딸을 한심하게 바라보며 걱정하는 어머니들도 있다. 딸의 이런 태도도 못마땅하지만 아들이 감정형의 성향을 보일 때 사고형의 부모는 걱정이 더 많아지게 된다. 이는 남자에게는 상대적으로 더 이성적이기를 원하며 남자의 감정표현에 대해서 덜 수용적인 사회적 분위기 때문일 것이다. 우선 사고형 부모는 정당성과 객관성을 우선순위로 두는 자신의 가치와는 다르게, 감정형 자녀들이 사람에 대한 배려와 화합을 우선순위에 두는 행동이나 표현, 정서적 반응 등을 걱정거리로 받아들인다. 자녀에게 일어나는 상황에 대해서도 보다 객관적이기를 원하므로 상황에 대한 객관적인 판단이 앞서서 자녀의 정서를 미처 읽지 못하거나 공감하지 못하여 자녀와의 관계가 어려워지기도 한다.

이렇게 사고형 부모는 옳고 그른 것에 대한 판단과 공정한가, 아닌가 하는 자신의 가치 기준에 확신을 가진다. 이러한 태도는 감정형 자녀로 하여금 주눅이 들게 하고 채워지지 않은 정서적 공허감을 경험하게 할 수 있다는 점을 기억해야 한다.

사고형의 부모는 또한 옳고 그름에 대한 기준이 분명하므로 자녀에게도 모든 상황에서 정의와 공정성을 추구하도록 가르치는 것을 중요하게 여긴다. 그래서 감정형 자녀와 사고형 자녀의 관계에서 감정형 자녀를 섭섭하게 할 수 있고 감정형 자녀의 여러 상황을 고려한 이야기를 변명으로 치부하는 경향이 있다.

사고형 부모에게서는 논리적인 원인과 결과, 어떤 문제에 대해서 자신의 견해와 합리성을 유지하는 것, 토의를 즐기도록 하는 것 등을 양육과정에서 꾸준히 강조하는 모습을 볼 수 있다. 그러나 이러한 긍정적인 강점이 사고형 자녀에게는 지지와 인정이 되지만 감정형 자녀는 논리로 다 설명되지 못하는 정서를 공감받지 못하여 섭섭함을 가질 수 있다는 것을 염두에 두어야 할 것이다.

특히 사고형 부모는 어린 자녀의 발달과정에 필요한 정서적 요구를 충분히 이해하지 못할 수도 있다. 예를 들면 자녀가 부모에게서 잘 떨어지지 않으려 하고 달라붙거나 보챌 경우, 사고형 어머니는 아이들에 대해 독립적이지 못할 것이라고 염려하는 모습을 보인다. 그래서 감정형 자녀로 하여금 도리어 정서적 불안을 야기하는 경우를 종종 볼 수 있다. 냉정하고 엄하게만 보이는 부모에 대해 아이는 고립된 느낌을 가지게 된다.

사고형 부모는 자녀들이 독립하기 이전에는 충분히 표현되는 부모의 사랑 속에서 비로소 안전감을 느낀다는 것을 기억해야 한다.

사고형 부모는 비합리적으로 보이며 분명한 사실을 말하는 것으로 보이지 않는, 시작도 끝도 분명치 않은 얘기를 계속하는 감정형 자녀의 이야기를 듣는데 답답함을 느낀다. 감정형 자녀의 이러한 확실하지 않은 언행에 대해 사고형 부모는 그들을 이해하고 인내하는 것이 어렵다고 한다.

또한 감정형 자녀가 보이는 미묘한 상황적 정서를 이해하는 것을 힘들어하는 경향이 있다. 이런 상황에서, 감정조차도 머리로 이해하려고 하는 사고형은 정서를 느끼는 방식과 정서를 표현하는데 대한 불편함을 짜증과 무시로 표현하기도 한다. 분명한 대답과 해결책이 없는 정서적 상황을 붙잡고 있는 것이 자신의 열등기능을 자극하기 때문인 것으로 보인다.

사고형 부모는 자신의 성향으로 인해서 종종 아이들을 혹독하게 비평하거나 자신의 수준에 비추어 아이들에게 기대하여 쉽게 실망하는 모습도 보인다. 눈에 보이는 것만큼만 칭찬하며 눈에 보이는 것만큼만 기대하는 경향이 있어 자녀들을 격려하고 분발하게 하는 태도가 절실하게 요구되기도 한다. 칭찬이 좋다거나 해로울 수 있다는 견해를 떠나서 적절하고 분명한 사실에 대한 칭찬과 믿음은 어떤 유형의 자녀에게도 바람직한 양육태도일 것이다.

사고형의 부모는 자신에 대해서도 외부에 대해서도 비판할 점이 더 눈에 잘 띄는 성향이 있음을 자각하여 자신의 능력에 대한 긍정적인 평가를 찾아내는 것이 필요하다. 자신에 대한 바른 평가와 지지는 스스로를 고무시킬 수 있다. 또한 능력에 대한 기대치가 높은 사고형의 부모는 자신의 기술과 재능을 활용하여 인정을 받음으로써 활력을 찾는다. 업무 장면에서는 물론 당연하지만 전업주부일 경우라도 시간이 허락된다면 자원봉사단체 등에서 능력을 인정받는 기회를 가지는 것이 좋다.

이렇게 사고형 부모에게는 자신을 위해서 자신의 재능을 인정받고, 타인으로부터 객관적인 평가를 받는 것이 필요하지만, 자녀와의 관계에서는 그러한 인정과 평가가 필요치 않을 수 있다는 점을 알아야 한다.

사고형의 부모는 자신의 능력으로 자녀에게 평가받는다는 생각을 가지고 있지만 부모는 자녀에게 부모의 능력에 따라 사랑받는 것이 아니라 부모 자체로 사랑받는다는 것을 알고 있어야 한다. 자녀는 능력이 있는 부모를 사랑하고 존경하는 것이 아니라 자녀와의 좋은 관계에서 사랑하고 존경한다는 것을 기억해야 할 것이다.

사고형 부모는 스스로의 능력에 대한 인정 욕구가 강한만큼 자녀에 대해서도 능력과 성취에만 초점을 맞추는 경향이 있다. 그러나 성장과정에 있는 자녀에게는 먼저 칭찬과 인정을 한 후에 제안과 비평을 하는 것이 좋다. 특히 감정형의 자녀는 칭찬받고 격려 받는 만큼 잘 해낼 수 있다는 기대를 가지고 있는 유형임을 잊지 말아야 한다. 또 감정형 자녀와 감정에 관한 문제가 생겼을 경우, 감정형 자녀의 정서를 감지하고 자녀의 해결방식에 초점을 맞추어야 한다. 감정을 억압하거나 축소하려는 태도로는 자녀가 감정을 조절하는 방법을 배울 수가 없다. 감정형 자녀의 상처받은 감정이 회복되려면 시간이 필요하다. 사고형 부모의 방식으로 이해가 되면 감정적인 부분도 해결되어야 한다는 사고형의 방식은 감정형의 자녀에게는 맞지 않으며 또한 문제를 해결하려고 재촉하고 따지고 든다면 문제해결과 좋은 관계 둘 다를 놓칠 수 있다.

(2) 감정형 부모의 양육방식

감정형의 특성

의사결정을 할 때 사람과 상호관계에 근거하여 무엇이 중요한지 판단한다.

보편적인 선이 중요하고 감성적이다.

사람들과의 관계에 주된 관심을 갖는다.

다른 사람의 의견에 잘 공감한다.

사람들과의 관계가 목표달성보다 앞선다.

의미와 영향, 관계와 조화에 주된 관심이 있다.

● **정서적인** 감지에 뛰어난 감정형 부모는 자녀들이 어떻게 느끼고 있는가에 민감하므로 감정의 표현이 섬세한 편이며 자녀들의 말에 공감하고 동정적이며 격려하고자 하는 태도를 보여 준다. 자녀들의 욕구에도 잘 반응하여 무엇인가를 해주고 싶어 한다. 감정형 부모는 특히 가족 간에 서로 협력하고 잘 조정하며 가족이 조화로운 관계를 가지도록 힘쓴다. 때로 자신이 희생되더라도 자녀들을 즐겁고 행복하게 해주기 위해 헌신하기도 한다. 감정형 부모들

은 자신들의 자녀들에 대한 배려와 태도에 대해서 자녀들이 감사히 여기고 인정해주기를 마음속으로 바란다. 이러한 자녀양육에 대한 특별한 사명감으로 고무되어 있기 때문인지 자녀의 부정적인 태도에 대해서 쉽게 실망하고 의기소침해지는 모습을 보이기도 한다. 사랑하고 헌신하는 만큼 자녀도 자신들의 노력을 인정해주기를 바라며 감사의 표현을 기대하기 때문인지 사고형 자녀의 어색한 정서표현에 섭섭해 하기도 한다. 때로 이런 섭섭함의 표현이 마치 헌신에 대한 보답을 바라는 것으로 자녀에게 오해를 받게 되면 더 속상해 하기도 한다. 그러므로 사고형 자녀의 감정이나 정서표현이 감정형 부모의 표현 방식과는 다르다는 것을 감안할 필요가 있다. 사고형 자녀, 특히 청소년기의 사고형 자녀 중에는 신체적인 접촉에 거부감을 보이기도 한다. 또한 청소년기 자녀의 양육 시기에 부모는 자녀가 권위에 대해 부정적 감정표출을 하는 것에 대해 유연하게 받아 넘길 수 있는 준비가 필요하다.

감정형 부모는 존재에 대한 존중감과 좋은 관계에 대한 높은 기대를 가지고 있기 때문에 자녀들이 형제간이나 다른 아이들과 사이좋게 지내도록 고무시키고 훈육한다. 관계에 대한 지나친 기대로 말미암아 자녀의 개인적인 욕구에 대해서는 둔감하여 자녀를 섭섭하게 만들 우려가 있다. 특히 자녀들 간의 다툼에 민감하게 반응하고 걱정을 하기도 하는데 가족 관계에서 감정형 부모가 기대한 가족의 화목이나 친밀감의 기대치를 낮출 필요가 있다. 어쩌면 말다툼이나 갈등도 관계를 이루어 나가는데 필요한 '자기표현'의 하나일 수 있음을 간과해서는 안 된다. 여동생을 괴롭히는 태도를 보이는 오빠의 진짜 의도-여동생을 좋아하는 사실을 겸연쩍게 여기며 오히려 여자처럼 나약하게 보일까봐 우려하는 속마음-를 파악하고, 싸우는 듯이 보이지만 관계가 이루어지고 있음에 주목할 수 있어야 한다.

그러나 감정형 부모는 대체로 자녀의 좋은 면들을 먼저 찾고자 하며 그러한 면을 수용하고 인정하고자 하므로 자녀로 하여금 안도감을 갖게 하여, 부모를 신뢰하게 된다. 하지만 이런 태도는 자녀에 대한 과보호로 나타날 수도 있어서 청소년기의 자녀에게는 적절하지 않은 양육태도로 이어질 수도 있다. 자녀가 성장해 나감에 따라 감정형 부모의 시기적절한 태도의 변화가 필요한 것으로 보인다.

감정형 부모는 흔히 자녀에게 문제가 발생하면 정서적인 반응을 먼저 표현하는 경향이 있으며 자녀의 문제인지 자신의 문제인지를 분리하여 생각하는 것을 어려워한다. 또 자녀와 너무 밀착되어 있어서 자녀들을 심리적으로 독립시키고 지켜보는 것을 어려워하기도 한다. 청소년기의 자녀들일 경우 이러한 감정형 부모의 태도를 압박감으로 느낄 수도 있음을 유념해야 할 것이다.

부정적인 표현에 대한 부적절감을 가지고 있는 감정형 부모들은 부조화나 마찰을 빚을 것 같은 상황에서는 단호하게 직접적으로 표현하는 것을 어려워한다. 결정이나 표현을 미루고 회피하는 태도를 보이기도 하는데 자녀들에게 필요하다면 힘들더라도 '실행하고 결단력 있는 모습을 보이는 것'이 필요하다는 각오가 되어 있어야 한다. 자녀양육에 있어서 때때로 직접적이고 단호한 태도가 필요함을 기억해야 할 것이다.

감정형 부모들은 부모의 역할과 책임, 의무에 대해 지나치게 이상적인 기대를 가지고 있으므로 가족들의 모든 요구에 최선을 다해야 한다는 태도를 가진다. 그러나 이러한 맹목적인 태도는 자신을 지치게 만들 수도 있으므로 일들에 대해 우선순위를 만들거나 거절하는 연습도 필요하다. 대체로 감정형 부모는 자녀들에게 100%의 관심을 기울이지 못했다고 느낄 때 죄책감을 가지기도 하는데 이런 죄책감에 대해서도 과연 적절한 것인지 살펴볼 필요가 있다.

감정형 부모가 사고형 자녀에 대한 사랑을 표현할 때는 안아주고 어깨를 다독이며 감정을 공유하는 대신, 책임감에 대한 격려와 자녀에 대한 인정, 끊임없는 질문과 정직한 피드백을 주는 것이 사고형 자녀로 하여금 사랑받고 있음을 알게 한다는 것을 유념해야 한다.

한편 자녀도 부모가 부모 자신의 욕구에 대해서도 관심을 가지고 자아성장을 위해 노력하는 모습을 보이는 것을 좋아한다고 한다. 감정형 부모가 보여주는 가족을 위한 희생적인 태도는 자칫 자녀들에게 죄책감을 가지게 하거나 부담스럽게 느껴질 수도 있다. 희생적인 모습이 아니라 감정형 부모가 자신을 위한 활동을 열심히 하며 보람을 찾는 모습 자체가 자녀에게 좋은 모델이 된다는 사실도 잊지 말아야 할 것이다.

라. 판단형 부모와 인식형 부모의 양육방식

● "정말이지 저는 아이를 키우는 것이 이렇게 힘들 줄 몰랐습니다. 아이는 왜 제가 시키는 대로 하지 않을까요? 학교를 마치고 집에 돌아오면 숙제부터 하는 것이 당연하지 않나요? 옷이나 물건들은 당연히 제자리에 있어야 하고요. 그런데 그런 기본적인 것들이 도대체 왜 안 되는 것일까요. 저는 충분히 모범을 보였다고 생각하는데." 부모에게 당연한 것이지만 다른 사람에게는 당연하지 않다는 것을 이미 부모는 사회생활 중에 경험했음에도 자신의 자녀에게는 기대를 가지고 있다.

"저는 제 아이 때문에 고달픕니다. 시간에 조금이라도 늦으면 짜증을 내기 때문에 아이가 원하는 시간에 맞추느라 전전긍긍합니다. 도대체 아이가 왜 이러지요? 마치 제 시어머니 같은 기분이 들 때가 있어요. 어쩌다 약속을 바꾸기라도 하면 너무 싫어해서 제 기분까지 망쳐버립니다. 아이가 왜 그리 융통성이 없이 꽉 막혔는지 모르겠어요. 그러지 말라고 때로 나무라기도 하지만 고쳐지는 것 같지 않습니다. 좀 느긋할 수 없을까요."

왜 고쳐져야 하는 것으로 생각할까? 자신의 느긋함이 자녀를 더 조급하게 만들 수 있다는 것을 알고 있을까?

판단형 부모는 목표가 분명하며 자기통제와 결단력이 뛰어나고 마땅히 해야 하는 일에 대한 경계를 늦추지 않는다. 미리 계획을 세우고 계획에 따라 일을 실행하고 종료되기를 원하며 가능하면 주변의 모든 것들이 정리되기를 바란다. 생활에서도 질서를 추구하면서 매사에 확고한 자기 견해를 가지고 있어서 자녀에게 사회생활에서 요구되는 모범적인 모델을 보여준다.

인식형 부모의 주요한 관점은 자발성의 유무이며 새로운 정보에 대한 넓은 안목으로 자신의 결심이나 견해에 대해 개방적이다. 자녀들의 이야기를 충분히 들어주는 태도와 이해심은 자녀에 대한 신뢰를 깊게 하는데 도움이 된다. 호기심과 새로운 경험에 대한 열정이나 융통성은 자녀들에게 즐거움과 관대함을 배우게 한다.

(1) 판단형 부모의 양육방식

판단형의 특성

조직적이고 구조화된 환경을 선호 한다.

어떤 일을 하기 전에 미리 계획을 세운다.

미리미리 준비해서 여유롭게 끝낸다.

분명한 목적의식과 방향을 가지고 있다.

빠르게 결정하고자 한다.

뚜렷한 기준과 자기의사를 가지고 있으며 통제와 조정으로 일을 추진한다.

● 판단형 부모들은 일상생활에서 목표를 정하고 정한 목표에 따라 일을 계획하고 조직하며 실천하여 일이 완료되기를 원한다. 이러한 자신의 생활태도는 자녀양육에 있어서 가장 필요한 것이며 자녀에게 습관화되어야 할 기본적인 것이라고 생각한다. 그래서 자녀들에게 식사시간, 자는 시간 등 가족규칙을 철저히 지키는 일, 학교 준비물 등의 여러 가지를 잊지 않도록 일상생활을 조직하고 계획하는 일 등을 가르치고 행하게 한다.

판단형의 부모는 필요하다면 기꺼이 자녀에게 지시하고 한계를 정하며 통제하는 역할도 한다. 그래서 자녀들이 그들의 장래를 인내하면서 만들어 가기를 바라며 성실하고 강하게 키우려고 한다. 또 시간을 중요하게 여기는 판단형은 자신처럼 자녀들도 시간을 지혜롭게 활용하고 소중하게 생각하도록 가르친다. 이렇듯 자녀양육에 있어서 책임감을 가지며, 자녀를 성실하고 강하게 키우려고 모범을 보이는 생활양식은 판단형 부모의 강점이다.

그러나 자유롭고 여유롭기를 원하며 정해진 틀에 얽매이는 것을 어려워하는 인식형의 자녀에게도 마냥 강점으로만 보일 수 있을지가 문제이다. 부모의 행동이 옳지 않은 것이 아니라 그렇게 따라 하기가 어려우며 그렇게 하고 싶지가 않다는 것이다. 인식형의 자녀들은 꼭 그렇게 해야 하는 상황이라면 몰라도 그렇지 않은 상황이라면 언제나 여지를 두고자 한다. 판단형 부모들 역시 이러한 태도를 받아들이기가 어려운 것은 당연하므로 판단형의 부모에게는 인식형의 자녀가 늘 미덥지 못하게 여겨진다. 그래서 판단형 부모는 미덥지 못한 인식형 자녀를 더 강력한 지시와 통제로 이끌어가려는 노력을 기울인다. 그러나 인식형 자녀는 부모의 그러한 양육태도에 더욱 주눅이 들어 스스로의 판단과 통제력에 대한 신뢰를 잃어가는 경향을 보인다. 때때로 판단형 부모와 인식형 자녀의 역동은 악순환처럼 보인다. 인식형 자녀가 스스로 성장하도록 돕는 방법은 진정 무엇인지 생각해 봐야 한다.

판단형의 부모들은 자신의 생활양식과는 다른 것을 요구하는 일상이 힘들 수 있다. 예를 들면 일정한 시간이 정해져 있지 않는 지속적인 양육과정은 시간계획이 철저한 판단형의 양육자를 힘들게 할 수 있다. 자신의 스케줄과는 전혀 맞지 않은 어린 자녀의 생리적인 현상, 돌발적인 상황, 이유를 알 수 없는 자녀의 변덕 등으로 인해 달라지는 상황 또한 판단형의 부모에게는 받아들이기 쉽지 않다. 판단형의 부모에게는 예기치 않은 것에 적응하고 사전계획의 갑작스런 변경에 대처하는 것, '해야 되는 일' 이나 자신이 생각하기에 '바른 방법' 에 대한 강박적인 욕구가 자녀와 끊임없는 충돌을 일으키게 할 수도 있다. 판단형 부모들은 일이 마무리 되지 않은 상태에서 휴식하거나 노는 인식형 자녀들의 태도를 용납하기 어려우며, 자녀들이 자기 스스로를 통제하도록 기다려 준다는 것은 참아내기 어려운 과정이기도 하다.

판단형 부모들이 판단하지 않고 자녀의 말을 끝까지 들어 주는 것, 자녀들이 피우는 소란스러움, 소동, 어수선함 속에서 생활하는 것도 스트레스가 될 수 있다. 부모 자신이 원하고 기대하는 것만큼 성취되지 않았음에도 불구하고, 인식형 자녀의 융통성을 허용하는 것이나 자녀를 믿고 기다려야 한다는 것은 더욱 힘들 수 있다. 판단형 부모가 자신을 통제하고 조직하며 책임을 완수하기 위하여 자신의 공간과 계획을 가지는 것은 자연스러운 욕구이다. 하지만 내가 아닌 가족 전체에게, 또 집안 전체 공간에서 이러한 기대를 하는 것은 무리일 수 있다. 판단형의 부모는 자기 방이나 부엌 등, 자신의 방식대로 유지할 수 있는 공간을 활용하는 것이 좋다. 자녀들의 태도를 통제하지 못하는 것에 대해서 좌절감을 느끼는 대신, 자신의 통제 하에 있는 일을 찾아서 하는 편이 스트레스를 줄일 수 있는 방법이다. 판단형 부모가 정리정돈에 대한 자신의 욕구를 가족들에게 요구하는 것은 끝없는 신경전을 펼치는 것과 같다. 이것으로 인한 가족 간의 갈등은 구획을 정하는 것으로 합의점을 찾으면 좋을 것이다. 정리정돈을 즐기는 것과 자녀를 돌보는 것의 중요 순위를 다시 한 번 체크해 보는 것도 도움이 될 것이다. 정리되고 깔끔한 집안이 아늑하고 편안한 환경인 것은 틀림없지만 꼭 그렇지 않아도 충분히 행복할 수 있는 자녀들이 있음도 기억해야 할 것이다.

판단형 부모는 단지 해야 하는 일의 목록을 작성하고 일의 우선순위를 정하는 것에서 즐거움을 찾는 것이 좋다. 어차피 양육은 부모의 계획대로 진행되는 일은 드물기 때문에 일정 외의 시간을 따로 설정하여 즐기는 것이 현명하다. 인식형 자녀에게는 인식형 나름의 방식이 있다. 시간 안에 마쳐야 하는 중요한 일이 아니라면 인식형 자녀들과 즐길 수 있는 새로운 방법을 모색하고 자녀들에게 맡기는 것이 좋다. 가족 간에는 주말계획을 따로 세워 서로의 욕구를 절충하는 방법도 찾을 수 있다.

(2) 인식형 부모의 양육방식

인식형의 특성

새로운 것에 대하여 유연하고 개방적이다.
어떤 일을 먼저 시작하고 본다.
마지막 순간에 집중해서 일을 끝낸다.
목적과 방향은 바뀔 수 있다고 생각한다.
결정을 보류하고 정보를 수집하고자 한다.
자율적이며 이해와 수용의 태도로 유유자적하게 과정을 즐기며 일을 추진한다.

● **인식형의** 부모는 자기 자신이 강요당하거나 틀에 얽매이는 것을 좋아하지 않는다. 때문에 자녀들에게도 강요하거나 자녀를 어떤 틀에 넣으려 하지 않고 수용적이고 관대한 태도를 보인다. 자녀들과 함께 시간을 보내는 것이 자연스러우며 그 시간들을 즐긴다. 때로 부모가 하고 있는 일이 자녀들의 방해를 받게 되더라도 자녀들의 요구에 잘 응해주는 태도를 가지고 있다. 또한 인식형의 부모들은 일에 대해서도 융통성을 발휘하며 중간에 계획이 바뀌는 것에 대해서도 잘 수용하는 편이다. 따라서 자녀들이 자신의 의견을 부모에게 이야기하는 것을 편안해 한다.

인식형의 부모들은 자녀들의 이야기를 들을 때 개방적인 마음을 가지고 들으며, 자녀들로 하여금 스스로 결정하도록 한다. 그리고 기꺼이 자녀들의 결정에 따라 주기도 한다.

어린 자녀들의 생활에 있어서도 자녀들을 위해서는 소란함이나 다소 무질서하게 보이고 혼란스러운 것을 너그러운 태도로 대한다. 그러나 이런 너그럽고 융통성 있는 태도나 생활방식에 대해 대체로 자녀들이 편안해 할 것이라고 생각하지만 오히려 부적절감을 느끼며 불만을 가지는 판단형의 자녀도 있다는 것을 기억해야 할 것이다.

대체로 인식형의 부모들은 집안을 정돈하고 집안일들에 대한 계획을 세우며 거의 매일 규칙적으로 반복해야 하는 일상적인 일들을 힘들어 하기도 한다. 임박한 순간에 허둥지둥 일을 시작하거나 일을 너무 오랫동안 미루어 두는 경우가 있어서 스스로 스트레스를 받는다고도 한다. 그래서 판단형 자녀가 원하는 잘 정돈된 환경이나 일에 대한 계획, 일이 계획적으로 이루어지는 편안함을 제공하기가 어렵다. 때로 판단형 자녀들의 눈치를 보게 된다는 호소를 하기도 한다.

인식형의 부모라 하더라도 규칙적인 학교생활을 해야 하는 자녀를 둔 경우, 때로 판단형의 행동 양식을 취하기도 하지만 대체로 자녀들로 하여금 과제를 하게하고 등교 시간을 지키도록 하는 것이 어렵다는 하소연을 듣게 된다.

인식형 부모들은 가능하면 자녀들이 다양한 경험을 통해서, 다양한 사람들을 접하여 견문을 넓히는 것을 지지하는 편이다. 그러나 끊임없는 호기심에 비해 지속적으로 노력하는 것을 어려워하는 경향이 있다. 자녀양육에 있어서도 자녀의 욕구에 한계를 그어주거나 자녀가 일관성 있게 지속할 수 있도록 자녀를 지지하고 챙겨 주는 것이 힘들 수 있다. 인식형 자녀들의 여러 가지 배움에 대한 호기심과 욕구에 대해서도 부모가 관여하고 책임 있게 끌어 줄 수 있는 정도의 선에서 허락하는 것이 필요하다. 인식형 부모 자신이 일을 처리하는데 있어서 끝까지 지속적으로 해나가고 마무리 하는 것을 힘들어 하는 편이지만, 자녀양육에 있어서는 좀 더 마무리하는 습관과 모범을 보이는 노력이 한 층 더 필요할 것으로 보여 진다.

인식형 부모가 학교에 다니는 자녀를 양육하는 시기에는 일정이 정해지지 않은 주말을 느긋하게 지내는 것이 필요하다. 주중에는 어쩔 수 없이 일정에 따라야 하므로 주말을 이용하여 이완할 수 있는 시간을 가지는 것도 자신을 돌보는 한 방법이다. 그러나 하루 일과를 시작할 때는 해야 하는 일보다 급한 일을 우선적으로 처리할 필요가 있다. 해야 하는 일을 두고 우선순위 없이 일을 시작하면 시간이 정해져 있는 일에 대해서는 해내지 못할 경우를 고려해야 한다.

인식형 부모의 느긋함과 융통성은 판단형 자녀와 자주 마찰을 빚는 요인이 되는데 판단형 자녀와 계획을 세울 때는 자신이 실행 가능한 것을 자녀에게 분명히 말해서 실행 가능 범위를 넓히는 것이 좋다. 예를 들면 시간을 정할 때는 6시라고 정하는 것보다는 6시에서 7시 사이로 정해두는 것이 서로의 스트레스를 줄일 수 있는 방법이 된다.

2. 16가지 성격유형별 양육 방식

● MBTI® 적용 프로그램 교육 참가자 중에서 자녀를 둔 958명의 부모들이 자신의 양육태도에 대해 서술한 자료를 바탕으로 유형별 양육태도의 공통점을 정리하였다.

기질별로 보면 SJ 보호자적 기질의 ISTJ, ESTJ, ESFJ, ISFJ의 네 유형의 참여가 500명으로 가장 많고, 다음이 NF 열정적 기질이 168명이다. 심리적 기능으로 볼 때는 ST가 417명, SF가 227명, NF가 168명, NT가 146명이다.

(1) ISTJ

● ISTJ 부모는 다양한 정보를 통해서 자녀의 발달과정에 맞는 장난감이나 책, 교육 등에 대한 정보를 알아보고 준비하는 편이다. 어릴 때부터 취침시간, 식사시간에 대해 규칙적인 생활환경을 제공하고, 자녀가 학교에 다니기 시작하면 기상시간, 등교시간, 준비물이나 과제 챙기기 등의 학교생활에 필요한 것들을 꼼꼼하게 챙겨준다. 정리정돈, 매사에 계획 세우기, 저축하는 습관, 약속 지키기, 질서 지키기, 예절바르게 행동하기 등을 중요하게 가르치면서 공정, 정의, 원칙, 규칙, 책임감, 성실 등 사회생활의 기초가 되는 태도를 모범적으로 보여준다. 필요하다면 한계를 정하고 부모가 볼 때 자녀의 쓸데없는 고집이라고 생각되면 엄하게 훈육하는 태도를 보인다. 자녀가 독립적이기를 원하며 자녀의 진로에 대해서도 현실적이고 구체적인 접근방식으로 돕는다. 즉 자녀에게 매일의 일상적인 것들을 중요시하고 잘 챙기며 깨끗이 정돈된 환경을 제공하면서 일관성 있고 침착한 태도를 보이며 자녀들이 규칙 안에서 안정적이

고 모범적으로 성장하기를 기대한다.

그러나 자녀가 바람직한 방향이라고 생각하는 자신의 기대에 어긋나게 행동할 때는 계속 이야기하고 따져서 설득하고 통제하려는 경향이 있다. 이로 인해 자녀와의 관계가 힘들어지기도 한다. 또한 자녀의 정서적인 반응에는 이유를 알 수 없어서 당황해 하기도 하며 부모 자신의 정서표현도 어려워하는 경향이 있다. 계획적인 생활과 정리된 공간에서 편안함을 느끼는 자신의 성향을 인지하면서 자신을 위한 계획된 시간을 만들 필요가 있다. 방해받지 않는 시간이 생긴다면 할 일을 처리하는 시간으로 사용하지 말고 혼자만의 휴식을 취하는 느긋함이 도움이 된다.

(2) ISTP

● **자신들의** 양육태도를 설명하는 하는데 개방적, 수용적, 관대함, 융통성, 이성적, 합리적, 독립적 등의 용어를 많이 사용하고 있다. 실제로 자녀를 키우면서 아이의 눈높이에 맞춘 활동을 중요시하며 집안이 어수선하거나 어질러져 있는 것에 대한 타박을 하지 않는 편이라고 한다. 자녀가 싸우고 들어왔을 때도 상황에 대해 이성적이고 합리적으로 생각하고 다양한 각도에서 볼 수 있도록 돕는다. 부모의 생각을 이야기하고 자녀의 생각을 물어봐주면서 상황에 따른 논리적인 대처를 하게 한다. 잘못된 것을 지적할 때도 자녀와 함께 인과관계에 맞게 풀어나간다고 한다. 내 욕구와 아이의 욕구를 구분하여 자녀의 선택을 존중하면서 책임질 수 있기를 원한다. 일정한 틀을 강요하지 않고 독립성을 인정하면서 자녀가 원하는 삶을 선택하도록 격려한다. 내 생각과 다르더라도 자녀가 원하는 것을 들어주고 주도하지 않고 뒤에서 살피면서 스스로 할 수 있도록 경험을 장려하고 구체적 정보를 제공하려 한다.

그러나 집안을 깔끔하게 정돈하고 식사시간을 지키고 매일 자녀의 등교시간에 맞추고 준비물을 챙기며 과제를 점검하고 과외활동 시간을 챙기는 일 등의 일상적인 일들을 해나가는 데는 어려움을 많이 느낀다. 규칙적인 생활지도와 일관성 있게 지도하는 것도 어렵게 여긴다. 어린 자녀에게 책을 읽어 주는 것, 말을 많이 하는 것, 계속 놀아주는 것에 쉽게 지친다고 한다. 때로 어린 자녀가 징징대는 상황이나 문제가 당장 해결되지 않는 상황에서 자녀가 끊임없이 불만을 늘어놓는 것을 참고 들어주기가 힘들다고 한다. 온화한 감정표현이나 자녀의 감정을 읽어 주는 것, 스킨십 등의 정서적 표현에 대해서도 어려움을 호소한다. 부모는 자신의 정서표현 방식을 인지하여 자녀의 정서를 좀 더 적극적으로 돌볼 필요가 있다.

독립적이고 자유롭기를 원하는 자신의 성향에 반하여 끊임없이 지속되는 부모역할이나 집안일은 자신을 지치게 할 수 있으므로 가족의 도움을 받아 잠시라도 혼자만의 시간을 가질 필요가 있다.

(3) ESTP

● **자녀에게** 다양한 활동의 기회를 제공하며 풍부한 감각적 경험을 하게 한다. 이런 활동에서 늘 앞장서고 자녀와 함께 즐기는 태도로 임한다. 아이들에게 실질적인 것을 제공하고 세상에서 실제적으로 살아가는 방법을 가르치고자 하며 솔선수범한다. 자녀들의 이야기를 개방적으로 들으며 자녀들의 수준에 맞추려고 노력한다. 자녀들이 독립적으로 사고하도록 격려하며 스스로 하도록 결정권을 주고 한 사람의 인격체로 인정한다. 자녀가 원하는 것에 대해 수용적이고 관대하며 필요한 정보와 구체적인 방법을 제공하기도 한다. 관심사에 대해 활발하고 적극적으로 대화하며 함께 즐긴다.

그러나 집안일을 조직하고 정돈하고 규칙적으로 해야 하는 일상적인 일들이 힘들다고 한다. 즉 자녀의 등교시간을 맞춰서 준비하고 자녀 스케줄을 확인하고 챙겨주기와 자녀에게 한계를 그어주거나 끝까지 노력하는 것 등의 체계적으로 지속적으로 관리하는 것이 어렵다. 매일의 일상적인 생활과 반복되는 일들을 하는 것이 힘들고 외부활동이 많아서 자녀가 어릴 때 집에서 안정감 있게 있어주는 것이 어려웠다고 한다. 때로 자녀의 이야기에서 숨은 의미와 욕구를 잘 이해하지 못할 때가 있으며 자녀의 감정을 감지하는 것이 어렵다고 한다. 무엇이든 명료한 답을 원하는 성향 때문에 다그치며 묻다가 오히려 자녀와의 의사소통이 더 힘들어졌다는 경험을 호소하기도 한다. 자신의 감정표현도 서툴러서 냉정하고 엄하게 보인다고 하는데 자녀에게 자신의 감정을 말로 표현하고 자녀의 이야기를 기다리고 들어주는 연습이 필요하다.

반복적이고 일상적인 집안일이 어렵기는 하지만 자신이 가진 활동성과 자발성의 즐거움으로 가득한 자녀양육방식 또한 자녀들에게 중요한 것임을 잊지 말아야 한다.

(4) ESTJ

● **부모가** 되면서부터 자녀를 위해 실질적인 도움이 되는 저축, 보험, 놀이방 계획 등을 준비한다. 자녀발달에 맞는 책이나 장난감 등을 미리 준비했다가 적절한 시기에 제공하는 것, 자녀양육 프로그램에 적극적으로 참여하여 스스로의 양육태도를 점검하고 개선하는 것, 자녀에게 유익하다고 생각되는 프로그램, 문화탐방, 박물관, 학습관 등의 체험학습을 계획하여 체계적으로 경험하게 하는 것 등 자녀에게 최선의 노력을 한다.

자녀가 어릴 때는 함께 바깥에서 놀이하는 것, 체험학습 등을 도와주고 자녀가 성장하면서는 여행을 하는 등 다양한 경험의 기회를 제공한다. 쾌적한 가정환경과 규칙적인 생활, 바른 식습관 기르기, 시간 관리 등 구체적인 생활태도를 가르치며 정의롭고 공정하도록 양육하고 사회정의 구현에 대해 올바른 가치관 심어주는 것, 예의바른 태도와 성실, 책임감, 규범의 중요성과 필요성, 사회성과 사회기술 등을 가르치는 것이 모두 중요한 양육 기준이고 방법이다.

문제 해결에 있어서 상황을 분석하고 체계적이며 계획적으로 일을 처리할 수 있도록 지도하면서 독립적, 사교성, 적극성을 길러 리더십을 길러 주고자 한다. 자녀가 항상 미래를 계획하고 현실성 있게 살 수 있도록 조언하고, 명확한 목표를 가지도록 부모 자신이 능력 있는 역할 모델이 되려고 한다. 또한 부모 문제를 걱정하지 않도록 부모가 자기의 역할과 일을 열심히 수행한다.

그러나 자녀에게 칭찬보다는 비판이 앞서고 자녀가 잘하는 것은 당연히 여기면서 자녀에게 부족한 것은 지적해서 도와주려고 하기 때문에 부정적인 피드백을 많이 하게 되어 냉정하게 보인다고 한다. 자녀의 감정을 읽어내기가 어렵고 자녀가 감정표현을 너무 많이 하고 이야기를 너무 많이 하면 받아주기 힘들다고 한다. 어디까지 들어주고 허용해야하는지 견디기 어려워한다. 스킨십을 많이 하려고 노력하지만 자녀가 더 요구하면 자신도 모르게 밀어낼 때도 있다는 불편을 보고하기도 한다. 경청과 공감이 부족하다고 느끼며 부모 자신의 감정이나 사랑과 지지를 자녀에게 말로 표현하는 것을 어려워한다. 정서표현의 어려움 외에도 창의력을 요하는 자녀의 숙제, 상상놀이, 자녀의 엉뚱한 이야기가 이해되지 않는다고 한다.

규칙, 계획, 정리정돈, 할 일, 약속을 중시하며 부모가 만든 규칙이나 틀에 맞지 않거나 벗어날 때 자녀에게 지시하고 명령하게 된다. 자녀의 모든 상황을 알려고 하며 자녀의 해야 할 일을 일일이 말해줘야 직성이 풀린다. 자녀의 일

거수일투족을 관리하는 태도를 보이기도 한다.

자녀의 삶도 중요하지만 내 삶도 포기할 수 없어서, 자녀양육과 나 개인의 성취욕구 간의 균형을 잡지 못해 좌절감을 느끼기도 한다. 끝이 보이지 않는 양육의 지속적인 과정과 너무 모범적인 엄마가 되려는 것이 스트레스가 된다. 순간순간 스스로가 희생적이지 못한 엄마처럼 여겨져서 죄책감을 가지기도 하지만 자신의 능력을 실현하려는 태도가 자녀양육에 도움이 되기도 한다.

(5) ISFJ

● **자녀들이** 필요로 하는 것을 재빨리 민감하게 알아채고 충족시켜 주고자 한다. 맛있는 음식을 만들어 먹이고 집안을 잘 정돈하고 가꾸어 편안한 환경을 제공한다.

자녀의 학교생활에 관한 학습준비물을 잘 챙겨주는 것, 제 시간에 등교하도록 시간을 점검하고 돕는 것 등 실제적이고 구체적인 일들을 꼼꼼하게 잘 챙긴다. 자녀에게도 실질적인 경험과 활동의 기회를 제공하면서 일상생활을 조직하고 계획하고 시간 규칙을 세워 시간의 소중함을 알고 지키도록 가르친다. 자녀를 신뢰하고 존중하며 조용히 지지하면서 정서적 친밀감을 쌓아 나간다. 자녀에게 공감하고 다정한 스킨십으로 보살핀다.

그러나 자녀의 성실하지 못한 모습, 계획한 것을 이행하지 않는 태도, 불규칙한 생활습관, 무절제, 형제 다툼 등에 대해서는 힘들어 한다. 또한 자녀의 지나친 외부 활동을 지켜보는 것, 자녀의 수다, 자녀에게 답을 재촉 받을 때도 불편하다고 한다. 자녀가 잘못했을 때 참으면 자녀가 버릇이 나빠지거나 자녀 자신이 옳다고 생각할까봐 바로 잡아야 하지만 화를 내고 혼내면 자녀가 상처받을까봐 또 걱정을 하기도 한다. 자녀의 상상과 창의적 놀이에 동참하는 것, 호기심과 엉뚱한 질문에 관여하는 것이 어려우며 자녀가 논리적으로 따질 때 자녀의 말이나 행동에 쉽게 상처받는다고 한다. 또 부모 자신의 노력을 알아주지 않을 때도 서운해진다고 한다.

자녀양육이 우선적이라 나 자신을 돌보는 시간을 내기 어려운 경우가 많다. 하지만 나만의 시간을 가지고 자신을 볼 돌 때 에너지가 충전된다는 것을 기억해야 한다.

(6) ISFP

● **자녀들을** 개인으로서 존중하며 자녀를 위해 조용하게 실질적인 행동으로 배려한다. 자녀들의 필요에 민감하며 언제나 자녀 곁에서 자녀가 원하는 모든 것을 들어 주고자 한다. 허용적이며 개방적인 태도로 자녀에게 선택권을 주고 지지하며 격려하고 수용하며 기다려 준다. 신체적인 지지와 정서적 유대가 함께 이루어지면서 자녀들도 다른 사람을 배려하고 생명을 소중히 여기는 사람으로 성장하기를 원한다. 주장하거나 훈육, 간섭을 하는 것이 아니라 모범적인 태도로 자녀에게 영향을 주고자 한다. 또한 실제적인 다양한 경험을 권장하고 체험활동을 지원하기도 한다.

그러나 너무 허용적이어서 규제나 제한하기를 어려워하며 이성적인 지도나 공정성, 자녀들에 대한 단호한 대처가 어려워 스스로가 자녀양육에 부족함이 있다고 생각되면 죄책감을 가지기도 한다. 자녀양육에 있어서 계획적이지 못하고 일관성 없는 편이다. 그렇다보니 끈기있게 지속적으로 관리하여 생활습관을 바르게 길러주는 것, 시간에 대한 중요성, 정리정돈 등에 대해서도 스스로도 힘들어 한다. 외향형 자녀의 지나친 언어적 표현과 외부활동에도 불편하며 동시다발로 여러 가지 일을 처리해야 하는 것도 불편으로 꼽고 있다. 자녀들의 다툼에 예민해지며 자녀가 따지고 논리적으로 접근해오면 감정이 상한다고 한다.

이 유형의 부모는 자녀를 돌보는 것 못지않게 자신의 에너지를 돌보는 혼자만의 시간이 중요하며 자신에게 관심을 기울여 자신의 욕구를 돌볼 필요가 있다.

(7) ESFP

● **자녀들에게** 현실적이고 실제적인 도움이 되고자 한다. 새로운 경험을 함께 즐기며 구체적인 정보를 제공하면서 함께 재미있는 놀이를 찾아내고 활동한다. 자녀들이 필요로 할 때 언제라도 함께 하며 자녀들이 사랑받고 보호받고 있다는 느낌이 들게 한다. 공감과 칭찬, 애정표현이 자연스러우며 수용적이고 관대하다. 자녀들의 선택을 존중하며 기다려주고 자녀의 결정에 따라주는 태도를 가지고 있다. 친척모임에 적극 동반하면서 대인관계의 중요성을 알려주며 자녀가 타인과 우호적인 관계를 맺도록 하는데 부모 자신의 사교 성향을 발휘한다.

그러나 자녀에게 객관적인 입장을 취하는 것을 힘들어 하고 가족의 친밀함을 지나치게 강조하는 태도 때문에 자녀의 독립적인 태도를 섭섭하게 받아들이기도 한다. 집안일을 조직하고 정돈하며 식사, 기상과 취침시간, 등교시간 등의 규칙적인 일상 시간을 맞추는 것이나 지속적인 생활지도가 어렵다고 한다. 자녀에게 집중하며 주의를 기울이지만 자녀의 엉뚱한 질문과 호기심을 이해하기가 어렵고 자녀가 논리적으로 따지면 불편하다고 한다.

자녀와 종일 집에 있는 것이 힘들어지는 것은 자신을 위한 것에 초점을 맞추라는 신호이다.

(8) ESFJ

● **자녀가** 사랑받고 있으며 가족이라는 울타리를 느낄 수 있도록 안정감, 친밀감을 제공한다. 사소한 행동이나 말, 작은 변화에 관심과 칭찬을 아끼지 않으며 자녀에게 쉽게 공감하고 사랑을 표현하면서 가족 모두가 행복하도록 노력한다. 가족과 친지, 이웃과도 좋은 관계를 가질 수 있도록 어울려 살아가는 방법을 안내하고 돕는다. 자녀의 다양한 활동과 경험을 위해 일상을 계획, 조직하고 실행하면서 구체적이고 실질적으로 자녀들이 필요하다고 생각되는 일을 찾아서 해주기를 좋아한다. 예를 들면 오락기, 게임파일 찾아주기, 자전거 수리보수, 컴퓨터 관리, 영화파일 다운로드, 자료 찾아주기, 숙제 등을 도와준다. 또한 가사에 충실한 태도를 가지고 있어서 쾌적한 가정환경을 제공한다.

그러나 아이의 생활에 대해 구체적으로 모든 것을 다 알고 싶어 하며 너무 깊이 관여하는 태도를 갖는 경향이 있다. 자녀의 과제에 지나치게 집착하는 등 자녀를 자신의 일부로 여겨서 때로는 지나치게 간섭하는 것처럼 보이고 자녀들이 힘들어 하기도 한다. 정리정돈, 계획성, 시간관념 등 자녀가 해야 할 일에 대해 잔소리가 많아지며 자녀 스스로 하기를 기다리기는 것을 힘들어 한다. 자신의 계획이나 일정에 맞춰지지 않으면 당황해하고 사소한 일에도 지나치게 스트레스를 받는다.

자녀를 놓아두고 지켜보는 것이 힘들어서 자꾸 개입하게 되는데 과보호가 되지 않을까 하는 걱정을 하면서도 점차 독립적인 태도를 보이는 자녀에게 오히려 서운함을 느낀다고 한다. 그리고 자녀가 논리적으로 따지거나 자신의 애정표현을 받아주지 않을 때와 자녀들이 다투는 상황에 부모 자신이 지나치게 상처 받는 경향이 있다고 한다. 자녀의 창의적인 이야기에는 관심이 떨어지며 상상놀이에 동참하기가 어렵다고 한다.

모든 것에 지나치게 완벽하고자 하는 자신의 경향성을 돌아보면서 자신을 느슨하게 풀어놓는 시간도 필요하다.

(9) INFJ

● **자녀의** 감정을 이해하고 지지해 준다. 개인을 존중하고 독특성과 개성을 인정하면서 자신의 가치를 알려준다. 충분히 사랑받고 있다고 느끼도록 자녀의 말을 잘 들어주고 공감하며 칭찬하고 격려한다. 자녀의 활동에 크게 관여하지 않고 자율성을 두고 스스로 선택하도록 하지만 자녀양육을 위해 계획성 있게 일을 추진하고 자녀가 시간을 지혜롭게 쓰도록 도우며 늘 차분하고 조용한 환경을 제공한다. 자녀의 잠재력에 초점을 두고 격려하면서 강점, 장점을 잘 찾아 지지하고 비전을 제시하는 태도로 자녀가 이상적인 삶을 이루기를 원한다. 상상력, 아이디어, 호기심을 말할 때 충분히 호응하면서 다양한 가능성과 관점을 제시한다.

그러나 자녀들의 에너지를 따라가기 힘들다. 활동적으로 놀아주는 것, 자녀의 현장체험, 야외활동, 스포츠 등의 학습에 적극 지원하고 동참하는 것이 어렵다. 한꺼번에 여러 가지 일에 대해 요구 받거나 순간순간 갑작스러운 일이 생기면 당황한다. 자녀의 구체적인 필요를 간과하기도 하고 자녀에게 구체적인 지시를 내리는 것이 쉽지 않으며 정리가 안 되어 있을 때나 나의 계획대로 일정이 이루어지지 않을 때 쉽게 지친다. 매일 반복되는 일상생활의 요구가 불편하고 직장과 자녀양육을 모두 잘하기가 힘들다고 생각되어 죄책감이 들 때가 있다. 때로 자녀의 입장을 지나치게 배려하거나 자녀의 감정호소에 흔들려 원칙과 공정성을 지키기 힘들다. 감정 상태에 따라 일관성 없는 양육태도를 보이는 것 같아 걱정하기도 한다. 사고형 자녀의 논리적인 태도가 불편하게 여겨지고 부모 자신의 감정을 이해받지 못하여 답답하지만 자녀에게 직접적이고 단호한 표현을 하는 것이 어렵다. 또 자녀의 감정에 대해 너무 동일시하기 때문에 자녀가 상처 받았을 때 부모로서 지켜보는 것이 힘들다고 한다. 그러나 때로는 자녀에게 내적인 힘을 지나치게 강조하여 냉정하게 보이기도 한다는 보고가 있다.

매사에 너무 깊이 생각하거나 심각하게 생각하는 경향이 있는 자신을 돌보려면 현실을 그대로 받아들이는 편안함과 더불어 자신만의 시간이 필요함을 기억해야 한다.

(10) INFP

● **자녀의** 반응에 민감하며 감정을 알아채고 잘 이해하며 공감한다. 또한 자녀에게 필요한 것을 중요하게 여기며 힘껏 돌본다. 자녀의 장점을 많이 보고 칭찬거리를 잘 찾아내며 자녀를 지지한다. 자녀의 잠재력과 가능성에 대한 믿음으로 비전을 제시하면서 기다리는 태도를 가진다. 개방적이고 유연하며 융통성 있는 사고로 자녀와 대화한다. 자녀들의 존재를 귀하게 여기고 존중하며 아름답고 행복한 어린 시절의 추억을 만들어 주기 위해 노력한다. 그리고 자녀에게 필요한 시간이나 공간을 배려한다.

그러나 수면, 식사, 등교시간 등의 일상적인 생활을 지키기 어렵고 꼭 챙겨야하는 일상적 물건을 꼼꼼히 챙기는 것이 어렵다. 시간의 체계적인 관리나 생활 훈련, 구체적이고 세부적인 지시와 일관성 있는 태도를 유지하는 것, 올바른 것에 대한 확신이나 단호한 결정을 내리기가 불편하다. 나아가 거절하기 어려워하는 성향으로 인하여 자녀에게 지나치게 허용적이지 않을까 하는 걱정이 있다고 한다. 때로 어린 자녀의 가능성에 대해 지나치게 기대하는 것 같기도 하고 현실감이 떨어진다고 느끼기도 한다.

자녀에게 최선을 다하고자 하는 자신을 위해서는 오히려 나만을 위한 시간을 의식적으로 만들 필요가 있다.

(11) ENFP

● **자녀들을** 친구처럼 대하고 어린 자녀에게는 잘 놀아주며 함께 재미있는 시간을 가지고자 한다. 자연스럽고 자유로우며 융통성 있는 부모의 삶의 자세는 자녀에게도 일상을 흥미로운 것으로 경험하게 한다. 다양한 경험과 기회를 제공하면서 독특성과 개성을 존중하고 허용하며 개방적인 태도로 자녀의 의견을 격려한다. 창의성을 중요하게 여기며 꿈이나 비전에 대해 긍정적이다. 자녀에게 쉽게 공감하며 스킨십 등 자녀에 대한 사랑 표현도 적극적이며 자연스럽다.

그러나 자녀의 정서에 지나치게 개입하거나 동일시하는 경향으로 자녀의 감정과 자신의 감정을 분리하기 어렵다. 자녀가 싸웠거나 억울한 감정을 가지게 되었을 때, 감정이 분리되지 않아 오히려 자녀에게 도움이 되지 않을 때도 있다고 한다. 또 자녀에게 다정하게 대한 것에 대해 오히려 자녀가 힘들다고 할 때 서운하다고 한다. 무엇이든 확인하려는 자녀, 논리적으로 따지는 자녀를 대하는 것, 구체적이고 사실적 질문에 대하여 답하는 것이 어렵다. 일상적이고 정기적인 집안일과 정리정돈, 구체적인 계획과 실천, 반복되는 일상, 규칙적인 생활과 함께 일관성 있는 양육태도나 끈기가 부족하다고 느낀다. 그리고 이러한 일상적인 일에 쓰는 에너지가 불필요하다는 생각을 하기도 한다.

때로 자녀양육의 기존방식과 다른 방법을 고안해서 주위사람들에게 비난을 받기도 한다. 자신이 보통 엄마와 다른 것 같다는 불안감을 가지기도 하며 자녀에게 충분하지 못했다고 느낄 때 죄책감을 가진다.

변화와 다양성을 추구하는 자신의 성향이, 양육에 있어서도 늘 새로운 활동을 시도하려는 노력을 요구하게 된다. 따라서 자신도 알지 못하는 사이에 스스로를 지치게 할 수 있다는 것을 염두에 두고 자신을 위한 휴식시간도 배려해야 할 것이다.

(12) ENFJ

● **자녀의** 이야기를 잘 들어주며 이해하고 공감하면서 신체적, 정서적인 친밀감으로 자녀를 양육한다. 자녀에게 개방된 태도로 대하며 격려하고 칭찬한다. 자녀의 잠재력과 가능성에 긍정적으로 지지하고 기대하면서 자녀를 위해 다양한 일을 계획하고 여러 가지 프로그램을 만들어 실천할 수 있도록 도우며 자신도 활발하게 사회활동을 하면서 솔선수범한다. 어린 자녀의 상상놀이, 이야기 짓기 놀이를 함께 하는 등 자녀의 놀이에 함께 참여하고 외부활동과 환경을 제공하면서 사람들과 함께 좋은 관계를 만들 수 있도록 격려한다.

그러나 자녀 이해에 대해 지나치게 자신하는 성향으로 인해 자녀의 문제를 부모 자신이 해결해주고 싶어 한다. 자녀가 힘들어하면 같이 힘들어 하는 모습을 보이기도 한다. 때로는 자녀 문제에서 부모가 더 주도적이 되어 기다리지 못하고 나서서 도와야 직성 풀리는 태도나 지나치게 관여하는 태도에 대해서는 자제가 필요하기도 하다. 또 공정하고 일관성 있게 지도하는 것이 어렵다. 감정적인 이해로 자꾸 용서해주게 되는 것에 대해 불편함을 느끼며 자녀가 스킨십을 거부하면 섭섭하다고 한다. 준비물 챙겨주는 것, 구체적인 지시 등 세부적인 역할이 힘들고 집안이 정리정돈 되지 않거나 시간 운영이 정해진 나의 계획대로 움직이지 않을 때 조급해지는 경향이 있다. 복잡하고 소란스러운 것을 참기 힘들다고 한다. 외부활동 및 사람과의 관계가 많은 부모 자신의 일을 하다보면 일 때문에 자녀와의 상호작용 시간이 부족할까봐 죄책감을 가지며 자녀가 잘못되면 나의 잘못이라 자책하기도 한다.

부모 자신의 외부에 대한 관심과 활동으로 자신의 에너지가 소진될 수 있음을 기억하고 에너지를 충전할 수 있는 여유를 가져야 한다.

(13) INTJ

● **먼저** 자녀의 성향과 특성을 깊이 관찰하고 분석하여 파악하려는 태도를 가진다. 자녀의 개성을 존중하고 자율성을 존중하여 자녀의 잠재력과 가능성을 보면서 비전을 제시하고자 한다. 그리고 자녀에 대해서도 거시적인 장래 계획을 세우고자 한다. 문제를 해결할 때는 자녀에게 탐색의 기회를 부여하면서 창의력을 발견하고자 하고 자녀의 독특성을 지지한다. 자녀를 위해서 교육에 필요한 책, 기구 구입 등 교육적 환경을 충분히 만들어 주는데 노력한다. 자녀의 자립심을 격려하면서 정의와 공정성을 가르치고 문제해결에 있어서는 상황을 분석하고 논리적으로 판단하여 다양한 관점으로 자녀와 함께 토론하며 대안에 대해서도 열린 자세를 가진다. 이러한 자녀양육의 태도는 대체로 일관성 있게 이루어지며 자녀의 성장과 발달에 대한 자신의 역할을 성실하게 실천한다. 자녀에 대한 교육적 가치관은 분명한 편이다.

그러나 실제로 구체적이고 세부적인 정보를 수집하여 자녀에게 직접적인 도움을 주거나 일상적인 것을 챙기는 것과 자녀의 현실적인 요구사항을 즉시 제공하는 것은 어렵다고 한다. 또 자신의 기대수준이 높아서 자녀가 학습 등을 적당히 하거나 중간 정도의 수준에 머무르는 것을 인정하기 어렵다. 부모가 옳다고 생각하는 부분을 설득하면서 자신의 방식과 방향으로 따라오도록 자녀를 통제하는 강한 태도를 보인다. 어린 자녀에게도 마치 어른처럼 대하거나 대화보다는 논리적으로 설명하여, 공감이나 지지를 필요로 하는 자녀들을 섭섭하게 하는 경우도 있다고 한다. 부모 자신의 감정을 표현하여 안아주거나 '사랑한다', '미안하다' 등의 말을 하는데도 어색하여 정서적인 접근이 잘 이루어지지 않는다. 또한 자녀에게 지나치게 독립심을 강요하다보면 스스로도 냉정한 부모로 생각되어 불편하다고 한다. 매일 반복되는 집안일과 정리되지 않은 주변, 무질서, 마음대로 되지 않는 시간계획, 어린 자녀와 놀아주기가 힘들며 자녀가 침범하지 않는 시간과 공간이 필요하다고 호소하기도 한다. 생활 중에서 의미를 찾지 못할 때나 자녀양육 때문에 자신의 일이 제대로 되지 않을 때 좌절감을 느낀다는 보고도 있다.

(14) INTP

● **자녀의** 자발성을 격려하고 자녀의 결정을 기다려 주며 간섭이나 통제를 최소화하여 자녀에게 자율성을 부여한다. 자녀의 선택을 존중함으로써 자녀가 자기 주도적이 되도록 돕는다. 독창성, 다양한 변화와 가능성을 인정하고 비전을 제시하면서 미래에 대한 안목을 넓혀주려고 한다. 명령보다는 토론식으로 의사결정을 시도하는 편이다. 자녀가 관심을 보이는 것에 대해 즐겁게 도우며 지적 활동으로 발전시킨다. 가르치고 진지하게 질문하면서 학습을 즐긴다. 논리적으로 간단명료하게 이야기하기를 좋아하며 상황을 분석하여 문제를 해결하려고 하지만 의미나 가치를 부여하는 일도 중요하게 생각한다. 그래서 현실적인 것을 지나치게 중요하게 여기는 자녀의 태도가 편하게 보이지 않을 때도 있다. 자녀를 칭찬하고 인정하고 공감하는 등의 친밀감을 표현하거나 사랑표현 등의 정서적인 교류에는 어려움이 있다.

또한 자녀에게 공정하며 논리적이고 객관적인 잣대로 비판하는 태도를 보여 자녀와의 관계가 나빠지기도 한다는 보고를 한다. 반복적인 일상 챙기기와 집안일, 수유나 식사, 수면 등의 규칙적인 돌봄을 챙기는 것이 어렵고 동시다발적인 여러 가지 일에 에너지가 소진된다고 한다. 외향형 자녀의 넘치는 에너지를 따라 활동해야 하는 것, 자녀들의 말을 중간에 자르지 않고 끝까지 들어주는 것, 소란함을 참는 것도 어렵다고 한다. 자녀에게 지시하거나 시간 안에 과제를 마치도록 체크하고 조력하는 일과 같은 꾸준하고 체계적인 학습지도와 생활지도를 힘들어 한다. 혼자만의 시간을 즐기기를 원하고 자기계발에 대한 욕구로 인하여 자녀양육과 직장 일을 병행하는데 어려움을 호소하기도 한다. 그러나 자신의 지적 욕구를 충족시키는 시간이 자녀양육의 에너지를 채우는 시간이 되기도 한다는 것을 기억해야 한다.

(15) ENTP

● **자녀에게** 새로운 환경과 다양한 활동을 경험하도록 격려하며 함께 활동하기를 즐긴다. 사회적 평가보다 아이의 행복을 우선으로 여기며 현재의 모습보다는 미래에 대한 긍정적인 피드백으로 자신감을 갖도록 지지한다. 자녀에게 지나친 개입은 하지 않으며 자녀의 의견을 존중하고 선택권을 부여한다. 즉 독립심, 자율성을 키워 가도록 격려하고 인정하며 수용적이고 관대한 양육태도를 보인다. 가능성과 잠재력을 중요시하면서 재능을 발휘하도록 돕고 큰 꿈, 야망을 심어준다. 자녀와의 토론과 대화를 통해 공정성과 정의에 대한 기준, 지적인 자극을 끌어내고자 돕는다.

그러나 때로는 자녀에게 감정적 동조나 공감보다는 객관적인 판단과 토론, 비판을 하여 냉정하게 보이기도 하며 자녀와의 관계가 마치 일을 처리하는 것처럼 느껴질 때도 있다고 한다. 자녀에게 정서적인 지지를 하는 것도 어렵지만 자신의 감정을 표현하는 것도 불편하여 자녀와 친밀감을 형성하는데 어려움이 있다고 한다. 학교 과제물, 일상생활, 의식주 등의 실생활에서 자녀가 필요로 하는 것들을 세세하게 챙겨주는 일을 힘들어 한다.

때로 자녀의 부탁을 잊어버리기도 하는 등의 불편을 호소한다. 정리 정돈하는 것이나 규칙적인 생활습관을 기르게 하는 세부적인 지시가 어렵고 지속적인 관심을 가지는 것도 쉽지 않아서 부모로서 역할에 소홀함이 있지 않을까 하는 걱정을 하기도 한다.

비전에 대한 열정으로 활동이 지나치게 많아질 수 있는 자신의 성향을 기억하면서 자녀의 에너지를 살피고 자신을 위한 내적 시간을 가질 수 있도록 스스로를 배려할 필요가 있다.

(16) ENTJ

● **자녀의** 일상과 비전을 계획하고 자녀와 함께 실현해나가고자 부모가 솔선수범하는 태도를 보인다. 또한 자녀의 독립심과 자율성을 인정하면서 책임감 있게 적극적으로 행동하기를 지지하고 리더십을 발휘하기를 원한다. 다양한 경험, 새로운 것에 대한 도전을 격려하면서 성취감을 갖도록 돕는다. 미래 지향적 사고와 거시적 안목으로 목표를 설정하고 비전을 갖도록 동기화시킨다.

상상력, 창의력을 격려하고 외부활동을 권장하며 지적 탐구에 대한 동기를 부여한다. 문제를 해결할 때는 논리적으로 설명하면서 객관적이고 공정한 태도를 가지도록 지도한다. 자녀양육에도 일관성 있는 태도로 계획성 있게 지도한다.

그러나 자녀가 자신의 계획대로 따라주지 않으면 스트레스가 크다고 하며, 설득하고 통제하는 태도를 보인다. 때로 자녀를 고려하지 않고 부모 자신의 계획에 따라 이끌어가려는 경향이 있다. 이상적인 삶의 목표를 제시함으로써 현실적인 실천이 어려워 자녀가 힘들어 하기도 한다. 정리정돈이나 시간 계획 등 일상생활에서 자녀들을 지시하고 통제하며 모범을 보인다. 하지만 일상적이고 반복적인 집안일은 부담으로 느껴지며 단순한 일상의 반복에서는 의미를 찾기가 어렵다고 한다. 자녀를 정서적으로 지원하고 무조건 지지하는 것이 어렵다. 냉정한 말로 평가하고 훈육하여 상처를 주기도 한다. 어린 자녀의 우는 소리와 모호한 감정표현을 감지하는 것이나 자신의 정서를 따뜻하게 표현하는 것이 불편하게 여겨져 회피하는 모습을 보이기도 한다.

또한 부모 자신의 시간을 효과적으로 계획하고 진행할 수 없을 때 우울하다고 한다. 자녀양육과 자신의 일 사이에서 똑같이 잘 해내겠다는 열정을 가지고 있어서 갈등도 많다고 한다. 그러나 자기성취에 대한 자신감과 열정을 인정하더라도 자녀양육에 필요한 에너지를 축적하기 위해서는 완벽성의 고삐를 늦추고 휴식하는 것도 필요하다.

Ⅲ 바람직한 양육태도

1. 자녀에 대한 부모의 판단은 객관적인가?

● 각 유형의 부모들이 자녀를 양육하는데 있어서 잘 할 수 있는 부분과 힘들어 하는 부분은 각각 다르다. 그러나 자기 자신의 모습에 대한 이해가 충분하다고 하더라도 자녀를 양육하는 부모의 역할에서는 자기 자신도 의식하지 못하는 가운데 자녀에 대한 이러저러한 기대를 갖게 된다. 다시 말하면 자신의 잣대를 들이대고 자신의 안경으로 자녀를 바라보는 모습들을 접하게 된다.

자신과는 다른 성향의 자녀를 보면서 이해할 수 없고 불만을 가지는 것은 당연한 것 같지만, 따지고 보면 그런 다른 성향 역시 나와 다른 하나의 독특한 모습이라는 것이다. 다르다고 해서 부모인 내가 묵살하거나 폄하하거나 비난할 권리가 있는지 생각해 볼 일이다. 내가 가지고 있지 않은 것은 이해하기도 어렵고 신뢰하기도 어렵다. 그러나 내가 신뢰하는 부분이 다른 유형의 사람들에게는 똑같이 신뢰하기 어렵고 이해할 수 없는 부분일 수도 있다.

부모가 자신의 유형과 같은 성향을 가진 자녀의 모습에 대해서도 역시 늘 긍정적인 결과를 기대하기는 어렵다. 같은 성향의 그 어떤 것이 강점이라면 긍정적인 환영을 받겠지만 강점이 아니라 자신이 늘 힘들어 하고 바뀌기를 원하는 부분이라면 어떨까? 스스로에게 실망하고 바뀌기를 원하는 모습을 자신의 자녀에게서 본다면 더 예민하게 반응할 수도 있다. 싫어하는 부분이기 때문에 더 부각되어 보일 수도 있다는 점을 명심해야 한다.

이렇게 부모는 늘 자신의 유형에 대비해서 자녀를 들여다보는 방식을 취하게 된다. 같아서 좋고 같아서 더 싫고, 달라서 싫고 또는 달라서 좋을 수도 있다. 실제로 같은 유형의 자녀를 둔 다른 유형의 부모들이 자녀에 대한 평가를 하는 프로그램을 해보면 자녀의 같은 언행을 두고도 다르게 칭찬하고 걱정하는 모습을 보게 된다. 들여다보면 부모 자신과 같은 모습이어서 좋아하기도 하고, 같은 모습이어서 더 예민하게 반응하고 걱정하기도 한다.

외향형의 부모가 외향형의 자녀를 볼 때 밝고 자신감 있는 자기를 닮았다고 좋아하기도 한다. 하지만 어떤 부모들은 그래서 시끄럽고 경망스럽다는 지적을 받았던 부정적 경험을 떠올려 더욱 아이의 언행을 제재하기도 한다. 마찬가지로 내향형의 부모가 내향형 자녀를 양육하면서 신중하고 침착해 보이는 자녀를 대견스러워 하는 경우도 있다. 그러나 내향형 자녀의 표현이 적고 반응이 즉각적이지 않은 것에 대해 더 답답해하고 안타까워하기도 한다. 심지어 어떤 부모들은 아이를 외향적으로 만들어 달라고 상담을 청하기도 한다. 본인이 자라면서 외향형의 부모에게서 받은 부정적인 피드백이나 학교나 사회에서 받는 부당함에 대한 억울한 감정까지 더해져서, 자녀의 앞날을 걱정하고 자신이 더 힘들어하게 되는 것 같다.

외향과 내향에 있어서 서로 다른 성향의 부모-자녀의 경우에서는 이와는 반대로 외향형의 부모는 내향형 자녀의 생각이 깊은 태도를 대견해 할 수도 있다. 이는 내향형의 자녀를 키우면서 부모 자신이 애써 훈련해왔던 신중함을 타고난 듯이 보이기 때문일 것이다. 반면에 생각이 많아서 행동이 나중에 표현되는 태도를 답답해 할 수도 있다. 내향형 부모가 외향형 자녀를 양육하면서 쉽게 자기를 표현하는 점을 반가워하기도 한다. 하지만 외향형 자녀의 활동적인 에너지를 감당하기에 어려움을 느끼기도 한다.

2. 바람직한 양육태도를 갖기 위해서 선행되어야 할 조건

● **자녀에** 대한 칭찬이나 걱정은 부모마다 다르다. 그러므로 문제에 대한 대처방안도 각각의 부모가 다 다를 것이다. 그래서 어쩌면 양육방법에 정답이 없다는 말을 수긍할 수밖에 없는지도 모른다. 그러나 모든 자녀에게 적용될 수 있는 획일화된 양육의 정답은 없지만 부모가 각자의 양육방법을 찾는데 도움이 되는 태도는 제안할 수 있다.

부모로서 자녀를 양육할 때 가져야 할 첫 번째 태도는 스스로의 모습을 이해하고 받아들이는 것이다. 내가 나의 모습을 객관적으로 보고 잘 할 수 있는 것과 힘든 점을 바로 볼 수 있을 때 아이를 보는 눈도 형평성을 잃지 않을 것이다. 자신을 받아들인다는 것은 자신에 대해 건강한 마음가짐을 가진다는 의미도 포함되어야 한다. 때로 자녀에 대한 상담을 의뢰하는 부모들 대부분이 부모의 문제부터 전제되어야 하는 경우가 많다. 자신의 선호에 대해 부정적인 피드백을 받고 자라 온 부모는 같은 패턴으로 자녀를 돌보는 어리석음을 범할 수 있다. 자신의 유형에 대한 이해와 긍정적인 자기 평가로 부모가 바로 설 때 자녀를 건강하게 바라 볼 수 있다.

둘째로는 자녀에 대한 객관적인 이해가 필요하다. 부모의 잣대로 보는 이해와 평가가 아니라 자녀를 있는 그대로 바라 볼 수 있어야만 한다. 부모인 내가 타고 난 선호경향이 다른 사람들과 다른 모습으로 나타나는 것처럼, 자녀 역시 한 개체로서 다른 성향의 선호를 가지고 태어난 존재임을 인정하는 데서부터 자녀 이해가 시작된다. 자녀를 이해하기 위해서는 자녀에 대한 제한 없는 관심이 필요하고 행동이나 말의 특성이 무엇인지에 대한 지속적인 관심도 필요하다.

셋째로 부모와 자녀가 서로 다른 선호경향을 가졌다면 다른 모습의 서로를 어떻게 받아들이고 또 받아들일 수 있도록 도울 것인가를 연구하고 노력해야 한다는 것이다. 내 방식으로 표현하는 것만으로는 자녀에게는 내가 원하는 것이 제대로 전달되지 않을 수 있다. 자녀에게 제대로 전달되려면 자녀에게 가장 적합한 방식을 찾는 것이 보다 효과적일 것이다. 또 자녀에게도 부모 자신을 이해시킬 필요가 있다. 상대방이 표현하지 않는 것을 알아차리는 사람은 많지 않다. 특히 피양육자인 자녀에게서 이해받기는 더욱 어려울 것이다.

예를 들면, 사고형의 어머니가 어린 자녀에게 독립심을 요구하며 논리적으로 설득시키려는 방식의 자녀사랑은 감정형의 자녀에게 충분히 사랑받고 있다는 안정감을 주기는 어려운 것 같다. 감정형의 자녀에게서 사고형의 어머니에 대해 자주 '계모 같다'는 혹독한 말로 표현하는 모습을 볼 수 있는데 이는 사고형 어머니에게도 상처가 되는 말이다. 분명히 자녀를 사랑하는데도 자녀는 사랑받고 있다는 느낌을 갖지 못하고 부모 또한 자녀로부터 사랑받지 못하고 신뢰받지 못한다면 불행한 일이 아닐 수 없다. 부모의 사랑이 자녀에게도 사랑으로 전달될 때 비로소 자녀는 사랑받는다고 느낄 수 있으며 안정감을 느낄 수 있다. 부모는 자녀의 방식으로 표현하는 법을 알아야 하며 자녀 또한 부모의 표현이 의미하는 것을 인정할 수 있어야 한다는 것이다.

3. 건강한 자녀양육

● MBTI®에서는 어떤 성격유형에 대해서도 평가하지 않는다. 타고난 그대로의 선호경향을 잘 발달시켜 나갈 때 건강한 성인으로 성장할 수 있다고 한다. 자녀를 양육하는 어느 부모도 자녀를 사랑하지 않는 부모는 없을 것이다. 그렇기에 자녀가 건강하고 훌륭한 성인으로 성장하기를 바라며 최선을 다할 것이다. 하지만 자녀양육의 책임을 가진 가장 중요한 양육자가 오히려 자녀의 건강한 성장을 방해하고 장애가 될 수 있다는 것은 놀랍고 두려운 일이 아닐 수 없다. 자녀가 성장하면서 가장 영향을 많이 받는 양육자인 부모가 자녀를 충분히 이해하지 못하고 있다거나, 자녀의 타고난 선호경향에 대해 편견을 가지고 있다거나, 혹은 자녀에게 어떻게 표현하고 자녀의 표현을 어떻게 받아들여야 할지를 모른다면 부모 자신이 자녀에게 가장 큰 걸림돌이 될 수밖에 없는 것이다.

초등학교에서부터 고등학교까지 십여 년이 넘는 학교교육과정에 부모가 되는데 필요한 교육은 왜 없을까? 결혼을 하면서 자녀수를 계획하는 가족계획은 하면서 부모가 될 준비나 계획은 왜 하지 않는 걸까? 누구나 자녀를 훌륭하게 키우고 싶어 하고 자녀를 키우는 과정이 행복하기를 꿈꾸고 희망하며 자녀들이 그런 행복감 속에서 자라기를 원하지만 정작 자녀를 양육하고 있는 부모 자신을 보라. 행복한가? 양육되고 있는 당신의 자녀를 보라. 행복한가? 부모가 최선을 다한 이 헌신적인 노력이 혹시 자녀에게는 최악의 환경을 제공하고 있지는 않은지 다시 한 번 양육자 자신을, 그리고 내가 양육하는 자녀를, 그리고 서로의 관계를 살펴봐야만 한다.

Chapter 5

학습양식과 교수양식

I 성격유형과 학습양식

● **학생들에게** 가장 효과적인 학습방법은 어떤 것일까? 대부분의 학생들은 공부를 잘 하고자 하는 욕구를 가진다. 실제로 공부를 열심히 하여 성적이 우수한 학생은 스스로 성취감을 통하여 계속 공부하는데 재미를 느끼게 된다. 하지만 어떤 학생들은 공부를 하는데도 성적이 오르지 않는다고 호소한다. 우수한 성적을 거두는 데는 지능, 부모의 지지, 효과적인 학습습관, 학습 환경, 학습에 대한 선호성 등의 여러 가지 변인이 있지만, 성적이 노력과 반드시 비례한다고는 할 수 없다. 똑같이 노력을 기울이는데도 학생마다 학습 성취도에 차이가 생기는 중요한 변인 중의 하나는 학습방법일 것이다. 학생들이 가장 효과적으로 학습할 수 있도록 돕는 유용한 도구로, 인간의 성격이론과 관련된 기질이론과 유형이론을 꼽을 수 있다.

교사들은 여러 가지 이론에 익숙하다. 예를 들면 가드너(Gardner,1983)는 개인의 지능을 언어적, 논리/수학적, 공간적, 음악적, 운동적, 대인 관계적, 자기 이해적, 자연친화적 지능 등으로 분류하여 설명한다. 이러한 이론들은 우선적으로 학생들의 학습과정에 초점을 맞추고 있다. 이는 교사들이 학습양식의 차이를 인식하는데 도움을 주지만 교사의 욕구와 기술을 고려하지 않는다.

그런데 각 분야에서 성공한 이들에게 공통적으로 높게 나타나는 지능 중 하나가 자기이해지능이다. 예를 들어 성공한 이들 중 발레리나의 경우 운동지능, 대인관계적 지능과 자기이해지능이 다른 지능보다 우수했고, 디자이너의 경우는 공간지능, 언어지능과 자기이해지능이, 외과의사는 논리/수학적 지능과 자연친화적인 지능, 자기이해지능이 다른 지능보다 두드러졌다. 여기서 자기이해지능은 자기이해를 통한 자기 통찰력을 의미한다고 볼 수 있다. 이러한 의미에서 자기이해를 돕는 기질이론과 유형이론을 통해 학생들 개개인에게 적합한 학습방법을 안내해 줄 수 있을 것이다.

또한 인간은 학습하는 존재로서, 발달단계에 따른 발달과업을 수행하게 된다. 즉. 어린 아이일 때는 걷고 말하는 법을 배우고 초등학생이 되었을 때는 읽기와 쓰기, 계산하는 방법 등을 배운다. 이는 유전과 환경의 상호작용으로 진행되는 과정이다. 그러나 아동들은 자라면서 점점 학습행동의 개인 차이를 나타낸다. 이는 학생들이 각각 서로 다른 것을 원하고 학습방법 또한 다양해지기 때문일 것이다. 기질과 성격유형이론에 따르면 성격유형에 따라 배우고 가르치는 방법도 다르다.

Ⅱ 지표별 선호 학습방법

1. 외향형(E)

● 혼자 과제를 하기 전에 급우들과 문제해결에 관해 이야기할 수 있는 기회를 주는 것이 좋다. 이 유형의 어린이들은 대화를 위한 시간이 필요하다. 모델링을 통해 교과목들을 받아들이게 하면 효과적이다. 개념을 설명하기 전에 실험을 통해 눈으로 보게끔 해준다. 외향형의 어린이들은 시행-착오를 통한 학습이 되도록 충분히 시간이 주어질 때 환경에 자유롭게 적응하면서 학습을 효율적으로 하게 될 것이다. 친구들과 어울려 말하면서 공부하는 것이 효과적이나 혼자 정리하는 시간이 필요하다. 또한 너무 많은 자료를 수집하기보다 적절한 양의 자료를 공부하는 것이 효과적일 수 있다.

2. 내향형(I)

● 이 유형의 어린이들에게는 문제에 답하기 전에 모든 사실적인 요소와 가능성들에 대해 생각할 여유를 주는 것이 중요하다. 즉 내적 과정을 위한 시간을 주는 것이 바람직하다. 집단토론이나 문제해결과정에 참여하기 전에 사고 체계 안에서 문제를 진행시킬 시간을 마련해 주고 수행하기 전에 어린이가 설명하며 질문하고 답하는 과정, 관찰 등을 통해 과제를 이해할 수 있도록 한다. 새로운 상황이나 개념을 경험하기 전에 그것을 이해시키도록 한다. 이들에

겐 공부하기 전에 음악 감상을 하거나 시, 수필 등을 읽는 워밍업이 필요하다. 활동적인 휴식은 오히려 에너지를 낭비하므로 효과적이지 못하다. 혼자서 공부하는 과정에서 정보가 부족할 수 있으므로 정보를 탐색할 필요가 있다.

3. 감각형(S)

● "보는 것이 믿는 것이다"라는 말이 이 유형의 어린이들에게 해당된다. 영화, TV, 여러 시청각교재를 이용하는 것이 좋다. 이들은 주의 깊은 관찰, 기억, 직접적인 경험을 요구하는 활동들을 즐긴다. 주제에 관한 훈련에 잘 응한다. 실생활에서 개념들이 적용되는 구체적인 예를 제시해주고 어떻게 작용하는가를 이야기해주며 한 단계씩 새로운 자료들을 이용하게 한다. 이전에 배웠던 지식들을 활용하고 습득한 기술들을 응용하도록 한다. 너무 세부적인 것에 매이지 말고 전체적인 맥락이나 전체적인 구도를 파악하도록 한다. 가끔 막히는 부분은 넘어가고, 대단원과 소단원의 계열관계를 살펴보도록 한다. 브레인스토밍(brain storming)이나 마인드 맵(mind map)을 이용한 공부도 효과적이다.

4. 직관형(N)

● 수업을 별개의 부분으로 갑자기 제시하기 전에, 예상할 수 있는 결과를 설명해준다. 직관형 어린이들은 전체적인 윤곽에 초점을 둘 것이다. 상상력을 자극할 만한 과제를 제공하고 다양한 해결방법이 있는 개방형의 문제를 고안하여 제시한다. 평범한 것에는 빨리 싫증을 내므로 여러 가지 다양한 시도가 필요하다. 또한 이 유형의 어린이는 자기 페이스(pace)에 맞는 학습을 즐기며 낡은 방식을 적용하는 것보다는 새로운 기법으로 학습하기를 더 좋아한다.

문제해결에 있어서 지나치게 단순화하거나 복잡하게 생각하지 말고 출제자의 의도를 생각해 볼 필요가 있다. 논술을 할 때 주제에 대한 비약이 지나쳐 시작은 좋은데 끝 부분이 황당무계 할 수 있으므로, 결론을 생각해 보고 논술을 전개하는 방법도 효과적이다.

5. 사고형(T)

● **선생님**, 급우, 자신의 능력에 대한 믿음이 중요하다. 이 어린이들에게는 자료를 수집, 조직, 평가함으로써 문제를 해결할 수 있는 기회를 주는 것이 바람직하다. 이들은 논리적이며 객관적이다. 또한 적절한 행동과 성적을 결정하는 기준을 알고 싶어 한다. 체계가 공정하다는 믿음을 필요로 하며 수업에서 인정받고 가치 있는 성취감을 얻고 싶어 한다. 또 어떤 일이 왜 일어났는지 알고 싶어 하므로 일의 인과관계를 설명해주어야 한다.

6. 감정형(F)

● **감정형의** 어린이들은 그들의 과제나 수행에 앞서 그들이 한 개체로서 인식되기를 원한다. 그래서 이들에게는 과제물에 개별적으로 평을 해주거나 격려의 말을 덧붙여 주는 것이 몹시 소중한 일이다. 조화를 원하므로 급우 간의 갈등, 선생님과의 갈등상황에서는 스트레스를 많이 받는다. 그래서 정서가 맞는 친구와 공부하는 것이 효과적이며 꾸중이나 비판은 비효과적이다. 칭찬을 받고 싶어 하며 다른 사람을 즐겁게 해주려고 한다. 여럿이 함께 공부하고 토론하는데 참여하지만 경쟁은 싫어한다. 사람과 관련된 주제를 주고 이들이 어떤 방식으로 사람을 돕고 영향을 줄 수 있는지 설명해 주는 것이 좋다.

7. 판단형(J)

● **수업에** 일정한 과정이 있고 이를 따르는 것을 좋아한다. 야외수업, 특별활동과 같은 계획된 변화는 일상적인 것의 한 부분으로 수용한다. 숙제를 통해 얻을 수 있는 것을 정확하게 설명해 주는 것이 좋다. 이들은 명료한 과제와 정확한 안내를 요구한다. 한 과제물을 끝마치고 나서 다른 과제물을 시작하는 것을 선호하므로 '끝마치지 못한' 많은 과제물들은 이들에게 스트

레스를 준다. 집단 활동을 조직화하기도 한다. 가끔 계획을 세우는 그 자체에 몰입하는 경향이 있는데, 상황이 달라져도 대처하는 융통성을 기르고 학습과정을 즐기도록 격려한다.

8. 인식형(P)

● **인식형** 어린이들에게 교사는 융통성을 발휘해야 한다. 사상, 사물, 장소 모두 탐험하기를 좋아하기 때문에 주위를 이동하며 학습하고 싶어한다. 즉흥적으로 행동하므로, 이런 아동은 시간계획을 세워서 생활할 수 있도록 도와준다. 새로운 정보에 언제나 개방적이므로 숙제는 막판에 해치우거나, 제시간에 못할 수도 있다. 그리고 결정을 하는데 어려움을 느낀다. 이들은 호기심이 많고 새로운 일을 발견하고 싶어 한다. 너무 일상적인 것들은 이들을 비행에 빠지게 할 수 있다. 한꺼번에 너무 많은 일을 시작해 마무리하는데 어려움을 느끼기 쉽다. 자연스럽고 자유롭게 노는 것을 좋아한다. 행동제약이 필요할 때는 보상으로 자유를 허용해야 한다. 문제를 해결하는데 있어서 장, 단기적인 목표와 계획을 세워 공부하고 시간 및 주변을 통제할 수 있도록 격려한다.

Ⅲ 기질별 선호 학습방법

● 키얼시(Kiersey, 1988)에 의하면 학생들의 학습 양식은 4가지 기질과 부합된다. 즉 SJ 보호자형은 단계체험지향 학습자(Actual-Routine Learner), SP 예술가형은 행동체험지향 학습자(Actual-Spontaneous Learner), NF 이상주의자형은 포괄개념지향 학습자(Conceptual-Global Learner), NT 합리론자형은 특수개념지향 학습자(Conceptual-Specific Learner)이다. 자아실현을 위해, SJ 보호자형은 공동체의식 및 소속감과 함께 책임감과 의무를 추구한다. SP 예술가형은 행동의 자유를 통해 자존감을 증진시킨다. NF 이상주의자형은 지속적인 개인의 성장과, 삶의 의미나 목적을 추구하고자 한다. NT 합리론자형은 의지와 전문성을 통해 지식을 확장하고 유능감을 획득함으로써 자존감을 높인다.

기질이론에 의하면, SJ 보호자 기질 학생들은 직업을 얻고 다른 사람들은 돌보기 위하여 학습하기를 원한다. 이들은 선도적이고 실험적인 것보다는 경험적으로 증명된 것을 배우고 익혀 실생활에 적용하는데 의미를 둔다. 나아가 사회 전체에 공헌할 수 있는 일에 가치를 부여한다. 이들은 대체로 교사가 가르치는 내용들을 충실히 배우고 익힌다. 이러한 지식체계들은 이들이 사회구조 안에서 질서를 유지하고 가족이나 조직에 봉사하는데 활용된다.

SP 예술가 기질 학생들은 이론적인 내용보다 현재 적용할 수 있는 학습에 더 흥미를 느낀다. 과거나 미래에 대해 배우고 익히는 활동은 동기 부여가 되지 않는다. 그들에게는 즉흥적이고 금방 효과를 가져다주는 학습이 흥미롭고 재미있다. 그들은 자신의 능력을 발휘할 수 있는 직업을 갖고자 한다. 이들에게는 배움 자체가 즐겁고, 도전적인 모험심을 자극하는 것이다. 그리고 이들은 실제 움직임을 통해 배울 때 자신의 것으로 습득하게 된다.

NF 이상가 기질 학생들은 인간으로서의 잠재력을 계발하기 위해 학문적인 기술이나 배움을 추구한다. 이들은 사람들이 각자의 꿈을 이루도록 돕는 방법을 배우고자 한다. 이들에게 학습은 개별적이고 주관적이다. 사실적인 내용보다 인간적인 것, 사상이나 가치에 대해 공부하는 것을 더 좋아한다. 이들은 개인적으로 성장할 수 있고 인류를 총체적으로 도울 수 있는 직업을 갖고 싶어한다. 이들은 부모님, 선생님, 친구 등의 다른 사람들과 깊이 연결되고 서로에게 의미 있는 존재가 되기를 바란다.

NT 합리론자 기질 학생들은 지식의 습득에 있어서 만족할 줄 모르며 계속 배우고자하는 욕구를 가진다. 이들은 관념과 현실 사이의 포괄적인 관련성 이면의 시스템을 배우기 원한다. 시스템은 이들의 내적 시험과 비판을 거친 것이어야 한다. 이들은 새롭고 전문적인 학습을 장려하거나 허용해주는 직업을 선택한다. 이들은 세상을 이해하고자 하는 욕구에 힘입어 배우기를 원한다.

이렇듯 기질마다의 학습양식이 다르다. 학생들은 자신의 기질에 맞는 학습방법으로 공부할 때 재미있고 효과적으로 학습에 접근할 수 있을 것이다. 하지만 학생 개개인에게 맞춤형 수업을 진행할 수 없는 교육현장에서, 모든 수업이 각 학생들의 기질이나 요구에 부합될 수는 없을 것이다. 여기서 중요시되는 것은 학생들이 자기 기질에 맞는 학습방법을 통하여 학습에 대한 성취를 경험하고, 자신감을 기를 수 있도록 개별적인 기회를 부여하는 과정이다. 예를 들면 공부가 놀이이고 놀이가 공부이길 기대하는 SP 아동들에게 모든 교육과정을 활동중심으로 구성하기란 쉽지 않다. 따라서 이들이 활동이나 조작을 통한 학습에서 성공감을 갖도록 돕고, 이러한 성공경험을 통해 학업 성취동기 및 기본학습능력이 일정 수준에 이르면 자기 나름대로의 학습방법을 익혀 나아갈 수 있을 것이다. 즉 기질별 학습에 대한 성공경험은 학습에 대한 성취동기를 강화하고 나아가 자기주도적인 학습을 할 수 있는 자원이 될 것이다. 또한 학생들은 기질에 따라 각기 다른 학습방법들을 원한다. 예를 들면, NT기질의 학급에서 생활하는 NF기질 학생은 따뜻함에 굶주리게 될 것이다. 그리고 NF기질의 학급에서 NT기질의 학생은 지적 도전에 목말라 할 것이다. 따라서 교사들은 다양한 기질의 학생들의 요구를 충족시키기 위해서 다양한 교수법을 잘 알고 있어야 한다. 교사들이 기질 및 성격유형의 차이를 이해하고 학생들의 내적 가치를 존중할 때, 학생들의 기질에 따른 학습방법으로의 접근 또한 효과적일 것이다. 학습기술은 삶의 기술과는 달리 한 인간의 일생에 걸쳐 발달한다(Fairhurst & Fairhurst, 1995/2007).

1. SJ(감각 판단형) 기질

가. 건실한 모범생
: 에피메티안(Epimethean Temperament)

● **이들은** 구조화되고 체계화된 틀 속에 안정감을 갖춘 학습양식을 좋아한다. 이들은 집중력이 강하고 교사의 지시에 따르는 단계적이고도 반복적인 학습양식을 선호한다. 세부사항을 다루는 주입식 교육과 연습과 복습이 반복되는 학습양식을 잘 견디어 낸다(Kiersey, 1988).

SJ 기질들에게는 수업 시 구조화된 전략이 필요하다. 이들은 수업이 단계적으로 진행될 때 가장 잘 학습하기 때문이다. 오랜 시간 앉아서 강의를 듣고 필기하는 것을 잘 해내며 교사주도의 학습에 잘 따른다. 교사가 요점을 분명히 잘 제시해 주는 강의법이 효과적이다. 이들은 책상 앞에서 하는 숙제, 즉 문제집 풀이, 프로그램화된 학습지 하기, 교과서나 참고서 내용 외우기 등의 학습을 좋아한다. 이들은 수업자료의 반복과 연습을 통하여 지식을 얻는다. 따라서 이들에게는 시중에서 판매되는 질 좋은 교육자료나 CD, 인터넷 강의자료 등이 도움이 될 것이다. 또한 이들은 교사가 기대하는 것이 무엇인가를 정확히 알게 되면 매우 차원 높은 구조화된 학습도 기꺼이 해낼 수 있다. 특히 자신들의 건실한 학습습관을 개발하고 유지시켜 암기를 잘하며 단답형 및 사지선다 등의 선택형 문제를 잘 해결한다. 소크라테스식 문답법으로 접근해 나가는 것도 효과적이다.

그러나 이들은 즉각적인 답을 요구하거나 복잡한 문제를 토론하는 활동에 어려움을 느낀다. 이들에게는 미리 토론을 계획하고 준비할 수 있도록 논의 및 토론주제를 알려 주는 게 효과적이다. 그리고 역할놀이나 놀이극 같은 창의적이고 순발력을 요하는 수업형태는 주저하는 경향이 있다. 또한 예고되지 않은 학습이나 평가, 즉 창의성을 요하는 학습에서는 자신의 실력을 발휘하지 못할 수도 있다. 그러나 이들은 과제나 문제해결 방법을 알게 되면 최선을 다한다. 주어진 과제를 스스로 끝까지 잘하며, 과제물에 대한 칭찬을 받으면 더욱 강화를 받는다(Kiersey & Bates, 1987/1992).

이 유형의 한 초등학교 5학년 아동을 예로 들면, 아이는 학교과제를 해결하기 위해 백과사전의 내용을 옮겨 썼고, 선생님의 칭찬을 듬뿍 받았다. 그는 선생님의 강화를 통하여, 과제를 할 때면 백과사전을 옮겨 쓰느라 잠을 제대로 못 잤다. 결국 아이의 부모가 아동이 부쩍 허약해진 것을 염려하여 상담을 요청하였다. 이러한 문제가 생길 경우, 교사는 과제를 해결하는 규준을 분명히 해줄 필요가 있다. 예를 들면 '사전을 복사하되 읽고 중요한 점을 줄을 긋거나 요약해도 된다' 든가, '인터넷을 이용하되 핵심어를 찾는다' 등의 구체적인 안내를 한다면 과제를 보다 효과적으로 해결할 수 있을 것이다.

이 유형의 한 중학교 2학년 여학생은 간부수련회를 다녀오느라 글쓰기 과외수업을 빠지게 되었다. 그의 어머니는 선생님께 보충학습을 부탁했지만 선생님은 전혀 보충할 필요가 없다고 했다. 왜냐하면 그는 자신이 빠진 학습량에 대해여 이미 자율학습을 했기 때문이다. 이들은 계획한 것을 그대로 실천하고 자신을 통제하는 인내심이 강하다. 이 유형의 아이들은 종종 일기장에 '나는 오늘도 나와의 약속을 잘 지켰다' 고 스스로를 강화하기도 한다.

이 유형 아이들의 학습방법은 '꼬리에 꼬리를 무는 연쇄적 방법으로 단계별로 학습하라, 기초를 확립하고 바탕을 다지라, 묶어서 생각하고 미루어 확장하라. 큰 흐름을 짚어내는 계통적 방법으로서 정보를 조직하라, 목차를 세우고 체재를 선정하라, 전례를 참고하여 새 것을 만들어라, 부분을 들어서 전체를 장악하라. 생각을 장악하는 효율적인 방법으로서 되풀이해 검토하고 메모하며 따져보라. 실용성을 갖춘 현장적 방법으로서 사실을 따지고 적용하고 실천하라. 단계별로 다듬어 최선을 이룩하라. 목표량을 정해 놓고 그대로 실천하라' 등을 강조한 다산 선생의 지식경영법(정민, 2007)과도 관련성이 깊다.

나. 유형별 특성

● **SJ** 보호자 기질 학생들은 STJ 관리자(Monitor)로서, ESTJ 안정가(stabilizer)와 ISTJ 완벽주의자(Perfectionist)로 분류된다. 또한 SFJ 공급자(Provider)로서 ESFJ 조화추구자(Harmonizer)와 ISFJ 보존가(Conserver) 두 가지로 분류할 수 있다(Fairhurst & Fairhurst, 1995/2007).

(1) ESTJ 안정가(Stabilizer)

● ESTJ 학생들은 결단력 있고 바르며 사실적이다. 근면하고 책임감이 있으며, 구조와 일상적인 절차가 있을 때 일을 효율적으로 처리한다.

선호하는 과목은 수학, 체육, 역사, 정치, 연설과 토론 등이다. 이들은 목표에 대한 내면적인 동기를 가지며, 목표 성취와 관련된 과외활동을 추구한다. 구체적인 목표와 실제적인 적용을 구비한 수업이 효과적이다.

학업지도의 문제로 이들은 리더십을 실습할 수 있는 기회가 주어지지 않을 경우 학업이 부진하며, 극단적으로 학교에서 일탈할 수도 있다. 따라서 이들은 자신에게 리더십을 부여하고 격려해주는 교사에 의해 동기화된다. 이들은 자신의 의견을 표현하기를 즐기며 또래들에게 영향력을 미친다. 교사들은 이들이 학교에서 최선을 다할 수 있도록 분명한 지시와 기대를 요점 정리해 줌으로써 도울 수 있다. 이들은 공정한 교사, 단계적으로 접근하는 교사를 좋아하고 따른다.

(2) ISTJ 완벽주의자(Perfectionist)

● ISTJ 학생들은 의지하고 믿을 만하며 확고부동한 면이 있다. 이들은 일을 체계적이고 단계적으로, 건실하고 철저하게 해낸다. 자기 또는 다른 사람과의 약속을 잘 지키며 진지하고 조용히 맡은 일을 해낸다.

선호하는 과목은 수학, 회계, 독서, 역사, 행정, 산업미술, 체육 등이다. 이들은 실제적으로 적용해 볼 수 있는 논리적이고 조직적인 수업을 좋아한다.

학업지도의 문제로 이들은 완벽주의 기질이 있어서 과업이나 프로젝트에 걸리는 시간이 너무 길다. 또 스스로 소진될 때까지 일하는 경향이 있다. 따라서 이들에게는 명쾌한 규준이나 규율, 단계적인 절차를 제시하고 과업을 완수할 수 있도록 적절한 시간을 부여하는 교사에 의해 동기화된다. 이들은 정확함과 정밀함을 인정해 주고 조용한 학급 분위기를 유지해 주는 교사를 좋아한다.

(3) ESFJ 조화추구자(Harmonizer)

● ESFJ 학생들은 남을 잘 돌보고 동정심이 강하며 따뜻한 마음을

지녔다. 이들은 매우 사교적이고 재치가 있으며 다른 사람들과 협력하여 조화롭게 일을 잘 한다. 선호하는 과목은 음악, 수학, 가정경제, 아동발달, 미술과 공예 등이다. 이들은 상호작용을 허용하는 구조화된 수업을 좋아하며, 여가활동으로 스포츠와 사회적인 이벤트를 즐긴다.

학업지도에서, 이들은 그들에게 관심을 보이는 사람이 필요하다. 또 너무 많은 일을 해야 한다면 성적이 부진할 것이다. 이들은 분명한 행동지침을 설정하고 관심을 갖고 돌보아주는 교사에 의해 동기화된다. 질문에 대한 답을 할 수 있도록 배려해 주고, 이론을 실제에 적용하도록 도움을 주는 교사를 따른다.

(4) ISFJ 보존가(Conserver)

● ISFJ 학생들은 사려 깊고, 헌신적이며, 다른 사람의 욕구나 필요를 돌보는 마음을 지녔다. 이들은 주위 사람들의 행복을 보호하려고 노력한다. 집단에 충직하고 헌신적이며, 인내심이 강하고 세부적인 일들을 잘 처리한다.

선호하는 과목은 읽기. 미술, 공예, 아동발달, 실제적인 기술 관련 과목 등이다. 개인적인 취미활동이나 일대일의 대인관계를 즐기며, 타인을 도울 수 있는 실천적 과목들에 매료된다.

학업지도의 문제로 이들은 집단토의에 참여하는 활동과 기술적이고 이론적인 과목에 어려움을 겪는다. 일이나 과제에 대한 염려와 간걱정으로 에너지가 소진되어 능력을 발휘하지 못하는 경향이 있다. 따라서 이들은 학교생활과 행동에 명확한 기준을 제시해 주는 교사에 의해 동기화되며, 개인적인 관심을 보여주고 공간, 실제 세계의 예를 제공해 주는 교사를 좋아한다.

다. SJ 학생들의 학습을 위한 반올림 tip

- 성실하고 꾸준한 학습태도를 인정하고 강화한다.
- 학습에 대하여 분명한 규준을 제시하고 전체적인 개요를 설명해 준다.
- 학습과정을 체계적이고 단계적으로 접근한다.
- 연습과 복습을 중심으로 학습내용을 익혀 실생활에 적용하도록 안내한다.
- 창의성, 융통성을 키우는 점진적 활동을 강화한다.

2. SP(감각 인식형) 기질

가. 톡톡 튀는 아이들
: 디오니시안(Dionysian Temperament)

● '현재를 즐겨라' 라는 말처럼, 이들은 즉흥적인 감각으로 삶을 영위하는 경향이 있다. 이들에게 요구되는 학습방식은 '감각과 체험' 을 살려주는 것이다. 이들은 체계와 구조화 및 규칙에 얽매이는 것을 대단히 싫어하며, 이론과 반복을 잘 견뎌내지 못하는 경향이 있다. 이들은 현재 우리나라 중·고등학교의 전통적 주입식 교육체계가 요구하는 학습태도를 유지하는데 어려움을 겪는다. 특히 이들은 다양한 활동이 가능한 학습의 장에서 그들이 지닌 학습능력을 발휘할 수 있다(Kiersey, 1988).

이들을 동기화시키는 가장 중요한 요소는 행동이다. 이들은 행동할 자유를 원하고 신체적으로 반응할 수 있기를 원한다. 이들에게 동기를 유발하는 수업은 역동적이고 도전감이 있는 수업, 다양성과 재미를 불러일으키는 수업이다. 이들은 충동과 모험, 속도와 변형을 좋아하므로 즉각적인 관심을 불러일으키는 활동에 더 주의를 집중한다. 또한 수업 중에 발표하고 다른 친구들과 토론하는 것을 좋아한다. 빠른 방식으로 진행될 수 있다면 토론방식이 효과적이다. 이들은 호기심을 갖고 정확하게 해낼 수 있으며 능력을 발휘할 수 있는 과제로부터 많이 배우고 즐거움을 느낀다. 이들에게는 보고 듣고 느끼며 움직임이 있는 수업이나 다양한 교구를 활용한 시청각 수업이 효과적이다.

이들에게 교사중심의 주입식, 설명식 수업은 비효율적이다. 즉 이들에게 자리에 가만히 앉아서 듣는 수업이나 강의는 심리적인 죽음과 같은 것이다. 또 장기간의 목적을 설정해 놓은 구조화된 과제나 오랜 시간을 요하는 과제는 완성하지 않을 수 있다. 참고서를 보고 학습지를 푸는 일 등은 이들의 존재방식과 맞지 않는 일들이다. 예습이나 복습, 과제를 부여하는 일에 거의 반응하지 않으며 이러한 일들은 이들과 교사, 학부모 간의 갈등만 일으킬 것이다. 이들의 관심은 과거에 대한 복습이나 연습, 미래에 대한 예습 준비가 아니라, 지금-여기서의 활동과 그 과정에 있다.

이들은 기능적으로 열정적이어서 사물을 조작하는 활동, 사용 가능한 재료로 손으로 만들고 실습하는 활동을 즐긴다. 특히 도구나 자료로 구성하고 조종할 수 있는 것에 관심을 가지며 역할극이나 연극 같은 활동에 매료된다. 또한 경쟁과 게임을 통한 활동을 좋아하며 학습이 놀이이고 놀이가 학습이길 기대한다. 따라서 이들에게는 자유스럽고 허용적인 분위기 및 공간이 필요하며, 이러한 가운데서 그들은 자율성과 창의성을 발휘한다(Kiersey & Bates, 1987/1992).

이들에게는 '천재는 노력하는 사람을 이길 수 없고 노력하는 사람은 즐기는 사람을 이길 수 없다'는 말이 부합된다. 이들 중에는 인문계 고등학교에 진학할 수 없는 성적이어서 기계 공고에 입학하여 실제 기계를 조작하고 발명하여 두각을 나타내는 학생들도 많다. 이들은 상담과정에서 상담자의 지지와 과제 수행을 통해 '내가 알고 있는 것이 그렇게 많은 줄 몰랐다'고 말하기도 한다. 이들은 학업을 통해 지지받은 경험이 부족한 탓에, 자신이 잘 하는 분야가 있다는 사실을 간과할 수도 있다. 즉 부정적인 피드백에 익숙하여 스스로 부정적인 자기개념을 형성할 수 있다. 이들은 종종 운동기능, 실험실습, 도구 다루기, 악기 연주 등 예체능 분야에서 기발하고 개성적인 끼를 발휘한다.

이들의 학습방법은 '본질을 놓치지 않는 실천적인 방법으로서 나만이 할 수 있는 작업에 몰두하라, 지금-여기의 가치를 다른 것에 우선하라, 변화를 긍정하고 위기를 활용하라, 효율성을 강화하는 집체적 방법으로서 동시에 몇 작업을 병행하여 진행하라, 토론하고 논쟁하라'등을 강조한 다산 선생의 지식경영법(정민, 2007)과도 관련된다.

나. 유형별 특성

● **SP** 예술가 기질 학생들은 주로 STP 운영자(Operator)로서 ESTP 협상가(Negotiator)와 ISTP 수선가(Tinkerer)로 분류된다. 또한 SFP 활동가(Performer)로서, ESFP 활동가(Performer), ISFP 예술가(Artist)로 분류할 수 있다(Fairhurst & Fairhurst, 1995/2007).

(1) ESTP 협상가(Negotiator)

● ESTP 학생들은 활동적이고 원기왕성하며 다재다능하다. 이들은 외부 환경과 사람으로부터 오는 단서에 민감하며 상황을 빨리 판단하고 행동으로 옮기는 현실주의자들이다. 즉 활기 있는 설득가, 능숙한 협상가의 재능을 지녔다.

선호하는 과목은 역사, 수학, 정치학, 연설과 토론, 직업훈련 프로그램, 체육 등이다. 이들은 사회적이고 활동적인 일들, 실제 사건이나 사실, 관찰할 수 있는 변화를 다루는 과외활동을 즐긴다.

학업지도의 문제로 이들은 학교가 지루하며 무의미하다고 생각하여 도중에 그만 둘 위험이 있다. 따라서 이들은 경쟁심이나 도전을 자극하는 교사에 의해 동기화된다. 다양성과 자유가 허용되고 흥미로운 분위기에서 배우기를 좋아하며, 수업이 실제 삶에서의 모험과 같이 제공되길 기대한다.

(2) ISTP 수선가(Tinkerer)

● ISTP 학생들은 독립적이고 모험을 좋아하며 편의적이다. 그들은 종종 신체적 에너지가 풍부하며 조용히 삶을 관찰하는 경향이 있다. 사물의 이치를 학습하는데 구체적이고 분석적인 기술을 적용하고, 자신들의 재능이 효율적으로 적용되는 방법을 찾는 활동을 선호한다.

선호하는 과목은 수학, 자동차 정비, 목공, 그래픽 디자인, 농업, 과학, 직업훈련 프로그램, 체육 등이다. 운동을 즐기고 실제 사물을 활용하거나 데이터를 조작하는 활동을 좋아한다.

학업지도의 문제로는 이들은 효율적인 것을 선호하나, 때로 그 효율성을 성취하기 위한 노력을 거의 기울이지 않고 핑계를 늘어놓는다. 따라서 이들은 특별한 재능을 자극하고 재능을 시험해 볼 수 있도록 배려해 주는 교사에 의해 동기화된다. 깊이 생각하고 문제해결에 능한 이들의 성향을 격려하고 실험할 수 있도록 다양한 연장과 도구를 제공하는 방법이 효과적이다.

(3) ESFP 활동가(Performer)

● ESFP 학생들은 쾌활하고 사교적이며 놀기를 좋아한다. 이들은 말하기 좋아하고 흥미를 추구하여 다른 사람들에게 재미와 웃음, 편안함과 즐거움을 나누어준다.

선호하는 과목은 드라마, 역사, 미술, 아동양육, 직업훈련 프로그램, 체육 등이다. 이들은 사회적 집단에서 핵심인물로 활동하며, 실용적이고 다양하며 적극적으로 참여할 수 있는 과외활동을 좋아한다. 또 현실세계에서 가치 있고 다양한 형태로 변화시켜 사용할 수 있는 기술을 연마하는 과목을 선호한다.

학업지도의 문제로 이들은 학교의 가치를 인식하는데 어려움을 느끼며 수학이나 과학 등의 이론적인 과목을 꺼려하는 경향이 있다. 따라서 이들은 사교적, 언어적으로 자신을 표현할 수 있는 기회를 부여하는 교사에 의해 동기화된다. 웃음을 자아내는 분위기와 지속적으로 의사소통할 수 있는 과제를 좋아한다.

(4) ISFP 예술가(Artist)

● ISFP 학생들은 겸손하며 부드럽고 신뢰할만하다. 이들은 다른 사람들을 관찰하고 이해하려고 하며 적응을 잘 한다. 리더에게 충성을 다하며 조용하고 따뜻한 태도로 자유로운 영혼을 유지해 나간다.

선호하는 과목은 미술, 농업, 장식, 직업훈련 프로그램, 체육 등이다. 이들은 다양성과 협력을 추구하는 과목을 좋아하며 사회적 활동을 즐긴다.

학업지도의 문제로 이들은 독서를 즐기지만 궁금증으로 인하여 이해를 못 하겠다는 불평을 하기도 한다. 대체로 빈약한 학습습관을 갖고 있다. 따라서 이들은 자신에게 주의를 기울이고 재능을 인정해 주는 교사에 의해 동기화된다. 즉 이들의 적응력을 인정해주고 실험을 장려하며 그들의 가치를 인정해줌으로써 이들이 조화로운 생활을 하도록 도울 수 있다.

다. SP들의 학습을 위한 반올림 tip

- 낙천적이고 활동적인 재능과 화기애애한 학급 분위기 형성에 미치는 영향을 인정하고 칭찬한다.
- 교육과정 구성에 활동적인 요소를 최대한 반영한다.
- 촉진활동, 춤, 노래가사 개사, 퍼즐 맞추기 등을 이용하여 짧은 집중력을 요하는 다양한 학습전략을 제공한다.
- 간헐적인 물질적 보상을 통하여 성취동기를 강화한다.
- 자유롭고 허용적인 분위기를 조성하고 활동시간을 충분히 주는 반면, 마감 시간을 상기시켜 과제를 마무리 짓도록 돕는다.
- 학습내용을 극화하거나 역할활동을 하게 하는 등 다양한 변화가 있고, 즉흥적인 활동을 할 수 있는 기회를 부여한다.
- 학습에 시청각 자료를 활용하고 아동들이 직접 조작할 수 있는 기회를 제공한다.

3. NF(직관 감정형) 기질

가. 꿈꾸는 아이들
: 아폴로니안(Apllonian Temperament)

● **이들의** 학습경향은 사실의 설명보다는 주관적인 개념화나 개념의 의미를 끌어내는데 흥미가 있다. 즉, 단계적인 원리나 세부적인 설명 이전에 전체적이고 포괄적인 의미를 잘 포착한다. 대체로 학년이 높아질수록 높은 학업성취를 보이는 경향이 있으며, 특히 어휘구사력이 뛰어나다. 개방적이고 민주적이며 인간적인 정감을 교류하는 분위기의 학급에서 중요한 역할을 하는 유형들이다(Kiersey, 1988). 이들에게는 개별적인 접근이 가장 효과적이다. 즉 교사나 친구들과 상호작용하기를 좋아하고 개인적인 강화를 받는 일에 의미를 둔다. 그래서 학습하기 이전에 선생님이나 친구와 친밀한 관계가 먼저 이루어져야 한다. 때때로 전공이나 진로 선택에 있어서 좋아하는 선생님이나 친구들의 선택을 따를 정도로

관계나 의미가 중요시된다. 강의를 들을 때에도 교사와 눈이 마주치거나 질문을 통해 말할 기회가 주어질 때 더욱 집중한다. 만약 교사가 단조로운 음성과 평면적인 방식으로 수업을 진행한다면 곧 싫증을 내거나 집중력이 떨어지는 경향이 있다. 반면에 수업이 열정적으로 진행되거나, 극적이고 개인적인 자료를 사용한다면 수업에 자극받고 동기화될 것이다. 그리고 수업에서 자세하고 세세한 부분들이 계속 다루어지고 반복될 경우 세부적인 것들은 대충 넘어가는 경향이 있다.

이들은 의사소통하기를 좋아하여 집단토론에 흥미를 느끼는데, 대집단 토론보다 개인적인 상호작용이 많은 소집단토론을 더 선호한다. 이들은 창의적이고 생각이 필요한 과제를 좋아하며, 새로운 것에 대한 호기심이 강하여 복습보다 예습이 더 효과적이다. 또한 이들은 관심분야에 대한 주제에 이끌려 공상이나 상상을 펼치는 경향이 있어 예습을 통해 학습의 주제를 벗어나지 않도록 도울 수 있다. 또한 문제집을 풀고 질문에 답하는 방법의 과제보다 테이프에 이야기를 녹음하거나 이야기를 꾸미는 등의 활동을 더 좋아한다. 다른 친구들과의 역할놀이나 연극, 동시낭독 등과 같은 예술적이 활동이 동시에 이뤄지는 학습에 더 흥미를 느낀다. 문학, 역사, 소설, 시 등 내면을 자극하고 살찌우는 교과과정에 매료되는 편이다. 이들은 문제를 해결하는데 통찰력이 있고 예리하여 중심생각을 잘 파악한다. 은유적인 언어표현으로 다른 사람들에게 공감을 자아내며 눈에 띄지 않게 영향력을 미치기도 한다. 이들은 자신이 선택한 책을 읽거나 자기만의 방식으로 공부할 기회를 갖고 싶어 한다.

또한 또래들과 서로 도우며 협력 학습하는 것을 좋아하는 반면, 경쟁적인 방법이나 게임을 통한 학습은 좋아하지 않는다. 이는 경쟁에서 지는 것도 싫지만, 이겨도 진 사람의 입장을 생각하면 마음이 불편하기 때문이다. 이들은 또래와 조화를 잘 이루고 감정표현이 섬세하다. 다른 사람의 이야기를 경청하고 공감하며 돌보는 능력이 있다. 표현에 있어서는 은유를 즐기고 표면 이면의 의미를 찾아내며 현재 사실보다 가능성이 있는 일에 관심을 가진다. 이들은 창조적이고 열정적이며 다른 사람들의 입장을 배려한다(Kiersey & Bates, 1987/1992).

초등학교 4학년의 한 아동은 전학한지 2년이 넘었지만 이사 오기 전에 다니던 학원을 1시간 이상 버스를 타고 다닌다. 학원 선생님이 좋아서, 또 그 선생님과 공부를 하면 마음이 편하고 학습내용이 잘 이해되기 때문이라고 한다. 또한 이들의 문장완성검사에서 '나에게 상처가 되는 것은 : 남북통일이 되지 않는 것이다. 내가 제일 바라는 것은 : 북한에 꽃제비(인권을 유린당하는 아이들)가 없었으면 좋겠다' 등의 포괄적이고 인류애적인 표현을 엿볼 수 있다.

이들의 학습방법은 '따뜻함을 잃지 않는 인간적인 방법으로서 정취를 깃들라, 정성으로 뜻을 세워 마음을 다잡아라, 아름다운 경관 속에서 성품을 길러라, 나날의 일상 속에서 운치를 깃들여라, 한 마디 말에도 깨달음을 드러내라, 속된 일을 하더라도 의미를 부여하라, 독창성을 추구하는 방법으로서 권위를 딛고 서라, 발상을 뒤집어 깨달음에 도달하라, 속셈 없이 공평하게 진실을 추구하라, 본질을 추구하는 방법으로서 핵심가치를 잊지 말라' 등을 강조한 다산 선생의 지식경영법(정민, 2007)과도 관련성이 깊다.

나. 유형별 특성

● NF 이상주의 기질 학생들은 주로 NFJ 멘토(Mentor)로서, ENFJ 교육자(Teacher)와 INFJ 저술가(Writer)로 분류된다. 또한 NFP 지지자(Advocate)로서 ENFP 증폭자(Booster)와 INFP 몽상가(Dreamer)로 분류할 수 있다(Fairhurst & Fairhurst, 1995/2007).

(1) ENFJ 교육자(Teacher)

● ENFJ 학생들은 카리스마와 품위가 있다. 이들은 다른 사람들의 행복과 욕구를 충족시켜주고자 노력한다. 이들은 매우 섬세하고 발달된 언어능력을 지닌 덕분에 재치 있고 설득력이 있다.

선호하는 과목은 미술, 영어, 음악, 아동발달, 언어, 발표 과목 등이다. 이들은 집단토의와 같이 함께 교류할 수 있는 과목을 좋아한다.

학업지도의 문제로 이들은 교사와의 관계가 불안정하거나 학급이 부조화롭다고 느낄 때 자기 실력을 발휘하지 못한다. 우상시하는 인물을 즐겁게 하기 위해 진로를 선택하는 경향이 있으므로 잠재적인 진로를 배우고 선택할 수 있도록 도와야 한다. 따라서 이들은 다른 사람들을 돕는 재능을 인정하고 강화하는 교사에 의해 동기화된다. 이들은 학급에서 자신의 폭넓은 의사소통능력이나 타인을 배려하는 일 등을 관대하게 칭찬해주며 공정을 기하는 교사를 좋아한다.

(2) INFJ 저술가(Writer)

● INFJ 학생들은 인정이 많고 공감을 잘하며 집중력이 있다. 이들은 목표에 전념하고 공공을 위한 봉사활동에 조용히 강력한 힘을 발휘한다. 종종 내면이 복잡하고 깊이가 있는 모습을 보인다.

선호하는 과목은 미술, 영어, 음악, 심리학, 창조적인 글쓰기 등이다. 이들은 복잡한 개념을 이해할 수 있고 인류의 조화를 증진시킬 수 있는 과목을 선호한다.

학업지도의 문제로 이들은 조용하여 논의나 토론에 참여하는데 어려움을 느끼며, 가정에서나 친구들 간의 갈등을 힘들어 한다. 따라서 이들은 학생들의 독특한 재능에 대해 가치를 부여해 주는 교사에 의해 동기화된다. 또한 공감능력과 장기적인 비전을 활용할 수 있게 북돋아 주며, 창의적인 재능을 격려해 주는 교사를 좋아한다. 그리고 지나친 무질서를 통제하고 유연하고 통합적인 면을 보여주는 교사를 존경한다.

(3) ENFP 증폭자(Booster)

● ENFP 학생들은 열정적이고 매력적이며 말하기를 좋아한다.

이들은 매우 인간 중심적이며 호기심이 많아 다양한 주제에 대해 많은 정보를 공유한다. 풍부한 상상력을 바탕으로 한 지각능력으로 초인적인 식별력을 가진다.

선호하는 과목은 미술, 영어, 음악, 연극, 언어, 사회학 과목 등이다. 사회적인 집단에서 핵심역할을 하는 과외활동을 즐긴다. 이들은 다양한 프로젝트에서 많은 사람들과 함께 작업하고 창조적으로 문제를 해결할 수 있도록 허용하는 수업을 좋아한다.

학업지도의 문제로 다른 사람을 돕는 일에 몰두하여 정작 자신의 일을 마치지 못하는 경우가 있다. 이들은 먼저 일반적인 개요나 개념을 진정으로 이해해야, 다른 것들도 이해할 수 있다. 따라서 이들은 자신을 비판하지 않고 우정에 가치를 부여하며 칭찬해 주는 교사에 의해 동기화된다. 타인들을 돕고 집단 에너지를 북돋아 주며, 자신의 능력을 인정하고 발휘하게 해주는 교사의 도움이 필요하다.

(4) INFP 몽상가(Dreamer)

● INFP 학생들은 헌신적이고 고결하며 진심으로 남을 돌본다. 이들은 이상적이며 완전함과 덕을 강조하는 일에 몰두할 수 있으며 개성이 독특하다. 이들은 자신의 가치에 도전받기 전까지 과묵하며 자신의 믿음을 굳건히 지킨다. 또한 일치를 추구하고 평화를 유지한다.

선호하는 과목은 미술, 영어, 음악, 사회학, 심리학, 연극 등이다. 이들은 영화감상이나 하이킹을 즐기며, 혼자서 하는 일이나 지지적인 사람들과 가끔 교류하는 일을 선호한다.

학업지도의 문제로 이들은 수업에 참여하여 자기 자신을 표현하는 것이 더디다. 따라서 이들은 그들의 독특함을 인정해주고 개성을 발전시킬 수 있도록 격려하는 교사에 의해 동기화된다. 자신의 속도에 맞춰 능력을 개발하도록 도와주고 자신이 좋은 일을 하도록 기대하는 교사를 좋아한다. 자신의 완벽주의적인 규준과 규준으로부터의 자유 사이에서 균형을 갖도록 도와주며 개인의 통합성을 취하도록 도울 수 있는 교사를 선호한다.

다. NF들의 학습을 위한 반올림 tip

- 사람들과의 관계, 공감과 조화를 추구하는 꿈나무들의 특성을 강화한다.
- 칭찬, 개인적 격려, 스킨십 등 풍부한 정서교류를 병행하는 학습으로 접근한다.
- 역할놀이 등 틀에 매이지 않는 표현지향적인 학습을 격려한다.
- 문학, 역사, 소설, 시 등 내면을 자극하고 살찌우는 교과과정을 배정한다.
- 조직, 체계, 반복연습에 약한 점을 돕기 위해 기록, 녹음, 녹화방법 등을 활용한다.
- 가능한 한 소그룹 작업을 통한 학습의 기회를 부여한다.

4. NT(직관사고형) 기질

가. 꼬마 과학자
: 프로메티안(Promethean Temperament)

● **이들은** 지적으로 끊임없이 탐구하고 그 지적세계를 구조화하는 학습양식을 선호한다. 이들은 사물이나 사람에 대해 많은 질문, 특히 '왜' 라는 질문을 하고 해답을 찾으면 또 다른 질문을 형성하며 아이디어를 탐색하는 경향이 있다(Kiersey, 1988).

이들에게는 수업자료가 논리적이고 설득력 있으며 간결하고 일관성 있게 제시될 때 효과적이다. 강의도 추상적이고 새로운 내용이라면 장시간 앉아서 집중할 수 있다. 지적 호기심이 강하고 질문이 많으며, 의문이 생기면 스스로 책이나 컴퓨터를 찾아 해결하는 편이다. 이들은 토론하기를 좋아하나 또래와의 집단토론보다 교사와의 수준 높은 토론을 하고 싶어 한다. 또래들과는 지적 수준이 맞지 않는 경우가 많기 때문이다. 과제도 어렵고 복잡한 과제, 영감을 자극하는 과제, 두뇌회전이 필요한 과제, 다양한 종류의 문제를 정의하고 연구하는 과제, 이론적인 과제, 사실과 아이디어를 수집하고 분류하는 과제 등에 관심을 가진다. 또 이러한 과제 해결에 전념하며 성취감을 느끼고 만족하는 편이다. 개인적으로 주어진 토픽(topic)이나 프로젝트(project)에 열정적이며 장기간의 노력을 통하여 깊이 있게 탐구하기도 한다. 특히 과학이나 수학 등 관심분야에 대한 지식체계나 이론에 있어서 깊이와 폭이 돋보이는 편이다. 반면 관심없는 분야에 대해서는 거의 관심을 기울이지 않아 지적영역에 대한 편식이 심한 편이다. 또 자유로운 토론방식에 의하여 문제를 해결하거나 이론을 실제 장면에 적용시켜 보는 것 등의 활동을 좋아한다. 학업은 자기 주도적으로 행하며 평가 및 성취에 대한 자기기준이 높아 스스로 성취수준을 높여 나아간다. 마치 운동선수가 자신의 기록에 도전하는 것과 비슷하다. 똑같은 학습내용의 반복, 단순하게 전달되는 지식이나 정보에 싫증을 내며 새로운 것을 알아가는 예습이 효과적이다. 쓰기학습이나 활자화된 과제를 싫어하는 경향이 있으며, 가장 효과적인 연습의 형태는 문제해결과 의사결정과 관련된 것들이다. 친구들의 정서적 반응에 서툴며 상호학습하기보다 혼자서 학습하기를 즐긴다. 자신의 관심분야가 아닌 일상생활에 대한 대화를 시간낭비라고 생각하는 경향이 있다(Kiersey & Bates, 1987/1992).

이 유형 아동들의 사례를 살펴보면, 한 초등학교 1학년 아동은 글을 쓸 때 대부분의 내용을 과학적인 사실과 경험으로 채웠다. '햄스터 이빨은 책에서 본 것처럼 노란색이다. 햄스터는 목욕시킬 때 특히 주의를 기울여야 한다. 왜냐하면 햄스터의 귀에 물이 들어가면 곰팡이 균이 들어가 곧 죽기 때문이다' 라는 그의 글과, '거미는 가로줄로 먹이를 잡을까, 세로줄로 먹이를 잡을까?', '붕장어의 움직임' 등의 제목으로 내용을 전개하며 과학적 상식을 마음껏 표현한 것 등에서 이러한 특징을 엿볼 수 있다. 그럼에도 불구하고 이 아동은 자기 짝의 이름은 정확하게 기억하지 못했다. 2000년대 초, 중학교 2학년의 한 모범생이 해커 프로그램을 개발하여 장난삼아 국내 굴지의 기업을 해킹한 적이 있었다. 그는 어린 나이라 부모와 함께 법정을 드나들었고 형사처벌로 동사무소에서 한 달간 근로봉사를 하기도 했다. 이 유형 중에서 백과사전을 2-3번 읽었다는 아동도 종종 만날 수 있다. 이 유형의 아이들은 잘난 체한다고 생각하여 친구들이 놀아주지 않거나, 친구들과의 공통화제가 없어서 외톨이가 되는 경향이 있다. 그래서 때때로 교사는 이들의 지적 재능을 충분히 인정하고 강화해 줄 필요가 있다.

이들의 학습방법은 '독창성을 추구하는 방법으로서 권위를 딛고 서라, 발상을 뒤집어 깨달음에 도달하라, 속셈 없이 공평하게 진실을 추구하라, 본질을 추구하는 방법으로서 핵심가치를 잊지 말라, 큰 흐름을 짚어내는 계통적 방법으로서 정보를 조직하라, 모아서 나누고 분류하여 모아라, 문제점을 발견하는 쟁점적 방법으로서 질문하고 대답하며 논의를 수렴하라, 근거에 바탕하여 논거를 확립하라, 설득력을 갖춘 논리적 방법으로서 갈래를 나눠서 논의를 전개하라, 핵심을 건드려 전체를 움직여라' 등을 강조한 다산 선생의 지식경영법(정민, 2007)과도 관련성이 깊다.

나. 유형별 특성

● **NT** 합리론자 기질 학생들은 주로 NTJ 조직자(Organizer)로서, ENTJ 조직자(Commander)와 INTJ 과학자(Scientist)로 분류된다. 또한 NTP 발명가(Inventor)로서 ENTP 즉흥가(Improvisor)와 INTP 이론가(Theorist) 두 가지로 분류할 수 있다(Fairhurst & Fairhurst, 1995/2007).

(1) ENTJ 조직자(Commander)

● ENTJ 학생들은 솔직하며 통제를 잘하고 과단성이 있으며 역동적이고 도전적이다. 이들은 전략적이며 미래지향적인 사고를 하는 선천적인 리더이다. 이들은 생각을 현실로 옮기고 직접적이고 논리적인 원칙에 따라 목표를 추진해 나간다.

선호하는 과목은 수학, 과학, 대중 연설, 영어, 정치학, 논리적인 과목 등이다. 이들은 운동경기를 즐기며, 분석적이고 목표지향적인 전략을 구사하는 기술과 관련된 과목에 매료된다.

학업지도의 문제로 이들은 지도력과 아이디어가 받아들여지지 않을 때 학교를 거부할 수 있다. 또한 강한 개성과 우월의식으로 또래로부터 고립되거나 집단작업에 어려움을 느낄 수 있다. 따라서 이들은 자신들의 리더십을 인정해 주는 교사에 의해 동기화된다. 또한 복잡한 문제를 제시하고 그를 해결할 수 있는 자유 재량권을 주는 교사를 좋아한다. 중간목표와 전체 목표, 준수해야 할 몇 가지 규칙을 제한해 주는 교사를 따른다.

(2) INTJ 과학자(Scientist)

● INTJ 학생들은 자율적이고 복잡한 사고를 하는 이들로서 성취도가 높다. 이들은 복잡한 시스템을 개발하기 위해 한 가지에만 몰두하는 공상가가 되기도 하다. 진리와 탁월함을 추구하기 위해 비평하고, 확고하며 집요하게 행동하기도 한다. 이는 이들에게 강력한 동기가 될 수 있다.

선호하는 과목은 수학, 과학, 컴퓨터 공학, 이론 과목 등이다. 이들은 드라마나 음악을 즐기며, 복잡한 시스템을 이해하는데 도움이 되는 과목에 매료된다.

학업지도의 문제로 이들은 성적이 매우 뛰어나거나 낮다. 이들이 좋아하고 잘 하는 과목과 그렇지 못한 과목 간에 성적 차가 크다. 따라서 이들은 흥미와 아이디어를 주의 깊게 들어주는 교사에 의해 동기화되며 주제를 깊이 이해하고 좋은 학습 자료나 정보를 알려 주는 교사를 존경하다. 또한 학업성취를 자극하며 자신의 흥미를 추구하도록 자율권을 많이 부여해주는 교사의 도움으로 자신의 능력을 꽃피울 수 있다.

(3) ENTP 즉흥가(Improvisor)

● ENTP 학생들은 영리하고 독창적이며 기량이 풍부하다. 이들은 선천적인 호기심과 지적 성향으로 모험심을 추구한다. 이들은 동료들을 자극하고 주제에 대하여 다양한 측면에서 논쟁할 수 있는 창의적인 사고를 통하여 시스템의 문제를 해결하고 표현할 수 있다.

선호하는 과목은 수학, 과학, 공학, 컴퓨터, 정치학, 미술 등이다. 이들은 사회그룹에 참여하거나 운동경기를 즐기며, 개념을 가지고 놀거나 복잡한 시스템의 움직임을 볼 수 있도록 허용하는 과목을 좋아한다.

학업지도의 문제로 이들은 사물을 인식하는 방법이 독특하여 기억을 하는데 어려움을 겪기도 한다. 그리고 모든 것을 새로 고안해내는 경향이 있다. 이들은 혁신적인 프로젝트에 참여할 수 있도록 격려해 주는 교사에 의해 동기화된다. 어려운 문제, 창조성을 발휘할 수 있는 프로젝트를 제안해 주고 시스템의 규칙을 설명해 주는 교사를 좋아한다.

(4) INTP 이론가(Theorist)

● INTP 학생들은 말수가 적고 초연하다. 또 개인적인 감정을 섞지 않고 정확하며 인지적이다. 이들은 비판적인 사고를 활용하여 새로운 이론을 만들어 내며, 논리적인 분석을 강조하는 관념의 세계에 산다. 이들은 회의적이고 스스로 결정을 내리며 관심분야가 분명하다.

선호하는 과목은 수학, 과학, 논리학, 언어, 철학, 미술 등이다. 이들은 강의, 연극, 음악을 즐기며 깊이 있는 개념을 분석할 수 있다. 생각에 의문을 갖게 해주는 과목에 매료된다.

학업지도의 문제로 이들은 가끔 어떤 과정을 해나가는 중에 방향을 잃고 제시간에 일을 끝마치지 못한다. 또한 다양하게 정의 내릴 수 있는 지식을 냉소적이고 품위 없이 활용할 수도 있다. 이들은 예리한 사고능력에 가치를 부여해 주는 교사에 의해 동기화된다. 또한 일하는 방식, 일을 해야 하는 이유를 설명해주는 교사를 좋아한다. 그리고 자신의 욕구를 섬세하게 인식하며, 언어를 능숙하게 구사하는 교사를 따른다.

다. NT들의 학습을 위한 반올림 tip

- 지적 호기심을 자극하고 자기주도적인 학습태도를 강화한다.
- 주제를 주어 개별적 탐구학습을 격려하고, 지적 우월성을 발휘할 수 있는 충분한 시간과 기회를 제공한다.
- 도서 및 컴퓨터 등을 비치하여 지적 호기심을 자극하고, 스스로 문제를 해결할 수 있도록 학습 환경을 마련한다.
- 추론, 토픽, 프로젝트 학습에 대한 학습방법을 통하여 지적 탐구심을 향상시킨다.
- 강한 개성, 강한 자존심을 학습장면에서 효율적으로 활용하도록 돕는다.
- 자존심이 강하므로 학업에 대한 참견, 조언을 삼가고 제안과 비평 간의 조화를 꾀한다.

Tip. 주어진 상황에 대한 기질별 관점의 차이

● **창수와** 영이가 공원에 야외학습을 나갔다. 화단에 예쁜 들꽃이 피어있는데 창수가 꽃을 꺾으려고 하였다. 영이는 깜짝 놀라 창수에게 꽃을 꺾으면 안 된다고 근거를 들어 이야기하였다. 친구들의 이야기 속에서 기질의 유형을 찾아보자.

창수야, 여기 '잔디밭에 들어가지 마세요' 라는 팻말이 있으니까 들어가면 안 돼. 그리고 우리는 자연을 보호해야 되잖아? 꽃을 꺾는 건 공중도덕을 어기는 일이고 자연을 훼손하는 일이야. 그러니까 꽃을 꺾으면 안 돼. (　　)

창수야, 이 꽃 너무 예쁘지? 그리고 이 꽃향기 너무 좋지? 이 꽃은 여기를 오고가는 많은 사람들이 아름다운 꽃을 보고 향기를 맡을 수 있도록 그대로 두는 게 좋겠어. 우리가 꽃을 꺾어 버리면 그 아름다운 모습을 다른 사람들이 볼 수 없을 거야. 그러니까 꽃을 꺾으면 안 돼. (　　)

창수야, 꽃을 꺾으면 꽃이 얼마나 아플까? 꽃도 우리 사람처럼 아픔을 느낄 거야. 그리고 우리가 이 꽃 한 송이를 꺾어 버리면 다른 꽃들이 친구를 잃고 슬퍼할 거야. 이 꽃은 우리 집 꽃병에 꽂혀 있는 것보다 여기 화단에 있을 때 더 잘 어울릴 것 같아. 그러니까 꽃을 꺾으면 안 돼. (　　)

창수야, 이 꽃은 생명을 가지고 있어. 이 꽃은 열매를 맺어 씨앗을 만들고, 내년엔 그 씨앗을 땅에 심어 다시 꽃들이 피어나게 해야 해. 지금 이 꽃은 식물의 한 살이 중에서 꽃이 피는 시기니까 곧 열매를 맺게 될 거야. 그러니까 꽃을 꺾으면 안 돼. (　　)

Tip. 기질별 학습방법의 차이

[표 5-1]

기질	학급에서의 학습태도	요구되는 학습지도
SJ (감각 판단형)	• 모범생(규칙, 과제물, 준비물 철저 준수) • 학급의 보배(교사의 보조역할) • 짜여진 수업 선호 • 교사 중심의 주입식 수업 선호 • 교과서, 참고서, 문제집 선호 • 단답형, 선택형 시험선호	• 체계적 단계적 학습지도 • 복습중심의 학습지도 • 학습량 설정지도 • 창의성, 융통성을 키우는 점진적 활동
SP (감각 인식형)	• 장난꾸러기 • 학급의 양념 • 행동파(백문이 불여일행) • 다양한 자료 교구 활용 요구 • 교사 중심 주입식, 설명식 수업 비효율적 • 자유스럽고 허용적인 분위기와 공간 학습 선호	• 짧은 집중력을 요하는 학습전략 • 간헐적인 물질적 보상 • 즉흥적인 활동, 자유롭고 허용적인 분위기와 시간 제공 • 시청각 자료 활용 학습 • 간헐적인 시간 한계 상기
NF (직관 감정형)	• 꿈꾸는 몽상가, 꿈나무 • 학급의 따뜻한 햇살 • 사람 혹은 자신과 관계 짓는 의미 연결 학습 선호 • 통찰력, 예리함, 창의성과 기발함을 언어표현에서 발휘 • 개인적 격려, 친숙한 급우와의 소그룹 작업 선호	• 풍부한 정서교류를 병행하는 학습지도 • 틀에 매이지 않는 표현지향 학습지도 • 문학, 역사, 소설, 시 등 내면을 자극하고 살찌우는 교과과정 배정 • 조직, 체계, 반복 연습에 약한 것을 돕기 위해 기록, 녹음, 녹화 방법 활용 • 소그룹 작업 학습 지도
NT (직관 사고형)	• 꼬마 과학자 • 학급의 지성 • 한 가지 주제를 깊이 있게 관찰 • 지적 호기심과 독립심 강함 • 과학영역의 탐구학습 선호 • 교사의 일방적 설명을 싫어함	• 주제를 주어 개별적 탐구학습 지도 • '우리나라의 도자기' 혹은 '별의 세계' 등 지적 호기심을 자극하는 학습 선호 • 추론학습 유도 • 강한 개성, 강한 자존심을 학습장면에서 효율적으로 활용할 필요 • 참견, 조언을 삼가는 학습지도

※ 출처 : 어린이 및 청소년 성격유형검사 자격 교육자료

Ⅳ 성격유형과 교수양식

● '학생들이 수업에 완전히 몰입하도록 하는 방법은 없을까? 학생들에게 효율적인 교수법은 어떤 것일까? 나의 교수법은 학생들에게 어떤 영향을 미칠까? 왜 학생들은 집중하지 않을까?' 수업을 하기 전, 또는 수업이 끝난 후 교사는 이와 같은 질문을 던지고 자신의 수업을 평가해 보게 된다. 학생들과 호흡이 맞는 수업, 교사-학생 간의 상호작용이 원만하고 학습목표에 접근하는 수업, 모든 학생들이 즐겁게 참여하는 수업을 기대하지만 결과는 평범하거나 기대 수준 이하일 때가 많다.

교사들은 다른 이들의 삶에 지대한 영향을 미친다. 즉 학생들에게 긍정적인 영향을 주어 학생들이 학습을 통해 변화하고 성장하고 나아가 직업을 갖고, 사회에 공헌할 수 있도록 돕고자 노력한다. 교사로서 갖는 교직관 및 목표는 다양하다. 즉 '학생들이 지식을 습득함으로써 훌륭한 민주시민이 되도록 돕는다(SJ)', '학생들이 자기 자신의 독특성과 잠재력을 발휘하도록 돕는다(NF)', '학생들이 자기 일에 숙련되어 삶을 즐기기를 원한다(SP)', '학생들이 보편타당한 진리를 찾도록 도전시킨다(NT)' 등이다. 교사들은 이러한 목표를 달성하기 위해 알맞은 방법을 제안하지만 모든 학생들을 만족시킬 수 있는 비법을 찾기란 쉽지 않고, 그러한 비법이 있을 수도 없을 것이다. 그리고 교사들은 모든 학생들에게 최선의 환경을 만들어 주고자 노력하지만 현실적으로 어려움이 많아 자괴감이나 좌절감을 맛본다. 지금까지 교육에 효율적인 교수법이 많이 적용되어 왔지만 특정 교수법이 모든 학생에게 통하는 것은 아니었다.

교육현장에서는 교사들이 통제할 수 없는 일들이 많다. 그런데 그들이 통제할 수 있는 한 가지는 개인적인 기술과 교수양식을 개발하는 것이다. 교사들의 교수양식은 교사 자신이 학생시절에 영향을 받았던 모델이나 대학에서 배운 교수법에서 비롯된 것일 수 있다. 그리고 교사는 자신의 기질이나 성격유형의 영향을 받는다. 그래서 기질 이론을 통해서 교사들이 학생들의 욕구를 충족시키도록 효과적인 학습지도를 할 수 있으며, 나아가 교사 자신을 평가해볼 수 있다. 교사가 기질과 성격유형에 대한 이해가 깊을 때 자신을 교사로서 인정하고 학생들을 보다 잘 성장하도록 도울 수 있을 것이다. 즉 학생들의 장점을 인정하고 강화하는 한편 약점이나 단점을 보완할 수 있는 가능성과 잠재력을 발견할 수 있을 것이다. 교사가 자신이 선호하는 교수양식과 학생들의 욕구 및 학습양식을 잘 분석할 수 있을 때 교육과정은 학생과 교사 모두에게 긍정적이고 성공적일 것이다.

SJ 교사들은 교육과정의 정상화와 '기본에 충실하라' 라는 방안에 초점을 맞출 것이다. 그들은 학생들이 훌륭한 민주시민이 되도록 적합한 기술을 제공하는 교육과정을 구성할 것이다. 그리고 학생들에게 안정을 유지해주는 전통적이고 검증된 지식을 기반으로 규범을 따르도록 도울 것이다.

또한 SP 예술가 유형의 교사들은 '학습은 재미있고 역동적이며 그 순간을 즐겨야 한다' 고 믿는다. 또 즉각적인 보상이 효과적이라 생각하고, 교육은 경험적 방법에 초점을 둔다. 시뮬레이션을 통해 실제 그 시간에 활동과 행동을 가르친다.

한편 NF 교사들은 학생 개개인에게 주의를 기울이고 그들의 긍정적인 잠재력을 개발하는 데 초점을 둘 것이다. 그들은 학생들의 독특한 정체성을 다른 사람들과 나눌 수 있으며, 개인이 갖는 가치를 존중하고 북돋워 주며 조화와 일치를 추구하도록 도울 것이다.

NT 합리론자 유형의 교사들은 학생들이 학습내용을 반복과 기계적인 암기로써가 아니라 과정을 이해하며 습득하는 것을 중요시 한다. 교육과정에서는 표면적인 것을 넘어서서 저변의 이론을 이해함으로써 미래를 준비하게 할 수 있도록 한다(Fairhurst & Fairhurst, 1995/2007).

효율적인 교육은 교육의 목표와 개인의 수용능력, 행동방식, 그 이면의 이치를 이해하는 것들 간의 균형을 맞추어야한다. 만약 이러한 핵심적인 요소 중 어느 하나라도 빠진다면 학생들은 훌륭한 민주시민이 되는데 필요한 요소를 간과하게 될 것이다. 예를 들면 SJ 교사들이 너무 완고한 규범을 강조하면 이를 따르지 못하는 학생들은 결국 학업에서 일탈을 하게 될 것이다. 또한 NF 교사들은 학생의 개인적인 가치를 지나치게 신뢰하여 학생들의 성취를 효과적으로 이루지 못하게 할 수도 있다. 또한 SP 교사들은 현재를 고려한 경험만을 교육할 수 있다. 반면에 NT 교사들은 지식의 토대에 초점을 두고 실습과목을 무시할 수 있다. 그렇다면 현실에 적용하기 어려운 지식만을 창출할 수 있다.

기질은 학생들의 행동에 대한 설명이다. 교사는 학생들의 기질 특성을 관찰할 때 열린 마음을 가져야 한다. 즉 어떤 주제나 문제에 대하여 설명할 때 그 주제가 한 기질에만 해당하는 것이 아니라는 것을 유념해야 한다. 사실 모든 교사들마다 16개의 유형 중에서 15개 유형과 공통분모를 가지고 있다. 예를 들면 ESFJ 교사들은 INTP 학생을 제외하고 학생들과 적어도 한 개 이상의 공통적인 선호경향을 갖는다. 또 학생들의 밖으로 나타난 행동은 그들의 참유형일 수도 있지만 가유형일 수도 있다. 학생들은 유형이나 기질 면에서 불규칙적인 면이 있어 자신의 유형이나 기질과는 다른 부적절한 행동을 보여줄 수도 있다. 그리고 교사는 학생들의 각 기질의 강점을 존중하여 칭찬하고 격려함으로써 학습동기를 강화할 수 있다.

V 기질별 선호 교수양식

1. SJ(감각 판단형) 기질

가. 전통적 위계와 일관성의 가르침
: SJ 보호자 기질의 교사

● SJ들은 책임감 있고 믿을 만하며 다른 사람들의 욕구에 헌신한다. 사회적 화합을 창출하며 안정된 제도 내에서 문화적 유산을 보존하고 전달하는데 관심이 많다. 효율적인 학습방법을 좋아하고 소크라테스식 문답법으로 가르치는데 탁월하다. 자신들이 학생 때 경험했던 전통적인 교수 스타일을 사용하며 설명적, 단계적인 절차로 가르칠 때 편안함을 느낀다(Kiersey & Bates, 1987/1992). 학생들이 연습을 통해 더 효과적으로 능숙해지도록 지지하며 잘 계획된 교수 방법으로 수업을 통제하길 좋아한다. '해야만 한다' 라는 단어를 사용하고 교실에서 규칙과 질서를 유지하며, 사회에서도 위계질서를 지키고 유능한 시민이 되도록 돕는다. 학급은 잘 정리되어 있고 안정된 분위기를 유지하며, 조용하고 체계가 잡혀 있다. 학생들이 연필, 노트, 책 등을 구비하도록 하며, 과제를 규칙적으로 확인하고 마무리 짓도록 돕는다. 실제적인 예를 들어 설명하길 좋아하고 자기만의 원리와 체계를 가지고 가르친다. 대체로 학생과 교사 간의 상호관계를 절대화시키고 학생과 학생간의 상호관계를 최소화한다.

SJ 교사들은 시의적절한 방법으로 학생들에게 반응하고, 자기 규율과 조직화의 좋은 모범이 된다.

SJ들의 자기실현은 집단 내의 소속감으로부터 나온다. 그들은 공동체 내에서 규정된 틀이나 규칙의 의무를 지키며 사회적 '규범'을 준수한다. SJ들은 지칠 줄 모르고 일하며, 소속된 공동체의 봉사활동 요청에 스스로 참여한다. 그들은 애교심을 고취시키고 학교행사와 학생들을 통솔하는데 능하다. SJ들은 조직구조 안에서 일을 잘 하며, 개인과 가족, 조직과 국가를 보호하고 지키는 일을 한다.

어느 SJ유형의 선생님은 '아침 등교시간에 교실문은 선생님이 열어야 한다'고 생각하기에 정해진 출근시각보다 1시간가량 일찍 출근하고 수업을 준비한다. 교육과정을 운영할 때 주별 학습계획안에 의한 시정을 반드시 지키려고 애쓴다. 이 학습계획안은 학부모님들께 공지된 사항이므로 공신력을 갖는 게 중요하기 때문이다. 아동들에게 과학실험 보고서 적는 방법이나 사회과 조사학습에 대한 연습을 충분히 시키는 한편 아동들의 학습을 지속적으로 점검하고 확인한다. 또 체육시간엔 항상 줄넘기 줄을 이용하여 기초체력을 향상시킨다. 형성평가를 통해 부진한 학생들을 방과 후에 직접 지도하는데, 특히 수학과는 성취목표에 이를 때까지 반복 연습을 시킨다. 그리고 교사용 지도서 등의 참고도서를 이용하여 교과서에 깨알 같은 글씨를 써가며 교재연구를 한다. 이 학급의 아이들은 학습태도가 안정되어 있을 뿐만 아니라 성취수준이 다른 반보다 월등히 높다. 아동들이 다투거나 갈등을 일으키는 상황을 중재할 때는 끈기 있게 아동과 일대일(1:1)의 대화를 하거나 부모님들과의 의사소통을 통하여 문제를 해결한다. 이 유형의 교사는 학생들의 모델이기도 하지만 교사들의 모델이기도 하다.

나. 유형별 특성

● **SJ** 보호자형 기질의 교사들은 주로 STJ 관리자(Monitor)로서 ESTJ 행정가(Administrator)와 ISTJ 검열관(Inspector)으로 분류할 수 있다. 또한 SFJ 공급자(Provider)로서 ESFJ 돌봄이(Caretaker)와 ISFJ 후원자(Protector), 두 가지로 분류할 수 있다(Fairhurst & Fairhurst, 1995/2007).

(1) ESTJ 행정가(Administrator)

● **ESTJ들은** 결단력 있고 결과에 초점을 맞추는 능력 있는 조직자이다. 그들은 종종 리더십을 발휘하는 위치에서 탁월한 능력을 발휘한다. 그들은 학생들에게 안정적인 환경과 효율적인 절차, 유용하고 합리적인 문제해결 방법을 가르친다. 그들은 수업의 초점을 측정 가능한 결과 및 성취에 맞추는 경향이 있다.

ESTJ들은 쉽게 구두지시를 내리기 때문에, 문답법, 강의, 과정을 설명하는 방법을 종종 사용한다. 그들은 강의에 대한 현실적 배경을 제공하기 위해 시청각 자료를 활용하기도 한다. 또한 대화기법, 암기, 교사주도의 토론 등도 선호한다. 종종 문제집 풀기 등의 숙제를 내주기도 한다. 학생들과의 약속을 잘 지키며, 일반적으로 종이에 수업 개요를 명시하여 제공한다.

(2) ISTJ 검열관(Inspector)

● **ISTJ들은** 데이터와 자료를 조직하고 학생들이 더욱 책임감 있고 자신을 신뢰할 수 있도록 돕는 재능을 갖고 있다. 학급은 항상 정돈되어 있으며 잘 운영된다. 학교의 교육과정을 완전히 이해하고 전달한다. 그리고 학생들이 보다 효율적인 사고과정을 학습할 수 있게 돕는다.

ISTJ들은 보통 조용하고 집중할 수 있는 일을 선호한다. 그리고 그들은 종종 필기도구와 학습장을 사용하는 기술, 학습장 과제, 조용히 책상에서 하는 과제를 낸다. 그들은 정확한 절차, 사실에 대한 기억 및 토론을 추구하며, 시청각자료를 활용한다. 또한 학습과정을 전체적으로 개관하고, 교사 주도적인 질문과 응답, 간단한 강의와 절차를 설명하는 방식으로 진행한다.

(3) ESFJ 돌봄이(Caretaker)

● **ESFJ들은** 주위 사람들과 조화를 이루고, 학생들과 보다 나은 관계를 맺고자 한다. 그들은 인간적 예의와 상호작용의 규칙을 교육과정으로 통합시키고자 한다. 학생들이 보다 안정적이고 성공적인 삶을 이끌어가도록 학

업적, 개인적 기술을 가르치는데 노력을 기울인다.

ESFJ들은 학생들과 이야기를 잘 나누고, 종종 절차의 중요성을 설명한다. 그들은 교사 주도의 토론, 질의응답 시간, 발표 연습, 그리고 암기를 즐긴다. 수업의 개요를 논의하고 학생들과의 약속, 책임감 기르기 등에 관심을 기울인다. 자습시간에 학습장 과제와 때때로 시청각 자료를 활용한다.

(4) ISFJ 후원자(Protector)

● **ISFJ들은** ESFJ들과 함께 모든 유형 중에서 가장 봉사활동 중심적인 유형이다. 이들은 삶에 대해 실질적인 감각을 지니고 있으며 학생들이 실제로 일상적인 문제를 다룰 수 있도록 돕는다. 다른 이들을 돌보고 보호하며 인내하는 능력은 다른 이들에게 모델이 되며, 이러한 활동을 통해 다른 사람들과 의사소통하고 교류한다. ISFJ교사들은 조용한 일을 선호한다. 그들은 필기 및 반복 연습, 학습장을 활용한 과제, 조용히 책상에 앉아 공부하는 활동을 좋아한다. 그들은 종종 학생들에게 수업 개요를 알려주고, 사실을 암기하도록 격려하며, 실체를 알려주기 위해 시청각 자료를 활용하기도 한다. 또한 교사가 주도하는 짧은 문답식 교육과 간단한 강의를 선호한다. 필요한 경우 일대일로 그 방법과 절차에 대해 설명하기도 한다.

Tip. SJ 교사들의 유형별 강점과 생각해 볼 영역

[표 5-2]

유형	강점	생각해 볼 영역
ESTJ	• 학교에서 중책을 맡는 학교행정가 • 현장견학 등 학교행사를 잘 조직함 • 일을 계획하고 성취하는 능력이 돋보임 • 항상성과 규준을 가지고 적절하게 학습을 이끌어 나감 • 과제를 잘한 학생들을 칭찬함	• IN학생들과 문제를 야기할 가능성 • 말대꾸하는 학생들을 인정하지 않는 경향 • 경청과 칭찬의 기술 연마 • 행동의 과단성과 민첩성, 지시적인 모습이 성급하고 통제적인 행동으로 보임
ISTJ	• 사실, 자료, 정보를 순차적으로 다룸 • 능률성, 정보를 잘 분류하고 조직함 • 잘 구상된 학습계획과 성취를 개발함 • 책임 있는 학생이 되는 과정을 기뻐함 • 교육과정을 성실히 수행함	• 정확하고 세심한 관심으로 시간 소모 • 휴식도 과제처럼 행함 • 조용한 교실이 외향형들에게 미치는 영향 • 질서정연한 교실을 유지하기 위한 과도한 노력
ESFJ	• 교재를 잘 이해시키고 사용하게 함 • 조화로운 상호작용을 요구함 • 질서정연함과 공손한 행동을 요망함 • 일관된 결정과 특정 훈련을 제공함 • 선악이 분명하고 책임감이 강함 • 자타를 편안하게 하는 능력이 돋보임	• 원리 원칙, 규율과 규범을 철저히 유지함 • '해야 할 것'과 '하지 말아야 할 것'의 구분이 분명함 • 갈등을 해결하기 위해 어떤 일이든지 함 • 때로는 장황한 불평을 늘어놓음 • 감정과 견해를 너무 쉽게 표현하는 경향
ISFJ	• 일이 예측가능하고, 안정감을 제공함 • 보존, 예방, 보호는 자연스러운 삶의 양식 • 학생들의 요구를 잘 조율함 • 인내하고 조용히 봉사함 • 필요한 일을 소신껏 함 • 헌신에 대한 보상을 요구하지 않음	• 학생의 필요에 지나친 주의로 문제를 복잡하게 함 • 학생들의 부당한 행동에 대한 대처 및 통제 • 실망한 학생에게 관심을 두지 않음 • 눈에 띄지 않게, 지나치게 봉사하는 경향

2. SP(감각인식형) 기질

가. 웃음과 역동의 가르침
: SP 예술가 기질의 교사

● **SP 기질의** 교사들은 학생들의 자유, 자발성 계발에 관심을 갖는다. 즉각적이고 새로운 상황에 반응하며 자극적인 스승으로서, 학생들에게 다양한 행동과 경험을 제공하고자 한다. 종종 그들은 학급에서 흥분과 다양성을 추구한다. 수업은 즐겁고 매력 있는 쇼(show)처럼, 가르치는 경연대회처럼 상황에 따라 변한다. 학생들이 도구를 조작하고 자료를 사용하는 구성놀이를 통해 가르친다(Kiersey & Bates, 1987/1992). 이들의 교수 방법은 스승이 제자를 가르치는 도제식 현장교육과 유사하다. 도제는 실제 일의 과정에서 스승을 따라 한다. 교사는 학생들이 실수를 하거나 새로운 기술이 도입되었을 때에만 개입하여 가르친다.

SP들에게 자기실현은 충동적으로 행동할 수 있는 자유로부터 온다. 그들은 용기를 갖고 모험하는 것을 좋아한다. 즉 생동감 있는 존재의 기쁨을 체험하고 즐긴다. 과거와 미래에 대해 인식하고 있지만 '지금 여기'와 가장 밀접한 관계를 맺고 있다. 이들은 삶이 다양하고 감각적 경험으로 가득차길 원한다. 이들은 음식, 옷, 음악, 예술과 같은 감각적인 경험뿐만 아니라 요란하고 흥미로운 스포츠 이벤트 등에 의해서도 매료된다. 그들은 눈을 자극하는 색채, 청각을 자극하는 다양한 음향효과를 사용하기도 한다. 또 이들은 학생들이 수업에서 감각적인 자극수준을 높일 수 있도록 움직이고 활동하도록 격려할 수도 있다. 나아가 학생들이 자발적이고 대담하게, 개인의 기량을 발휘하도록 격려한다.

이들은 학생들과 대화할 때 격식을 차리지 않고 유행하는 언어들을 사용하기도 한다. 또한 수업에서 즐거움과 흥미를 더하기 위해 이야기(story-telling)를 많이 사용한다. 이들의 학습 속도는 느긋함과 순발력을 겸비한 다양성과 즉흥성의 욕구를 반영하고 있다. 따라서 이들은 예기치 않았던 기회를 재빨리 수업계획에 적용시키고, 실용적인 즉흥성을 수업과정에 반영하기도 한다. 그리고 높은 에너지를 발산하는 흥분 상태에서 이완의 상태로 빨리 전환할 수 있다. 이들은 마치 멋진 모험을 하듯 위기를 관리하며 놀이를 통한 학습에 익숙하다.

관례적이지 않으며, 학생들이 항상 활기 넘치도록 돕는다. 교실은 좀 혼란스럽지만 실제 체험을 통해서 많은 것을 배울 수 있다. 또한 학생들에게 실수하고 실패할 수 있는 자유를 허용하고, 성공할 자유 역시 부여한다. SP 교사들은 전통에 따르는 수업계획을 추구하는 행정가들에게는 압박감을 느낀다.

어느 SP 유형의 선생님은 교육과정에 요구되는 예체능 영역의 연수를 다양하게 섭렵하였다. 즉 음악과 국악에 요구되는 단소, 대금, 장구, 판소리, 시조창 등에 관한 연수를 받았다. 또 미술과에 요구되는 수채화, 서예, 수묵화, 판화, 조각 등에 관한 연수, 체육과에 요구되는 배구, 배드민턴, 탁구, 기계체조, 요가, 수영 등의 연수에 시간과 노력을 투자하여 일정 수준 이상의 기량을 갖추고 있다. 국어나 사회 수업시간에는 교육연극이나 역할놀이 등을 이용하여 역동적인 수업을 시도하고 체육시간이면 아동들과 하나가 되어 운동장을 누빈다. 리코더 연주 등 연습을 요하는 수업은 방과 후 개별지도를 하며 전교생을 대상으로 한 사물놀이를 지도하기도 한다. 또한 수학의 연산문제나 과학상식에 대해선 조별 시합이나 퀴즈를 통해 아동들의 학습동기를 강화해 준다. 선생님 자신이 아동들과 수업하는 자체를 너무 좋아하고 실제적인 학습자료 뿐만 아니라 선생님 자신의 기량으로 다양한 변화를 시도하기 때문에 교실엔 활기가 넘치고 아동들은 선생님의 말씀에 귀 기울이고 함께 움직인다. 선생님은 숙제를 잘 내주지 않는데, 그 이유는 검사하는 일이 부담스럽고 일관성 있게 확인할 수 없기 때문이다. 그러나 독서활동 등의 기본과제를 착실하게 하는 아동들에겐 스티커를 붙이게 하고 월말엔 보상으로 자장면을 사주고, 학기말엔 도서상품권 등으로 강화를 한다. 이 선생님은 초등학교 아동들은 공부를 잘 할 때도 있고 못 할 때도 있으므로 학업에 매이지 않는 가운데, 많이 놀고 여행이나 체험학습 등의 다양한 현장경험을 통해 학습할 수 있기를 기대한다고 자신의 교육관을 설명한다. 그리고 아동들과의 학교생활이 너무 재미있어서 20년 세월이 어떻게 지났는지 모르겠다고 회상한다.

나. 유형별 특성

● SP 예술가 기질의 교사들은 주로 STP 운영자(Operator)로서, ESTP 선동자(Promoter)와 ISTP 분쟁해결사(Troubleshooter)로 분류된다. SFP 활동가(Performer)로서, ESFP 예능가(Entertainer)와 ISFP 조정자(Composer), 두 가지로 분류할 수 있다(Fairhurst & Fairhurst,

1995/2007).

(1) ESTP 선동자(Promoter)

● ESTP들은 좀처럼 무미건조한 강의를 하지 않으며, 즐겁고 활동이 많은 수업을 진행한다. 재미있는 예를 보여주거나 시연을 하며, 학생들이 직접 경험하도록 돕는다. 그들은 '가르칠만한' 순간을 포착하고, 위기상황에서 즉각적 대처방안을 갖고 효율적으로 반응한다. 그들은 협상기술이 뛰어나 설득력이 있으며, 학생들에게 상황의 다양한 측면을 바라보는 방법, 도움이 될 만한 해결책을 조언해주고자 한다. ESTP들은 학생들과 함께 게임하는 관계를 즐긴다. 그들은 학습교구나 경쟁적인 게임을 갖고 재미있는 이야기로 수업을 즐겁게 한다. 조용한 수업시간에는 손을 사용하는 작업이나 공예를 활용한다.

(2) ISTP 분쟁해결사(Troubleshooter)

● ISTP들은 활동에 초점을 둔 수업을 한다. 학생들이 보다 간결한 말과 행동으로 문제를 해결할 수 있도록 이끈다. 또한 학생들에게 데이터나 교구를 활용하여 논리적이고 재빠르게 문제를 해결하는 방법을 보여준다. 종종 ISTP 교사들은 말을 아끼는 대신, 학생들과 손으로 직접 조작하는 활동에 참여하기를 좋아한다. 경쟁적인 게임을 즐기고, 소그룹이나 일대일의 기술 교육을 하며, 학생들이 직접 실험하고 따르도록 한다. 그들은 교구나 도구를 사용하여 신체적으로 즐거운 수업을 장려한다.

(3) ESFP 예능가(Entertainer)

● ESFP들은 적극적이고, 다양하며, 즐거움이 가득찬 수업으로 학급을 생동감 있게 만든다. 학생들에게 자신의 삶에 대한 애정을 표현하며, 자발적인 흥미와 역동성을 제공한다. 그럴 때 학생들은 그들 자신의 모습 그대로 강점 자체가 받아들여지는 것처럼 느낀다. ESFP들은 말을 실감나고 유창하게 잘한다. 극화, 실연, 학생들의 역할 연기 등을 통해서 학급을 활기차게 유지한다. 그들은 학생들이 즐거운 게임에 참여하거나 감각적인 경험을 즐기며 속도감

과 활동적인 능력을 사용하도록 격려한다.

(4) ISFP 조정자(Composer)

● ISFP들은 삶에 있어 내면의 조용한 열정과 온정에 대한 모델이 될 수 있으며, 학생들로 하여금 삶을 놀랍고 아름다운 것으로 받아들일 수 있도록 가르친다. 그들은 학생들이 활동과 구체적인 학습교구를 통해 실험해 보도록 허용한다. 결과에 대해서는 좀처럼 '틀렸다'고 하지 않고 '있는 모습 그대로' 조용히 수용한다. 즉 학생들 고유의 개념을 추구하도록 허용하는 것이다.

ISFP들은 종종 학생들에게 흥미로운 감각적 경험을 제공한다. 그들은 교구나 예술적인 표현, 재미있고 신비한 것들을 통하여 신체적인 즐거움을 경험할 수 있도록 격려한다. 학생들이 즐겁고 협동적으로 게임할 수 있도록 하며, 소집단이나 일대일 시연을 통해 학생들이 이를 직접 체험할 수 있게 해준다.

Tip. SP 교사들의 유형별 강점과 생각해 볼 영역

[표 5-3]

유형	강점	생각해 볼 영역
ESTP	• 비언어적 행동을 관찰하여 동기를 부여함 • 전략적, 현재 적용 가능한 것을 가르치는데 초점을 둠 • 인생을 즐겁게 사는 법을 가르침 • 도전과 자극, 변화를 선호함 • 친근하고 수용적임	• 인내와 지구력을 요하는 일이나 활동 • 교과과정의 모든 요소를 완성하지 못함 • 과도한 재미 추구로 비판을 받게 됨 • 학습에 게임 및 관련기술을 과도하게 사용함
ISTP	• 가시적, 구체적인 자료수집 • 말보다 직접적인 시범을 보임 • 과제의 구성요소들의 분석방법과 그 관련성을 가르침 • 문제해결을 위한 실험상황을 마련함 • 다양한 구성요소들이 동시에 작동되는 방법을 보여줌	• 자율성 중시로 학습과정을 예고하지 않음 • 학생들에게 칭찬을 잘 하지 않음 • 일상적인 것들을 지겨워하거나 소홀히 함 • 냉철함을 유지, 방관자적 입장을 취함 • 말을 아끼고 감정표현을 잘 안함
ESFP	• 활동을 권장하고 다양성에 관대함 • 유머를 사용하고 웃음꽃을 피움 • 삶의 긍정적인 면을 장려, 빠른 문제해결방법을 가르침 • 순간적인 적응력이 뛰어남 • 교재의 새로운 사용방법을 시도함 • 문제를 해결하기 위해 사람들을 잘 활용	• 문제해결을 위한 노력으로 규칙과 규범을 잊어버리거나 무시해버리는 경향 • 말없는 학생들에게 시간적 여유를 주지 않음 • 부정적인 것보다 긍정적인 것에 초점을 맞추는 경향으로 즐겁지 않는 상황을 무시하는 경향 • 이론적 학습을 좋아하지 않음
ISFP	• 삶의 즐거움을 조용히 표현함 • 학생들의 차이점에 대해 관대함 • 학생과 교사의 개성을 표현하는 예술적 재능을 존중함 • 학생들의 진정한 필요에 주의를 기울임	• 대부분의 시간을 너무 느긋하게 보냄 • 학생들에게 자신이 원하는 것을 표현하지 못함 • 규칙과 한계를 강조하는 행정가들과 문제야기의 가능성 • 긴박한 상황을 잘 다룰 수 있으나 단원계획처럼 계획을 요구하는 것은 잘 다루지 못함

3. NF(직관 감정형) 기질

가. 헌신과 사랑의 가르침
: NF 이상가 기질의 교사

● **NF 교사는** 인간적으로 끄는 힘이 있으며 가르치는 학생들에게 헌신적이다. 학생들의 모든 복리, 지적 개발, 사회성 개발에도 진정한 관심을 보인다. 학생들과 개인적인 차원에서 관계하며 교육방법도 개별화하려는 노력을 기울인다. 실수를 묵인할 수 있는 용기가 있으며 그에 대한 격려를 아끼지 않는다. 학생과 학생 간의 상호관계를 인정하며 대집단, 소집단, 개인적인 교육 형태를 모두 선호한다. 나아가 스스로 교과과정을 구성하고 이에 따른 자료를 만드는 것을 좋아한다. 자신의 직업에 열성을 보이고 가르치는 일을 즐긴다. 강의보다는 인간관계를 중심으로 하는 워크숍, 소규모 집단에서 얻는 경험을 좋아한다. 또한 그룹토의, 창의적 작문, 또래 가르치기 등의 수업을 좋아한다(Kiersey & Bates, 1987/1992). 그들은 자신의 독특한 정체성을 존중하는 경향이 있다. 아울러 학생들이 개별적 존재로서 진실된 표현을 하도록 격려하고 학생들의 개인적 발달을 촉진하는 역할을 한다. 이들은 학생들의 개성이나 창조성을 격려하기 위해 언어나 격의 없는 메모 같은 방법으로 칭찬을 한다.

NF 교사들의 자아실현은 자신과 학생들의 잠재력을 최대한 계발하는데 있다. 그들은 학생들의 잠재력을 개발하는데 도움을 주고자 열정을 쏟는다. 따라서 각각의 학생들이 가치 있고 수용되는 조화로운 학급을 만드는데 노력을 기울인다. 그들은 학생들의 정체감 형성에 훌륭한 역할을 하며, 학생들이 자아를 증진하고, 조화를 이루며, 최선을 다할 수 있도록 도와준다. 그들은 창조적이고 개별화된 교수방법을 추구하며, 학생 개개인의 학습을 강화하기 위한 맞춤교육 방법을 가장 선호한다. 또한 그들은 다양한 사고와 방법으로 주제에 접근할 수 있는 과제를 부여한다. NF들은 대체로 이상적인 세계, 즉 미래의 세계에 관심이 많다. 다른 사람들과의 일치와 조화, 자신의 꿈과 목표를 실현하는데 대한 환상을 갖고, 가능한 최선의 미래를 상상한다. 세상을 더 나은 곳으로 만들기 위해 공헌하는 가운데 삶의 의미를 발견한다. 그들의 언어적 특징은 포괄적이고 은유적이다. 그들은 직유와 상징적인 은유를 사용해서, 학생들이 자신의 경험에 기초

하여 개인적인 의미를 충족하도록 돕는다. 그들은 사람들의 문제를 경청하고 열정적인 의사소통을 하며, 정감이나 관계의 가치를 존중하는 경향이 있다. 그들은 대체로 섬세하고 공감을 잘하며, 개인의 욕구와 열망에 귀를 기울인다. 그래서 학생들이 우울하거나 스트레스를 받고 있을 때, 학생들의 문제를 해결해 주기 위해 정서적으로 관여한다. '사람들은 선하다'고 믿는 긍정적인 태도로 다른 사람들과의 관계를 촉진시킨다. 또한 그들은 개성화하는 능력이 있다. 그들은 학생들 개개인이 성공하기 위해 정서적으로 필요한 것들을 가장 정확하게 잘 파악하고 학생들 각자가 필요한 것을 충족시킬 수 있도록 돕는다. 그들은 학급을 민주적인 방식으로 운영하고 창의성을 추구하며 격려하기도 한다. 그리고 학생들이 개인의 가치를 인정받고 조화로운 학급을 만들기 위해 열심히 노력한다(Fairhurst & Fairhurst, 1995/2007).

어느 NF 유형의 선생님은 교실환경을 구성할 때에 '사랑이 꽃피는 교실, 꿈을 키워요, 솟아나는 샘물처럼, 시가 있는 풍경' 등의 타이틀을 선택하고 그러한 타이틀에 스스로 빠져들기도 한다. 즉 아동들이 그렇게 사랑과 꿈을 키워 나아간다고 믿는 경향이 있다. 또한 인간적이고 진실된 삶들에 대한 예화나 동영상을 통해 도덕 수업을 하기도 하고, 아이티 지진 같은 이슈가 되는 사건으로부터 인류가 나아가야 할 공동선에 대한 토론을 전개하기도 한다. 학예발표회 때 연극을 지도하기 위해 연극대본을 찾다가 주제가 잡히면 아예 연극대본을 스스로 만들어서 아주 독창적이고 감동적인 연극무대를 만들어 연출한다. 예를 들면 성냥팔이 소녀에 힌트를 얻어 어려운 시기나 장애를 이겨내는 인간승리의 이야기에, 이들과 함께 하는 우리들의 삶의 이야기가 더해진다. 그래서 연극 무대에 오토다케, 닉브이치이치이, 헬렌켈러, 빌게이츠, 소년소녀 가장 등등의 인물과 함께 반 아이들이 함께 등장한다. 자신의 가치관에 따른 아이디어로 세상에서 유일한 연극대본을 창작하고 지도하는 과정에서 스스로 도취되기도 한다.

그러나 수학과 등에서 부진한 아이들을 지도할 때 반복 연습하는 과정을 끝까지 지켜보지 못하고 교사 스스로가 힘들어 하는 경향이 있다. 아동들의 과제를 일관성 있게 점검하는 활동을 매우 부담스러워하는 하는 편이다. 또 오늘날 아동들이 과도한 과업으로 정서적으로 무표정하고 무감각해지는 과정을 보면, 마치 자신의 과업처럼 무거워 한다. 아동 개개인과 일대일의 대화나 또래상담을 시도하여 발표하는 분위기, 표현하는 분위기를 만들어 가는 경우도 있다. 하지만 한 학년이 끝날 때쯤이면 교사로서 아동들에게 미친 영향을 돌이켜 보고, 관계에 대한 의미가 부족하여 자괴감에 빠지기도 한다.

나. 유형별 특성

● NF 이상주의 기질 교사들은 주로 NFJ 멘토(Mentor)로서, ENFJ 동력자(Mobilizer)와 INFJ 발달 촉진자(Developer)로 분류한다. NFP 지지자(Advocate)로서, ENFP 열정가(Enthusiast)와 INFP 탐구자(Questor), 두 가지로 분류할 수 있다(Fairhurst & Fairhurst, 1995/2007).

(1) ENFJ 동력자(Mobilizer)

● ENFJ 교사들은 학생들이 효율적인 의사소통 능력을 개발할 수 있도록 학생 개개인에게 맞는 영감을 불어넣어 준다. 그들은 학생들을 적극 칭찬함으로써 개인적이고 정서적인 발전에 용기를 북돋아 준다. 또한 학생들에게 개인적인 관심과 돌봄을 통하여 학습을 돕는다.

ENFJ 교사들은 종종 학생들의 토론에 뒤이은 짧은 강의를 활용한다. 학생들 모두 학급 토론에 참여하고, 어떤 사람의 의견도 과소평가되지 않도록 배려한다. 또한 그들은 학생들의 질문에 답하고 학과 공부에 소홀한 학생들을 챙겨준다. 그들은 학습과 관계를 모두 촉진하기 위해 소그룹 협동학습과 또래 가르치기를 격려한다. 나아가 모든 학생들이 그들의 잠재능력을 최대로 개발하도록 돕는다.

(2) INFJ 발달 촉진자(Developer)

● INFJ들은 보편적인 선을 제공하는데 집중하고자 한다. 그들은 통찰력이 있으며 미묘한 인간 행동의 패턴을 파악해 내는 능력, 복잡한 내용을 매우 간단하게 전달하는 능력이 있다. 그리고 조용히 학생들에게 주의를 기울이고, 학생들 하나하나의 의견을 매우 잘 경청해 준다.

INFJ들은 종종 학생들에게 쓰기를 통해 자신을 표현하도록 장려하고 학생들의 창의적 글짓기 프로젝트에 관여한다. 학급에서의 소집단 토의는 새로운 아이디어와 협동학습의 발판이 된다. 많은 INFJ들은 학생들에게 개인적인 관심과 격려를 표현하는데 메모를 활용하며, 학생들이 조용히 서로를 돕도록 장려한다. 그들은 보통 학급의 토론에 이어 강의를 한다. 종종 미래의 직업을 위해 필요한 기술을 습득하도록 돕기 위해 책상에 앉아서 하는 활동을 강조하기도 한다.

(3) ENFP 열정가(Enthusiast)

● ENFP 교사들은 에너지가 넘치고 열정적이다. 그들은 학급에서 다양한 종류의 활동을 통해 학생들의 상상력과 창의력을 자극한다. 학생들은 ENFP 교사들에게 이해받고 있으며, 개인적인 문제를 해결하는 데도 도움을 받는다고 느낀다.

ENFP 교사들은 학생들이 수업에 적극 참여하도록 격려한다. 그들의 강의는 매우 역동적이며 학생들과 의견을 나누기도 한다. 그들은 학급 구성원 모두를 하나의 팀으로 여기며, 토론을 장려하고 다양한 사고를 강조한다. 그리하여 또래끼리의 상호학습이 자연스럽게 일어난다. 그들은 학생들이 주로 큰 벽화 그리기, 연극에 참여하기 등과 같은 커다란 행사 형태의 그룹 프로젝트에 참여하도록 권한다.

(4) INFP 탐구자(Questor)

● INFP 교사들은 학생들에게 매우 개인적인 방식으로 접근한다. 업무나 일에 대해 열정과 확신을 갖고 임하며 그들의 가치를 설득하는 경향이 있다. 학생들에게 삶의 의미나 목적의 중요성을 제시한다. 또한 모든 학생들이 자기 자신의 특별함을 발견하고 이를 성취해 나갈 수 있도록 격려한다.

INFP 교사들은 학생들의 창의적인 재능을 양성한다. 창의적인 글쓰기, 시, 그리고 신문이나 잡지에 글을 쓰는 것 등을 격려하고 과학 프로젝트를 장려한다. 이들은 학생집단과의 조율을 통해 소집단 프로젝트나 토론을 하기도 한다. 어떤 기법이건 학생들의 수와 그들의 독특한 재능에 따라 독특한 방식으로 변형하여 사용하곤 한다.

Tip. NF 교사들의 유형별 강점과 생각해 볼 영역

[표 5-4]

유형	강점	생각해 볼 영역
ENFJ	• 학생들의 최대한의 성장을 위해 노력함 • 성장을 인정하고 장려하는 분위기 조성함 • 은유법을 사용하여 강의를 형상화함 • 학생들의 잠재적 창조성을 계발하려 함 • 변화와 다양성으로 학생들을 도움	• 긍정적 피드백이 없으면 부정적으로 나옴 • 비평에 쉽게 상처 받음 • 선행조건을 충분히 고려하지 않고 새로운 프로젝트를 시작할 수도 있음 • 비약적인 사고로 구체적인 것들을 간과함
INFJ	• 창조적인 통찰을 도움 • 교재의 패턴이나 관련성을 파악함 • 학생 개인과 창조적 사고과정에 대해 교육함 • 창조적인 글쓰기를 통해 학생들의 상상력을 키워주길 좋아함 • 조화로운 상호작용을 조율하는 능력이 돋보임	• 비평에 민감하고 상처받기 쉬움 • 무질서에 민감함 • 정서가 복잡하고 갈등이 많아 이해받기 어려운 면이 있음 • 학생들에게 교수양식 변화에 따른 불편함을 야기할 가능성
ENFP	• 열성적이고 따뜻한 감정이입을 잘 함 • 창조적인 행동을 많이 다룸 • 새로운 교재를 접하는데 빠르고 도전을 즐김 • 엄격하고 권위적인 모습보다 학생들과 또래처럼 지냄 • 개인적 차이점을 수용하고 이해함	• 한, 두 명의 학생을 돕는데 너무 마음을 빼앗김 • 동시에 많은 일들을 시작하려고 함. • 업무에 필요한 세세한 것들을 생략하고 간과함 • 많은 차이점들에 대한 관심으로 관심분야를 좁히는데 힘들어 함
INFP	• 학생들의 독특성을 가치 있게 여기고 개별화를 격려함 • 학생들의 성장을 위해 시간을 허용함 • 학생들이 바뀌면 학급진도를 변화시키고 자신의 목소리도 거기에 적응함 • 학생들을 열정적으로 보살핌 • 말의 감정적 함축적 의미를 잘 알아차림	• 학급 외의 관심을 추구할 시간이 필요함 • 진지하고 개인적 자유를 추구하므로, 학생들의 기대와 불일치할 수도 있음 • 딱딱한 교과과정을 좋아하지 않음 • 개인적으로 시간을 압도당할 때 부정적이 됨

4. NT(직관사고형) 기질

가. 전문성과 혁신의 가르침
: NT 합리론자 기질의 교사

● **NT 교사들은** 지성의 개발에 관심을 가지며 관계와 복잡한 구성요소들에 주의를 집중한다. 과제 지향적이며 동일한 교육 자료를 반복해서 가르치는 것을 싫어해서 동일한 내용이 담긴 분야를 다룰 때에도 새로운 방법을 찾는다. 문제 중심적이고 토론을 통한 수업을 선호하며 사무적, 역사적 예술적인 주제보다 기술적인 주제를 가르치는 데 능하다. 평가기준이 높으면서도 학업기준을 점점 높이는 경향이 있으며 주제에 관한 지식을 소중히 여긴다. 그들은 학생 개개인의 성장과 발전에 맞는 과정과 과제를 잘 고안해 낸다. 자신이 선택한 분야에서 전문적인 기술을 계속 향상시키며 전문서적을 탐독하기를 좋아한다. 학생들의 노력을 말로써 인정해주고 긍정적인 분위기를 만들어 주기 위한 의식적인 노력이 필요하다(Kiersey & Bates, 1987/1992). 그들은 학생들에게 개인주의, 자율성과 성취를 고무시키고, 이성적, 비평적, 독립적 사고자가 되도록 격려한다. 그들은 유능감에 대한 욕구에 의해 동기화되며, 학생들이 적어도 자기-동기화되길 원한다. 그들은 학생들이 통찰력 있는 질문을 했을 때 진정한 배움이 시작되었다고 느끼며, 특히 높은 수준의 이성적인 질문을 반긴다. 대부분의 NT들은 가르치는 과목에서 전문가들이 많으며 전문 분야를 사랑한다. 수업을 논리적으로 체계화시키고 주제에 초점을 맞추어 강의하고자 하며 학생들에게 이런 열정을 이야기하려고 한다. 학생들이 퍼즐과 같은 지적인 도전을 하는 것을 좋아한다. 그들은 자신이 개인적으로 확신하지 못하는 지식에 대해서는 회의적이며, 개인학습을 즐긴다. 종종 학생들에게 가상의 지식에 대해 질문하고 과제를 던짐으로써 도전하도록 격려한다. NT들의 자아실현은 자타가 자신을 지적이며 유능하다고 믿는데서 부터 시작된다. 그들은 개념과 아이디어의 세계에 산다. 아이디어를 통하여 자기에 대한 감각 및 지식을 쌓고, 세상의 진리에 대한 이론들을 연구하고 도전한다. 그들은 지성에 큰 가치를 부여하며, 사고와 논리에서의 일관성과 일반적인 원리를 추구한다. 그들은 현실에 대한 다소 추상적인 관점을 통하여 문제 해결에 새로운 방법을 적용하고 일련의 장기적인 과정을 지각한다.

NT 교사들의 언어는 정밀하며, 종종 뛰어난 문법 실력과 풍부한 어휘력을 지닌다. 강의나 대화에서, 특정 단어를 조심스럽게 선택하고 의미를 정확하게 전달한다. 이들은 비전이나 설계에 대해 설명할 때, 내용을 정확하게 전달하기 위해 비교 및 대조의 방법을 사용한다. 그들은 관계와 체계, 전략과 범주에 대해 주의 깊게 설명하기 위해 몇 시간이고 토론을 하기도 한다. 그들은 행정업무나 비생산적인 모임에 참여하는 일 등은 시간낭비라고 여긴다(Fairhurst & Fairhurst, 1995/2007). 어느 NT 유형의 선생님은 아동에게나 동료에게 전달하려는 말의 요지가 분명하고 의미가 명료하다. 그러한 언어로 아동들을 존중하고 인격적으로 대한다. 그래서 성적이 부진하고 말썽을 부리는 아동들도 선생님과 대화를 통해서 이해되고 존중받는 느낌을 받는다. 이 선생님은 체벌을 하는 일은 물론 없거니와 소리를 지르거나 화를 내는 일도 드물다. 그저 자신의 생각과 바라는 바를 조리 있게 이야기할 뿐이라고 한다. 그리고 이 선생님은 아동들의 욕구를 잘 파악하여 수업을 그들의 눈높이에 맞게 구성한다. 예를 들면, 요즈음의 6학년 아동들은 프로이드(Sigmund Freud)의 심리성욕단계에 의하면 잠복기이지만 실제로 성기기이다. 이들에게는 에너지를 발산할 수 있는 활동이 필요하다고 보아 도덕이나 사회시간에 패널토의 등의 토론 수업을 구성하고 학습과제는 주제별로 제시한다. 아동들은 주제에 맞는 발표 자료와 프레젠테이션을 준비하면서 자신들의 학습을 확인하고 평가하기도 한다. 국어시간에는 신문의 논설을 다루면서 새로운 수업에 대한 지적 호기심과 탐구심을 장려한다. 이 선생님 자신은 체육을 싫어함에도 불구하고 반 아동들에게 야구경기를 도입하기 위해 야구를 주제로 수업연구를 하고 스스로가 아동들의 활동적인 에너지 수준을 맞추려고 노력한다. 또한 컴퓨터를 다루는 일이나 인터넷을 통한 정보 활용능력이 뛰어나 N세대 아동들과 공통화제가 많다. 개인적으로 자신의 자녀들의 외국유학에 대한 정보를 인터넷을 통하여 스스로 탐색하고 비교하여 진로를 안내했다. 나아가 이웃 자녀들에게도 외국유학에 대한 정보를 제공하곤 한다. 그리고 바이올린, 리코더, 플루트 등의 악기를 다루는 능력과 수채화, 유화 등의 회화활동을 통한 예술적인 재능을 가진 선생님은 이러한 영역에서도 아동들의 눈높이를 잘 가늠한다. 선생님은 아동의 성취에 대하여 공정하고 솔직하게 피드백하며 장점을 살려준다. 부진아들을 지도할 때는 수학적인 원리나 개념을 또박또박 설명하고 마무리활동까지 지켜보지만, 학습과제나 준비물은 아동의 자율성에 맡기는 편이다. 선생님은 학생들을 가르치는 일에서 늘 새로운 과정과 수업연구에 대한 신념과 열정으로 자신감이 넘쳐 보인다.

나. 유형별 특성

● NT 합리주의 기질 교사들은 주로 NTJ 조직자(Organizer)로서, ENTJ 감독관(Director)과 INTJ 입안자(Planner)로 분류된다. 또한 NTP 발명가(Inventor)로서, ENTP 혁신가(innovator)와 INTP 명명자(Definer), 두 가지로 분류할 수 있다(Fairhurst & Fairhurst, 1995/2007).

(1) ENTJ 감독관(Director)

● ENTJ 교사들은 학생들이 장기적인 목표를 향해 나아갈 수 있도록 이끌며, 사안들 간의 관계를 인식하고 비판적인 사고와 기술을 개발할 수 있도록 돕는다. 그들은 학생들로 하여금 자신의 행동과 신념을 위해 효율적으로 논증할 수 있는 능력을 개발하고 발전시킬 수 있도록 도전한다. ENTJ 교사들은 언어능력이 뛰어나며, 종종 소크라테스식 문답법을 사용하여 학생들이 스스로 생각하도록 격려하고 토론을 장려하기도 한다. 학생들이 가능한 분명하게 자신의 상황을 진술하도록 하고, 아이디어와 관련한 모든 가능성과 방법들을 보여주도록 도전시킨다. 그들은 강의를 하고 나서 학생들이 질문하고 대답하는 시간을 갖는다. 천편일률적인 질문보다 통찰력 있는 사고를 요하는 질문을 원한다.

(2) INTJ 입안자(Planner)

● INTJ 교사들은 자타가 교육적인 목적을 달성할 수 있도록 비전을 가진 사람이다. 그들은 학생들이 비판적인 사고를 하고 가설을 규정할 수 있도록 도와준다. 또한 학생들이 복잡한 시스템을 고려하거나 가장 효율적인 것을 파악하고 자신에게 맞는 것을 선택하여 이를 발전시킬 수 있도록 격려한다.

INTJ 교사들은 복잡한 마음의 퍼즐을 푸는 것을 매우 좋아한다. 그들은 전략적 사고를 격려하기 위해 쓰기 활동을 통해 학생들에게 도전한다. 또한 독립적인 학습, 복합적 사고를 하도록 격려한다. 수업에서도 강의 후에 말이나 글로써 도전적인 질문을 던진다. 그들은 종종 학생들에게 사실로부터 어떤 가능성을 추론하도록 요구한다.

(3) ENTP 혁신가(Innovator)

● ENTP 교사들은 선천적인 혁신가들이다. 그들은 학생들이 언어를 통해 표현하고 위험을 감수할 수 있도록 격려한다. 그들은 문제를 해결할 때에도 낙관적인 모습을 보이며, 학생들이 성공하길 기대한다. 그들의 수업은 촉진적이고 도전적이며, 학생들이 시스템의 개념을 이해하고 창의적일 수 있도록 격려한다.

ENTP 교사들은 언어적인 재능이 뛰어나, 소크라테스식 문답법을 사용하지만 일반적으로는 더 가볍게 접근한다. 그들은 학생들이 가능한 한 창조적이고 다양한 사고를 하도록 격려한다. 토론을 할 때에도 문제의 긍정적인 측면과 부정적인 측면 등의 양 측면을 모두 고려하여 토론할 수 있는 능력을 개발시켜 주려고 노력한다. 강의를 할 때는 문답법에 따라 모든 가능성을 끌어내어 더욱 정교하게 내용을 구성한다.

(4) INTP 명명자(Definer)

● INTP 교사들은 모든 유형 중에서 가장 이론적인 경향이 있으며, 매료되는 분야에 대한 지식의 축적을 통하여 그 분야에서 전문 교사가 된다. 그들은 질문하는 학생들에게는 적절한 정보를 제공한다. 간결한 언어를 사용하고 논리적으로 증명하는 학생에게 매우 높은 가치를 부여한다.

INTP 교사들은 독립적인 연구나 과정에 대한 모의실험을 좋아한다. 그들은 학생들이 새로운 아이디어를 생각해내고 완전한 시스템으로 구현해서 보여주도록 돕는다. 그들의 강의는 종종 정확한 용어의 정의와 모든 요소들 간의 관계에 초점을 맞추고 있다. 강의를 한 후에는 질문과 대답이 이어지는데 이는 학생들이 용어 사용방법을 알고 그 개념을 이해하도록 하려는 의도이다. 그들은 일반적으로 학생들이 배운 개념을 잘 이해하고 있는지 확인하는 방법으로서 에세이나 보고서를 쓰게 한다.

Tip. NT 교사들의 유형별 강점과 생각해 볼 영역

[표 5-5]

유형	강점	생각해 볼 영역
ENTJ	• 리더십을 행사하고 도전 받길 기대함 • 분류, 요약, 일반화, 분석, 종합과 같은 능력을 개발하도록 격려함 • 교과목에서 발명적인 시도를 함 • 학생들을 향상시킬 전략과 행동들을 추구함 • 문제해결을 위한 적당한 과정을 계획함	• 동료들과 리더십 갈등을 겪음 • 다른 사람들의 견해를 존중해 줄 필요가 있음 • 그룹 및 개인에게 과도한 권력을 행사함 • 논리적 원리를 근거로 자신들의 방법을 고집하는 경향
INTJ	• 새로운 아이디어를 말할 때 가장 에너지를 얻음 • 더 유능한 사고력을 갖도록 키움 • 새로운 개념을 적용함 • 현재 행동을 통하여 미래에 대한 관점 기르기 • 상상적인 통찰과 타당한 정보들을 포함하는 강의	• 무가치한 정보를 과도하게 지식으로 여기는 경향 • 도중에 행동을 변화시키기 어려움 • 무엇을, 어떻게 해야 할지 학생들이 묻는 것을 싫어함 • 교과서와 교과과정의 재구성에 너무 많은 시간을 보냄
ENTP	• 같은 교과과정을 가르치더라도 새로운 방법으로 설명함 • 독창적인 적용을 통해 문제를 해결함 • 논쟁에 참여하고 혁신적으로 생각해 보도록 격려함 • 변화를 추구하고 자극적인 교재들과 그림들로 교실환경을 구성함	• 호기심으로 인해 기존 교과과정을 무시하는 경향 • 예측 가능한 수업을 원하는 SJ 학생들은 과도한 혁신에 질려 버릴 수 있음 • 교실청소, 평가하기, 숙제 점검과 같은 일상적인 과업을 간과함 • 문제해결의 단계를 구체적으로 제공하는데 실패할 수 있음
INTP	• 정확성과 진리 탐구를 위한 이론과 가설을 이끌어 내고 시험해 봄 • 객관적인 비평으로부터 배우고 익히도록 격려함 • 현실에서 새로운 방법으로 아이디어를 조직함 • 지식의 복잡성을 잘 다룸 • 새로운 아이디어를 내놓도록 학생들을 격려함	• 풍자적, 반어적, 신랄한 단어를 사용하여 학생을 자신감이 부족하고 열등한 사람으로 느끼게 만드는 경향 • 설명이 학생들에게 더 복잡하게 여겨질 수 있음 • 교과서의 지식에 너무 빠져 있게 됨 • 지나친 논리성의 강조로 인간적인 요소를 무시함

Chapter 6

성격유형을 활용한 프로그램 운영 • 자료

I MBTI® · MMTIC™ 활용의 실제

1. 학교에서 사용하는 심리유형이론

● MBTI와 MMTIC가 국내에서 표준화된 이후 교육, 상담, 종교, 부모교육, 부부역할 훈련, 조직관리 등 다양한 분야에서 활용되고 있다. 학교 장면에서는 학생, 교사, 학부모, 학교조직의 4가지 측면에서 접근할 수 있다.

첫째, 학생 대상으로는 자신과 타인의 이해를 위한 기초자료를 제공하고, 진로 탐색 프로그램과 집단따돌림과 같은 문제를 예방하는 프로그램을 구성하여 운영할 수 있다. 특히 MBTI와 MMTIC의 가장 큰 매력은 한 학급 정원이 30명 이상인 우리나라 학교의 경우 학급상담의 형태로 접근할 수 있다는 점이다. 학생들에게 개인의 성격에 따른 적성 및 흥미에 관한 정보를 제공할 수 있으며, 실제로 아동 · 청소년을 대상으로 한 MBTI와 MMTIC을 활용하여 개발된 자아성장 및 교우관계 증진, 스트레스 해소, 진로탐색 관련 프로그램들이 효과가 있는 것으로 보고되고 있다.

둘째, 교사를 대상으로 가장 중요한 '학생이해를 위한 정보'를 제공해 준다. 그 정보를 바탕으로 교사는 학생의 기질에 맞는 효과적인 학습방법을 개발하고, 의사소통을 위한 교사 연수프로그램을 구성 · 운영할 수 있다. 또한 이 정보를 모둠조직 및 학급 내 역할분담과 학습 환경 구성 등의 학급운영에 활용할 수 있으며, 성격유형을 활용한 프로그램을 구성하여 재량 및 특별활동의 교과에도 적용할 수 있다.

셋째, 부모를 대상으로는 자녀이해와 효과적인 양육태도에 대한 정보를 제공하고, 부모와 자녀 사이의 갈등 및 의사소통 문제를 해결하기 위한 부모교육

자료로 활용될 수 있다.

넷째, 학교조직 관리 면에서는 교사의 심리유형에 따라 적절한 인력배치 및 의사소통, 조직의 갈등관리 등 효율적인 학교조직 관리를 위해서 활용될 수 있다.

2. 심리유형이론이 왜 필요한가?

● **학교에서** 심리유형이론이 왜 필요하며, 어떻게 활용될 수 있을까?

첫째, 보다 넓게 학생들의 행동이나 생각을 수용할 수 있게 하는 관점을 제공한다. 자신들의 기분에 맞게 칭찬과 인정을 요구하는 NF 학생으로 인해 교사는 정서적 부담을 느끼게 된다. 끊임없이 즐거움을 만들려는 SP 학생의 지나친 욕구에 교사는 규칙을 강조하며 화내는 역할을 한다. 공평함을 요구하며 사사건건 따지는 NT 학생으로 인해 교사는 권위에 도전감을 느낀다. 융통성 없고 곧이곧대로인 SJ 학생으로 인해 때로는 교사가 시집살이를 하게 된다. 심리유형에 대한 이해가 없다면 이런 기질의 학생들과의 만남에서 자신이 왜 그런 역할을 하고 있는지 이해하지 못할 것이다.

때로는 기질적 특성에 의한 학생들의 행동을 문제시할 수도 있을 것이며, 그 특성이 교사 자신의 심리유형과 반대된다면 문제의 심각성은 증대될 것이다. 내향형 교사에게 많은 학생들이 과잉행동장애아로 비쳐지는 것처럼……. 학생의 심리유형에 대한 이해는 좀 더 다른 각도에서 학생들의 문제행동을 보게 해준다. 또한 기질과 심리유형의 관점에서 해결의 실마리를 제공해 준다.

둘째, 개별화 교육을 할 수 있는 밑바탕을 제공하다. 개별화 학습이 필요한 기초 및 심화단계에서 개인의 심리유형에 맞는 접근으로 동기와 흥미를 높일 수 있는 기회를 제공하고 학습의 효율성을 높일 수 있다는 것이다. 특히, 학습의 동기와 흥미가 부족해 의욕이 낮은 학생들에게 효과적인 학습방법을 제시할 수 있다.

예를 들어 사회 과목 중 역사과목에 학업성취도가 낮은 학생들의 경우, NF에게는 역사 속 인물들의 가족관계와 그 가족들의 삶에 대해 고찰하게 하고, SP에게는 역사적 현장을 실제 답사할 수 있는 경험을 하게 함으로써 동기유발을 할 수 있다. 또한 NT에게는 역사 속 전쟁도구의 발달과 전쟁사를 살펴보게 하고, SJ는 역사적 인물이나 사건이 현재의 삶에 미치는 영향을 찾아보게 함으로써 역사과목에 대한 동기와 흥미를 높일 수 있다.

물론 교사가 모든 학생들을 심리유형에 맞게 가르치고 소통한다는 것은 불가능한 일이다. 또한 바람직하지도 않다. 학생들은 자신과 반대되는 심리유형적 환경에서 적응하여 균형감을 가질 필요가 있기 때문이다. 하지만 심리유형은 특별하게 요구되는 개별적인 학습상황에서 접근을 용이하게 할 수 있는 단서를 제공한다는 점에서 중요하다.

셋째, 무엇보다 학생들의 성장을 돕는다. 자아정체감이 형성되고 발달하는 아동기와 청소년기 학생들의 자기 자신 심리유형에 대한 이해는 자신의 긍정성을 찾아 확장시키고, 자신의 부정적인 모습들을 심리유형의 관점에서 이해하고 잠재력을 개발시켜 긍정적 자아상을 가질 수 있도록 도와준다.

특히 우리나라에서 아동기와 초기 청소년기에 낮은 비율을 차지하는 내향형 학생들에 대한 지지가 필요하다. 유형이 흔하지 않다는 것 자체가 성장의 어려움을 가지고 올 수 있기 때문이다. IN 학생들과 NT 학생들의 독창성이 환경적 영향에 의해 없어지거나 전혀 다르게 발달하게 되면, 그들은 왜곡된 성격을 가지게 된다. 따라서 학생의 심리유형에 대한 이해는 거시적으로 학생들의 인격적 성장을 돕는 것이다.

융(Jung)은 교육의 목적이 어린이가 모든 경향을 똑같이 발달시키도록 돕는 것이 아니라, 자신이 지닌 고유한 잠재력을 발견하도록 돕는 것이라고 하였다. 이런 관점에서 MMTIC™ 와 MBTI®는 어린이와 청소년이 자신의 잠재력을 발견하고 건강하게 기능하며 성장할 수 있도록 돕는 효과적인 도구이다. 누구나 각자의 심리유형이 지니는 힘을 자유로이 활용하면서 성장할 때 유형발달이 일관성있고 건강하게 이루어진다. 어린이 · 청소년이 자신의 고유한 판단과 인식기능을 사용하여 생활에서 주어진 다양한 상황 속에서 스스로 해결해가는 방식을 찾아가도록 하는 것이다. 심리유형은 각자가 문제를 해결하는 과정이 달라도 누구나 자신의 방식으로 올바르게 성장할 수 있음을 이야기한다. 이렇듯 심리유형은 성장의 도구이며 성장하는 과정에 있는 어린이와 청소년에게 꼭 필요하다.

어린이 · 청소년이 자신의 심리유형에 따른 잠재력을 신장시키는데 있어서 환경의 영향은 절대적이다. 어린이 · 청소년이 처한 환경이 자신의 심리유형과 반대되는 경우, 자신이 타고난 경향은 미발달하게 되고 반대경향을 쓰는 기능을 익히게 됨으로써 불편함이 따르고, 그로 인해 만족감이나 자신감을 잃게 된다. 따라서 어린이 · 청소년에게 가장 많은 영향을 미치는 환경인 가정과 학교에서의 부모와 교사의 역할은 지대하다. 부모와 교사가 자신의 유형을 이해하고 자녀 혹은 학생과의 심리유형의 차이에서 오는 역동을 이해함으로써, 그들의 잠재력을 발견하고 바람직한 방향으로 성장하도록 도울 수 있는 것이다.

'학생들 각자는 개인의 기질과 심리유형에 따라 배우고 교사를 만난다.'는 것은 중요한 명제이다. 학생들의 심리유형을 이해하는 것은 다양성 속에서 독특성을 인정하게 되는 객관적인 자료를 제공해주며, 학생을 바라보는 또 다른 시각을 갖게 한다.

3. 성격유형을 통해 아이들이 행복한 학교를 꿈꾸다.

● **그동안** 만난 많은 학생들이 그들의 심리유형과 함께 기억 속에 살아있다. 심리유형을 만나기 전에 나는 도덕적인 가치와 사회적인 규준에 의해 학생들을 만나고 평가해 왔다. 대체로 순응하는 편인 내가 가진 기준은 가장 보편적이며 기본이 된다고 생각했기 때문에 그 기준에 충실하며 교사로서 책임있게 학생들을 가르치려고 했다. 하지만 교사 혹은 어른으로서 도무지 이해할 수 없는 행동을 하는 학생을 만날 때마다 난감했다. 여러 가지 방법으로 지도하며 행동의 변화를 가져오기도 했지만 늘 아쉬움이 남았다. 그 속에는 교사라는 역할에 충실했을 뿐, 한 인격체인 학생에 대한 이해가 없었던 것이다. MBTI®는 내가 학생을 학생으로써가 아니라, 하나의 인격체를 가진 인간으로 이해할 수 있도록 해주었다.

심리유형에 대해 이해하기 전에는 학생을 내가 가지고 있는 규준과 기준에 맞추는 것이 최선이라고 여겼다. 하지만 지금은 학생들의 심리유형에 따른 규준과 기준이 무엇인지 생각해본다. 그리고 최대한 그 입장에서 이해해 보려 노력한다. 그것이 어쩌면 로저스(Carl Ransom Rogers)가 말한 공감의 시작일 것이다. 그렇다고 나의 학급경영방식이나 원칙이 모든 학생들의 심리유형에 따라 달라진다는 것은 아니다. '교육은 균형'이라는 원칙을 가지고 있기 때문이다. 하지만 교사와 학생의 관계 이전에 인간과 인간의 관계 측면에서 심리유형의 이해는 중요하다.

평소 어른들로부터 꾸중을 들으며 성장했던 ESTP 남학생이 1년 동안 심리유형 활동을 한 후 소감문에 이렇게 적었다.

> 나는 지금까지 별나다는 말을 많이 듣고 자랐다. 하지만 성격유형을 통해 나의 별난 모습이 내게 좋은 장점이 될 수 있다는 것을 알았다. 예전에는 부모님이나 선생님이 마음대로 행동하면 화가 나서 참을 수가 없었다. 그래서 따지다가 더 많이 맞기도 했는데, 지금은 나의 그런 점을 받아들이게 되었다. 나도 싫었던 나의 행동과 모습들은 성격유형이 그 이유를 설명해 주니 난 참 좋다는 것을 알았다.

자신의 부정적인 모습을 긍정성으로 만들어 가며 자신에 대한 또 다른 차원의 지각을 갖게 하는 것이 심리유형이다. 모든 심리유형은 그 자체로 고유성과 독특성 그리고 충만성을 가진다. 나는 학생들이 자신의 고유성을 인정하며 충만하게 자신을 키워가는 학교를 꿈꿔본다.

Ⅱ 성격유형을 활용한 프로그램 만들기

1. MBTI®·MMTIC™ 집단검사를 의뢰 받았을 때

● **스트레스가** 심한 현대인의 생활과 가족해체가 급속히 일어나고 있는 최근의 사회 분위기 속에서 심리 상담에 대한 요구는 갈수록 높아지고 있다. 따라서 사회기관, 복지시설, 학교, 종교단체, 기업 등 다양한 분야의 기관에서 MBTI와 MMTIC을 이용한 프로그램 의뢰가 증가하고 있다.

MBTI · MMTIC를 활용한 '자기이해와 타인이해를 위한 성장프로그램'의 가치는 이미 그 타당성을 인정받았다고 해도 과언이 아니다. 따라서 MBTI · MMTIC집단 프로그램을 의뢰받았을 경우 다음의 몇 가지 사항들을 고려할 것을 제안해본다.

첫째, 의뢰한 기관의 성격에 대해 이해해야 한다. 각각의 기관은 그 기관의 목적에 따라 프로그램을 기획한다. 학교라는 교육기관과 종교단체에서 같은 MBTI · MMTIC을 하더라고 기획된 의도는 다를 것이다. 프로그램을 기획한 기관에 따라 프로그램 내용 구성이 달라질 수 있다.

둘째, 프로그램에 참여할 대상의 특징을 파악해야 한다. 프로그램 대상이 초등학생인 경우, 주부인 경우, 가족인 경우, 같은 직장에 근무하는 동료로 구성된 집단일 경우 등 참가자의 특징에 따라 프로그램 내용 수준과 진행순서에 따른 단계를 결정해야 하기 때문이다.

셋째, 프로그램의 목적을 분명히 해야 한다. 프로그램 진행자 및 의뢰기관과 함께 목적에 대한 분명한 합의를 보아야 한다. 대체로 MBTI와 MMTIC를 의뢰할 경우 자신의 성격에 대한 이해를 프로그램의 목적으로 두는 경우가 많은데 MMTIC의 경우 성격에 맞는 학습법이나 대인관계 등 또 다른 목적을 요구하는 경우도 있다.

넷째, 프로그램 시간과 회기를 확인한다. 의뢰기관의 사정상 충분한 시간이 확보되지 못하는 경우가 많지만 최소 4시간 이상을 확보하도록 하는 것이 바람직하다. 대체로 단회기 프로그램을 요구하는 경우가 많지만 MBTI · MMTIC 집단 프로그램은 4-5회기가 될수록 좀 더 깊이 있는 자기성장을 가져올 수 있다. 전체 프로그램을 구성하기 위해서는 시간과 회기를 미리 알아야 한다.

다섯째, 프로그램을 할 장소의 기자재(컴퓨터 등) 사용을 위한 환경점검과 자유로운 집단 활동을 위한 공간조건의 검토가 필요하다. 또한 MBTI · MMTIC는 집단속에서 이루어지는 만큼 이동이 불가능한 일자형 책상 보다는 원탁이나 반원모양의 탁자와 같이 다양한 자리배치가 가능한 환경이 요구된다.

여섯째, 프로그램 운영을 도와줄 보조 진행자가 기관 내에 있는지 확인해야 한다. 성인이라도 채점과 유형점수를 환산할 때 도움을 필요로 하는 경우가 많다. 또한 MMTIC일 경우 채점하는데 많은 시간이 소요되기 때문에 프로그램 보조 진행자는 절대적으로 필요하다.

일곱째, MBTI · MMTIC 검사지와 답안지를 어떤 형태로 준비할 것인지 미리 확인해야 한다. 프로그램 진행자가 준비해서 가져가야하는 것인지 기관에서 구비가 되어 있는지 때로는 해당기관에서 어세스타로 바로 주문할 수도 있다.

2. MBTI® · MMTIC™ 집단 상담 계획하기

가. 기본 프로그램 짜기

(1) MMTIC™ 를 활용한 프로그램(예시)

<table>
<tr><td>목적</td><td colspan="3">MMTIC™ 를 통해 자신과 친구의 심리유형을 이해하고 친밀감 있는 학급공동체 형성한다.</td></tr>
<tr><td>대상(인원)</td><td colspan="3">초등학교 6학년 30명 (남:15명, 여:15명)</td></tr>
<tr><td>시간</td><td>09:00 – 13:00 (4시간)</td><td>장소</td><td>교실</td></tr>
<tr><td colspan="4">프로그램 구성</td></tr>
<tr><td>순서 (시간)</td><td colspan="2">활동내용</td><td>준비물</td></tr>
<tr><td>오리엔테이션
(30분)</td><td colspan="2">• 심리검사에 대한 불안감 없애기 (촉진활동)
• 과일을 활용한 선호경향 접근
• 오른손 왼손으로 이름 쓰기
• MMTIC™ 소개 및 문항선택 기준 설명
• 답안지 작성요령 설명</td><td>A4용지</td></tr>
<tr><td>검사 실시 (30분)</td><td colspan="2">• MMTIC™ 검사 실시</td><td>MMTIC™ 검사지, 답안지, 채점판</td></tr>
<tr><td colspan="4">휴식 (10분) (*휴식시간 동안 채점함)</td></tr>
<tr><td>척도 설명
(30분)</td><td colspan="2">• 4가지 척도설명
외향 (E) – 내향 (I)
감각 (S) – 직관 (N)
사고 (T) – 감정 (F)
판단 (J) – 인식 (P)
• U밴드 설명
• 자기유형추측</td><td>선호경향 설명 PPT</td></tr>
<tr><td>검사결과 배부
(20분)</td><td colspan="2">• MMTIC™ 결과 프로파일 배부
• 프로파일 중에 자신을 잘 설명한 것 줄그으면서 읽기
• 자신의 유형을 탐색하거나 재확인
• U밴드의 선호경향 결정</td><td>MMTIC™ 검사
결과 보고서</td></tr>
<tr><td>성격유형별
집단 활동
(30분)</td><td colspan="2">• 같은 유형끼리 모이기
• 유형 작업
–유형의 별칭 정하기
–성격의 공통점 찾아보기
–평소 부모님께 자주 듣는 소리 작성하기</td><td>A4, 필기도구</td></tr>
<tr><td>성격유형별
집단 발표 (80분)</td><td colspan="2">• 유형 활동 발표하기 (가급적 모두 참여하기)
• 진행자의 부연설명 (각 유형에 대한 긍정적 설명)</td><td></td></tr>
<tr><td>마무리 (10분)</td><td colspan="2">• 소감나누기
– 무엇이 도움이 되었고, 무엇이 재미있었나?</td><td>A4지</td></tr>
</table>

[그림 6-1]

16가지 성격유형별 SAM 프로그램 학생 결과물

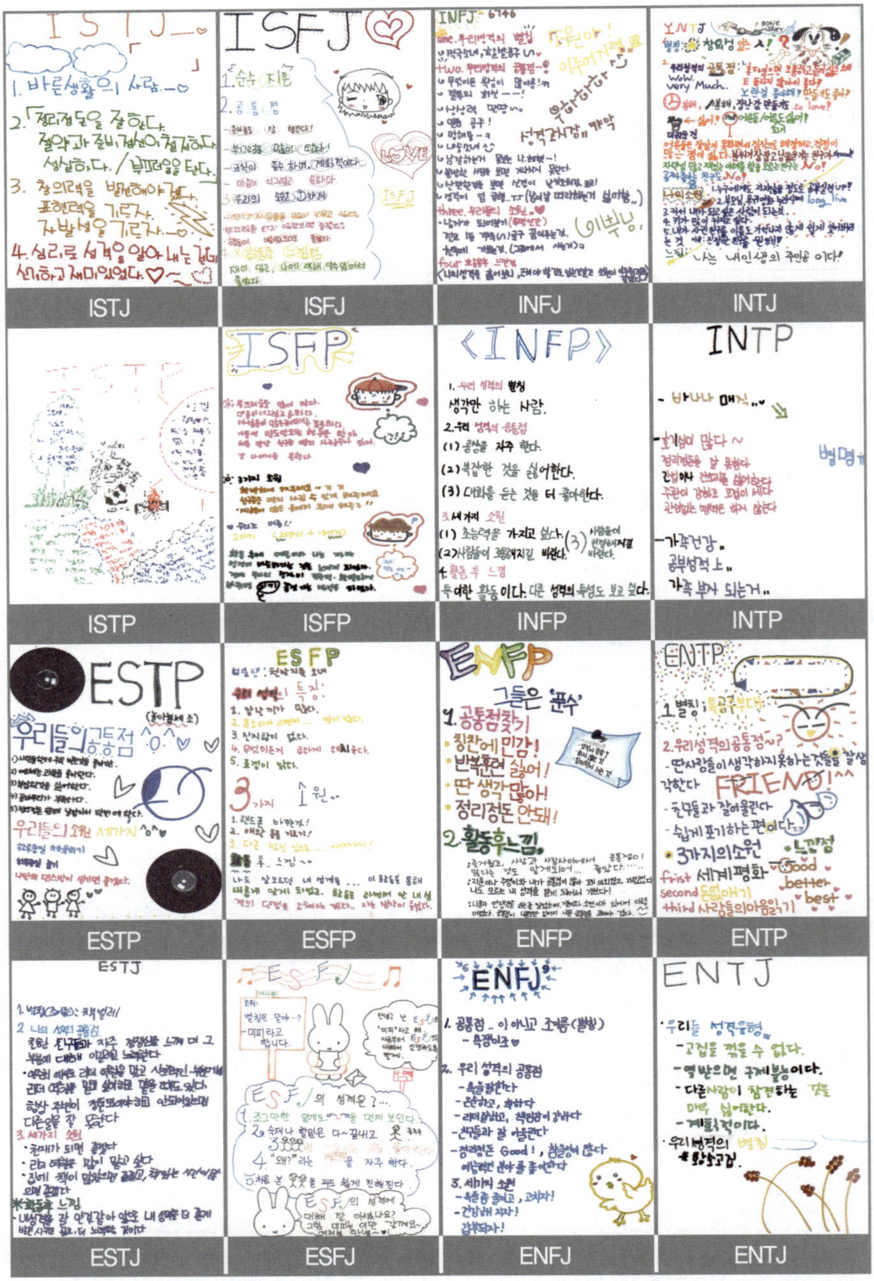

(2) MBTI®를 활용한 부모교육 프로그램 (예시)

<table>
<tr><td>목적</td><td colspan="3">• 부모 자신의 심리유형을 이해하고 자녀 성격에 대한 이해를 높인다.
• 자녀의 성격에 맞는 진로선택의 중요성에 관심을 가진다.
• 자녀와 부모의 갈등을 성격의 차이로 바라보는 관점을 가진다.</td></tr>
<tr><td>대상 (인원)</td><td colspan="3">초등학교 학부모 40명</td></tr>
<tr><td>시간</td><td>13:30-17:30 (4시간)</td><td>장소</td><td>학교도서실</td></tr>
<tr><td colspan="4">프로그램 구성</td></tr>
<tr><td>순서 (시간)</td><td colspan="2">활동내용</td><td>준비물</td></tr>
<tr><td>강사소개</td><td colspan="2">• 강사의 약력 소개 및 인사
• 프로그램의 목적 소개 및 일정 안내</td><td></td></tr>
<tr><td>오리엔테이션
(40분)</td><td colspan="2">• 심리검사에 대한 불안감 없애기 (노래하기)
• 자녀와의 성격적 갈등을 찾아서 옆 사람과 이야기 나누기
• MBTI® 소개
• 4가지 선호경향 설명</td><td>4가지 선호경향
PPT 자료</td></tr>
<tr><td>검사 실시
(30분)</td><td colspan="2">• 문항선택 기준 및 답안지 작성 요령
• MBTI® 검사</td><td>MBTI® 지필검사지</td></tr>
<tr><td colspan="4">휴식 (10분)</td></tr>
<tr><td>검사결과 확인
(10분)</td><td colspan="2">• MBTI® 채점 및 자신의 심리유형 이해
• 16개의 성격유형표에 자신의 이름 쓰기</td><td>실물 화상기, MBTI®
검사 결과 보고서,
16가지 성격유형표</td></tr>
<tr><td>성격유형별
집단 활동 (30분)</td><td colspan="2">• 같은 유형끼리 모이기
• 유형작업
-성격의 별칭 정하기
-성격의 공통점 찾아보기
-자녀 양육방법</td><td>A4, 네임펜</td></tr>
<tr><td>집단 발표
(80분)</td><td colspan="2">• 유형 활동 발표하기 (가급적 모두 참여하기)
• 진행자의 부연설명 (각 유형에 대한 긍정적 설명)</td><td></td></tr>
<tr><td>강의
(20분)</td><td colspan="2">• 자녀의 심리유형을 추측하여 옆 사람과 이야기하기
• 부모 자녀의 성격유형의 차이로 인한 갈등
• 성격유형과 진로</td><td>PPT자료</td></tr>
<tr><td>마무리(10분)</td><td colspan="2">• 소감나누기와 질의응답</td><td></td></tr>
<tr><td>평가(10분)</td><td colspan="2">• 참가평가서 작성</td><td>평가지</td></tr>
</table>

(3) MBTI®를 활용한 교사 연수 프로그램 (예시)

<table>
<tr><td>목적</td><td colspan="3">• 교사 자신의 심리유형을 이해하고 학생 성격에 대한 이해를 높인다.
• 학생의 성격유형에 맞는 학습과 교수법에 관심을 가진다.</td></tr>
<tr><td>대상 (인원)</td><td colspan="3">학교 교사 40명</td></tr>
<tr><td>시간</td><td>13:00-17:00 (4시간)</td><td>장소</td><td>학교 교무실</td></tr>
<tr><td colspan="4">프로그램 구성</td></tr>
<tr><td>순서 (시간)</td><td colspan="2">활동내용</td><td>준비물</td></tr>
<tr><td>강사소개
(10분)</td><td colspan="2">• 강사의 약력 소개 및 인사
• 프로그램의 목적 소개 및 일정 안내</td><td></td></tr>
<tr><td>오리엔테이션
(30분)</td><td colspan="2">• 나는 ____________한 사람이다.
빈 칸에 성격적 특징이 들어가게 문장을 완성하여
옆 사람과 이야기 나누기
• 문항선택 방법 및 심리유형에 대한 이해</td><td>문장 PPT</td></tr>
<tr><td>검사 실시
(30분)</td><td colspan="2">• 문항선택 기준 및 답안지 작성 요령
• MBTI 검사</td><td>MBTI® 지필검사지</td></tr>
<tr><td colspan="4">휴식 (10분)</td></tr>
<tr><td>선호경향 설명
(40분)</td><td colspan="2">• E-I 선호경향 설명
• S-N 선호경향 설명
• T-F 선호경향 설명
• J-P 선호경향 설명
* 학생들의 성격을 이해할 수 있도록 선호경향에 대해
자세하게 설명</td><td>4가지 선호경향
PPT자료</td></tr>
<tr><td>검사결과 확인
(10분)</td><td colspan="2">• MBTI 채점 및 자신의 심리유형 이해
• 16개의 성격유형 표에 자신의 이름 쓰기</td><td>MBTI® 검사 결과 보고서
16가지 성격유형표</td></tr>
<tr><td>성격유형별
집단 활동 (20분)</td><td colspan="2">• 같은 유형끼리 모이기
• 유형 작업
-성격의 별칭 정하기
-성격의 공통점 찾아보기
-교사로서의 신념
-지도하기 힘든 학생</td><td>A4, 네임펜</td></tr>
<tr><td>집단 발표
(40분)</td><td colspan="2">• 유형 활동 발표하기 (가급적 모두 참여하기)
• 진행자의 부연설명 (각 유형에 대한 긍정적 설명)</td><td></td></tr>
<tr><td>강의
(30분)</td><td colspan="2">• 4가지 선호경향에 따른 학생들의 학습양식
• 기질별 학습양식과 교수양식
• 교사와 학생의 성격유형 차이로 인한 갈등</td><td>PPT자료</td></tr>
<tr><td>마무리(10분)</td><td colspan="2">• 소감나누기와 질의 응답</td><td></td></tr>
<tr><td>평가(10분)</td><td colspan="2">• 참가평가서 작성</td><td>평가지</td></tr>
</table>

[그림 6-2]

ESTJ 학부모 집단의 그룹작업 결과물

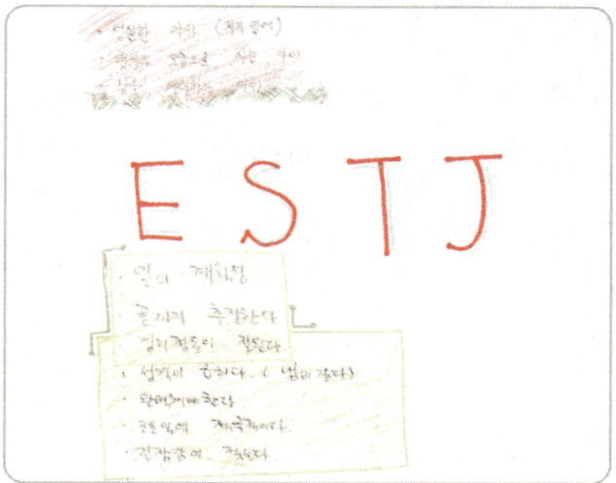

[그림 6-3]

ENTJ 학부모 집단의 그룹작업 결과물

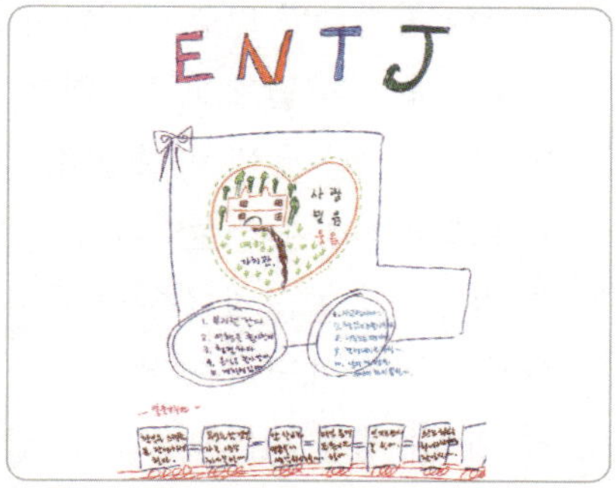

[그림 6-4]

ENFP 교사 집단의 그룹작업 결과물

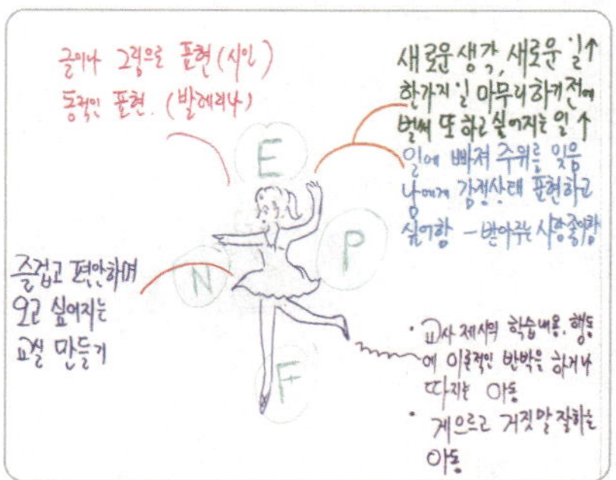

[그림 6-5]

ISTJ 교사 집단의 그룹작업 결과물

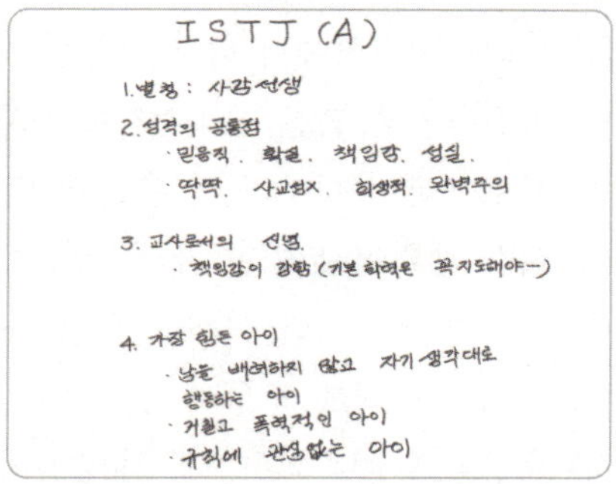

[그림 6-6]

INTP/J 교사 집단의 그룹작업 결과물

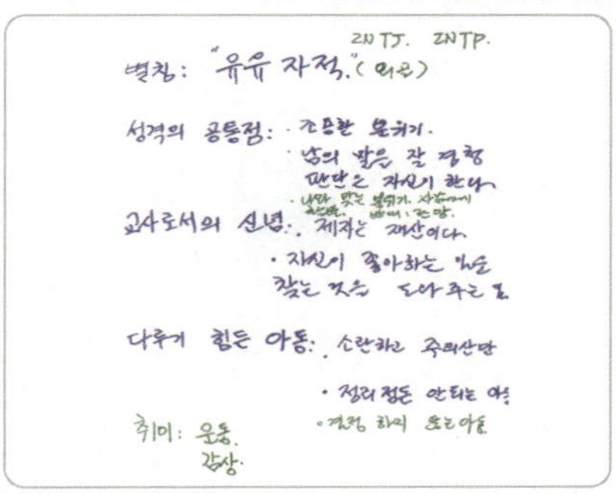

나. 프로그램을 실패로 이끄는 요인들

① 오리엔테이션에서 선호경향에 대한 이해가 충분히 되지 않았을 경우
② 집단의 참가자들 연령이 지나치게 차이가 많이 날 경우
③ 프로그램의 각 단계에 적절하게 시간 안배가 되지 않았을 경우
④ 참가자의 수준에 맞지 않게 4가지 선호경향을 어렵게 설명했을 경우
⑤ 프로그램 진행자의 설명이 참가자의 활동보다 많을 경우
⑥ 한 유형이 프로그램 전체를 독식할 경우
⑦ 다른 유형을 비난할 경우
⑧ 각 심리유형에 대한 프로그램 진행자의 부정적 해석

다. 프로그램 진행에 필요한 요소들

① 오리엔테이션에서 다루어야 할 기본적인 요소
② 촉진활동을 통한 심리검사에 대한 불안감 해소
③ 프로그램 진행자의 각 유형에 대한 지지와 긍정적 해석
④ 시간 계획이 분명한 체계적인 프로그램 구성
⑤ 선호경향에 대한 이해를 돕는 자료
⑥ 프로그램 진행 도우미
⑦ 유형발표에서 외향형과 내향형의 적절한 안배
⑧ 프로그램 참가자 전원을 참여시킬 수 있는 방안

3. MMTIC™를 통한 자아성장 프로그램의 구성

가. 프로그램의 목적

① 성격유형 활동프로그램을 통하여 성격유형의 4가지 척도를 이해함으로써 자신의 성격에 대한 이해를 높인다.
② 성격유형 활동프로그램을 통하여 자신의 성격을 이해하고, 다른 유형의 친구를 이해하는 수용적인 태도를 길러 원만한 교우관계를 증진한다.
③ 성격유형 활동프로그램을 통하여 가족관계에서의 갈등을 성격의 차이로 이해하고 수용하도록 한다.

나. 프로그램의 선정 및 조직

● **성격유형활동** 프로그램은 심혜숙과 김명권이 1996년에 개발한 MBTI® 성장프로그램과 MMTIC™ 중앙강사들의 경험을 바탕으로 재구성하였다.

총 15회기의 프로그램에서 4회기는 성격유형의 4가지 척도를 이해할 수 있는 활동으로 구성하였으며, 성격유형의 특징을 파악하고 이해하는데 6회기, 반대유형의 이해를 통한 대인관계 향상 방법에 대해서 3회기, 학습유형과 가족의 성격유형을 파악하는데 각각 1회기씩 구성하여 운영하였다. 단위 프로그램은 1시간이 소요되며 성격유형별 활동은 전지를 사용하여 활발하고 적극적인 활동이 되도록 하였다. 매 회기마다 유형별 활동, 발표, 소감나누기 등으로 이루어진다. 15회기 중 3회기는 개인 활동으로 이루어지며, 1회기는 학습 소집단으로 11회기는 성격유형별 소집단으로 편성하여 실시하였다.

다. 성격유형 활동프로그램의 구성

순서	주 제	활동 내용
1	성격유형의 차이와 특징 파악	성격유형별 구호와 노래 만들기
2	성격유형의 차이와 특징 파악	성격유형별 선호하는 T-shirt의 공통점과 차이점 알아보
3	외향-내향 선호경향 이해	내향형이 먼저 파이팅을 외친 후 외향형이 파이팅 외치기
4	감각-직관 선호경향 이해	학교주변의 지도그리기
5	사고-감정 선호경향 이해	가장 슬펐을 때와 가장 기뻤을 때 알아보기
6	판단-인식 선호경향 이해	30만원 여행경비로 2박 3일간의 졸업여행 계획서 짜기
7	성격유형의 특징	성격유형별로 만들고 싶은 학교의 이름과 교훈을 정하고 만들고 싶은 학교 나타내보기
8	성격유형의 특징	주어진 문장의 뒷이야기 꾸미기
9	성격유형과 학습	성격유형별 공부에 방해되는 요인과 학습방법의 공통점을 찾아보고 성격유형에 따른 효과적인 학습법 알아보기
10	성격유형과 교우관계	나와 잘 맞는 친구 두 명과 잘 맞지 않는 친구 두 명을 찾아보고 성격유형 알아보기
11	성격유형과 교우관계	반대유형 친구들의 성격적 특징 찾아보기
12	성격유형과 교우관계	반대유형과 잘 지낼 수 있는 전략 찾아보기
13	성격유형에 대한 이해	전학 온 친구의 행동을 관찰하여 성격유형을 추측해보고 검사결과와 비교하기
14	성격유형과 가족	가족의 성격유형을 추측해보고 성격의 차이로 인한 갈등을 가족구조도를 그려 파악해 보기
15	성격유형에 대한 자긍심 갖기	우리 유형의 자랑거리 찾아보기, 우리 유형의 차별화 전략, 우리유형의 세 가지 소원 찾아보기

4. MMTIC™를 통한 진로상담 프로그램의 구성

가. 프로그램의 목적

① 직업선택에 있어 성격의 중요성을 인식한다.
② 성격유형별 흥미와 적성, 가치관, 기술을 탐색해 보고 그에 맞는 직업을 찾고 소질을 계발한다.
③ 성격유형별 가장 선호하는 기능인 주기능을 파악해 보고, 주기능을 발휘할 수 있는 자신의 능력과 직업을 찾아본다.

나. 프로그램의 선정 및 조직

● 진로상담 프로그램은 기존의 초등학생용 진로인식 프로그램에서 일반적으로 다루어지는 내용을 성격유형과 연결하는데 중점을 두고 구성하였으며, 성격유형에 따른 흥미와 적성 1회기, 가치관 탐색프로그램 1회기, 직업탐색 프로그램을 6회기로 구성 · 조직하였다.

다. 진로상담프로그램의 구성 및 활동 내용

순서	주 제	활동 내용
1	성격유형의 흥미와 적성	우리 유형이 좋아하는 교과와 일
2	성격유형과 가치관	내가 남기는 한 마디의 명언과 가치탐색
3	성격유형과 직업탐방	우리 성격유형의 인물 찾기
4	성격유형과 직업탐방	우리의 성격에 맞는 직업 찾기
5	성격유형과 직업탐방	인터넷에서 우리 유형이 종사하는 직업 찾기
6	성격유형과 직업탐방	성격유형별 직업의 특징과 직업분류 하기
7	성격유형과 직업탐방	우리 부모님의 성격유형과 직업
8	성격유형과 직업탐방	성격유형별 직업사전 만들기

5. MMTIC™ 프로그램의 실제

(1) 성격유형별 구호와 노래 만들기

목표	성격적 특징이 드러나는 구호와 노래를 통해 자신의 성격유형을 깊이 있게 탐색하고, 자신의 성격유형에 대한 뚜렷한 자신감과 소중함을 깨달아 자아 존중감을 높인다.
준비물	A4
활동	• 성격유형별로 모이기 • 성격유형별 특징이 드러나는 구호를 정하고 발표할 동작 연습하기 • 이미 알고 있는 노래의 리듬에 맞추어 성격유형의 특징이 드러나는 가사로 바꾸기 • 유형활동이 끝나면 발표하기 • 소감나누기

ENFP 활동 결과

구호: 사랑과 행복을 모든 이에게

노래: (곡목 응원가) 이 세상에 행복 없으면 무슨 재미로 해가 떠도 행복! 달이 떠도 행복! 행복이 최고야! 아니야! 아니야! 사랑이 최고야!

[그림 6-7]

INTP 노래 (곡명: 신바람 이박사의 YMCA)

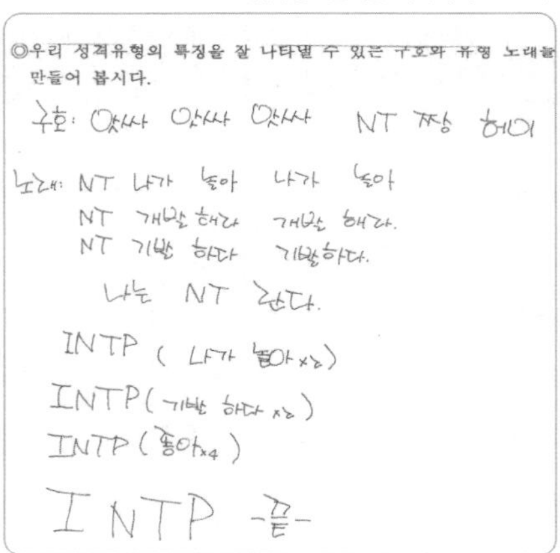
◎우리 성격유형의 특징을 잘 나타낼 수 있는 구호와 유형 노래를 만들어 봅시다.

구호: 얏싸 얏싸 얏싸 NT 짱 헤이

노래: NT 나가 놀아 나가 놀아
NT 개발 해라 개발 해라.
NT 기발 하다 기발하다.
나는 NT 란다.
INTP (나가 놀아x2)
INTP(기발 하다 x2)
INTP (좋아x4)
INTP -끝-

(2) T-shirt 그리기

목표	성격유형에 따른 T-shirt의 공통점과 차이점을 알아보고 성격적 특징이 일상생활에서 다양하게 표현됨을 이해한다.
준비물	T-shirt 모양이 그려진 유인물, 채색도구(색연필, 싸인펜 등)
활동	• T-shirt의 모양이 그려진 유인물 배부하기 • 자신이 입고 싶은 T-shirt 나타내기 • 성격유형끼리 모여서 자신이 그린 T-shirt 소개하기 • 각 성격유형별로 T-shirt를 게시하고 성격유형별 공통점과 차이점 찾아보기 • 교사의 설명 듣기 • 소감나누기

[그림 6-8]

8개 성격유형의 학생이 그린 T-shirt

T-shirt 부연설명

밝고 긍정적이며 유행에 민감한 ESFP들은 브랜드를 선호하며 여러 가지 색상을 많이 사용한 것이 특징이다. 밝고 적극적인 ESFJ의 그림은 보는 사람을 웃음 짓게 한다. 따뜻한 느낌의 노란색과 주황색을 선택한 것은 따뜻한 성품을 그대로 나타낸 듯하다. ESTP는 오락과 재미를 추구하는 유형답게 죄수복으로 웃음을 주었다. ISTP는 손재주가 뛰어난 유형답게 검은색 하나를 선택했지만 깔끔한 선 처리의 디자인으로 독창적인 문양과 색깔의 티를 만들어 냈다. 특히 'Don't Run' 이라고 적은 INTP의 티셔츠의 독특함은 다른 유형과 차별화 된다. 역시 자신의 세계를 추구하는 INTP의 '뛰지마' 는 뭔가 의미가 있을 듯……

(3) 지도그리기

목표	감각(S)과 직관(N) 선호경향의 차이를 이해한다.
준비물	전지, 표현도구
활동	• 성격유형끼리 모이기 • 학교 주변의 도로를 중심으로 지도 그리기 • 성격유형별로 완성한 지도를 교실 전면에 게시하기 • 성격유형별로 지도 설명하기 • 성격유형별 지도의 공통점과 차이점 찾아보기 • 전체적으로 소감나누기

[그림 6-9]

● N과 S지도의 차이

N(직관형)

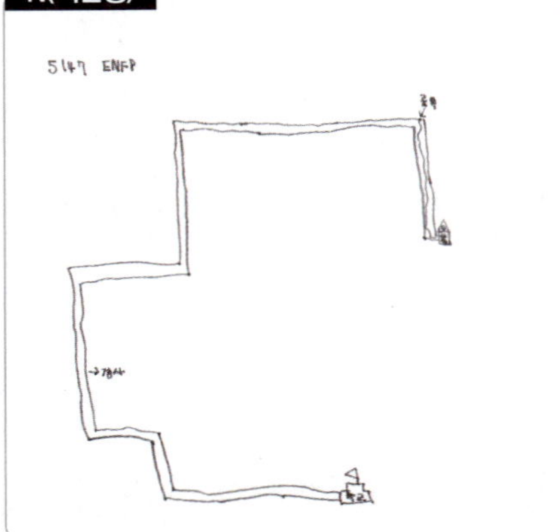

S(감각형)

N(직관형)

집에서 학교를 가는 도로 외에 모든 것이 생략되어 있다. 도로 주변의 건물이나 주변 상황이 전혀 나타나지 않아 직관형(N) 자신들만 찾아갈 수 있는 지도를 나타내었다.

S(감각형)

큰 도로를 중심으로 작은 도로나 건물이 자세히 나타나 있고 주변 가게와 횡단보도, 학교, 공공시설이 잘 나타나 있어 구체적이고 세부적인 감각형(S)의 특징을 나타내었다.

(4) 여행계획서 짜기

목표	판단(J)과 인식(P)의 선호경향의 차이를 이해한다.
준비물	전지, 크레파스, 칼라 펜
활동	• 성격유형별로 모이기 • 활동지 배부하기 • 2박3일의 여행계획서 짜기 • 여행할 장소와 일정을 각 유형별로 의논하여 작성하기 • 성격유형별로 여행계획서 설명하기 • 성격유형별 여행계획서의 공통점과 차이점 찾아보기 • 소감나누기

[그림 6-10]

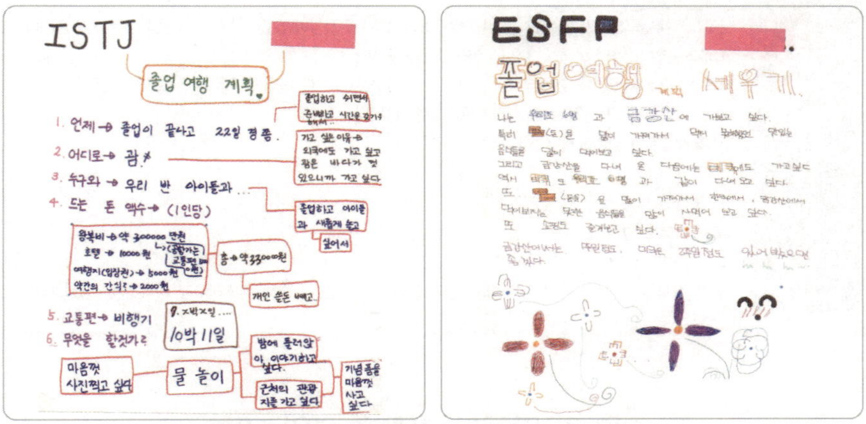

ISTJ와 ESFP의 졸업여행계획서

(5) 뒷이야기 꾸미기

목표	성격유형에 따른 특징과 가치관의 차이를 탐색할 수 있다.
준비물	유인물, 필기도구
활동	• 성격유형별로 모이기 • '옛날 옛날에 가난한 나무꾼이 있었습니다. 어느 날' 로 시작되는 활동지 배부하기 • 성격유형별로 발표하기 • 성격유형별 이야기의 공통점과 차이점 찾아보기 • 소감나누기 • 부연 설명듣기

[그림 6-11]

E/ISTP 유형과 INTP 유형의 뒷이야기 만들기

ESTP ISTP	옛날 옛날 어느 마을에 가난한 나무꾼이 살고 있었습니다. 어느 날 나무꾼이 산에서 나무를 하다가 금도끼를 주웠습니다. 사람들이 의심할까봐 그냥 금도끼로 나무를 하다가 연못 속에 빠뜨리고 말았습니다. 눈물 찡 콧물 찡 울고 있는데 잠시 후 욕심쟁이 산신령이 나타났습니다. 산신령은 나무꾼에게 "금도끼가 네 것이냐? 은도끼가 네 것이냐? 쇠도끼가 네 것이냐?" 하고 물었습니다. 나무꾼은 "금도끼가 제 것입니다."라고 대답하였습니다. 그러자 욕심쟁이 산신령은 나무꾼의 금도끼를 갈취할 생각으로 온갖 욕을 하며 연못 속으로 사라지고 말았습니다. 화가 난 나무꾼은 큰 바가지로 1달 만에 연못물을 다 퍼내고 아담한 집 한채를 발견했습니다. 그 집안에서 산신령이 금도끼를 팔아서 데려온 선녀들과 띵가띵가 놀고 있었습니다. 나무꾼은 큰 바가지로 산신령이 머리를 강타해 나이든 산신령을 그 충격을 이기지 못하고 죽고 말았습니다. 그 후 나무꾼은 산신령이 집에서 선녀들과 행복하게 살았습니다.
INTP	옛날 옛날 어느 마을에 가난한 나무꾼이 살고 있었습니다. 어느 날 산에서 나무를 하다가 이상한 동굴을 발견했습니다. 호기심이 많아 굴 속까지 들어가게 되었습니다. 그러자 눈앞이 번쩍 하더니 눈앞에 이상한 건물들이 들어서 있었습니다. 바로 21C에 와있던 것이었습니다. 너무 놀란 나무꾼은 한참 두리번 거리다 이상형의 여자를 만났습니다. 나무꾼은 그 여자 뒤를 따라가 말을 걸었습니다. "저 혹시 저 큰 상자에서 사시나요? "예?" "저 하늘을 찌를 듯한 큰 상자 말이예요..." "혹시 아파트 말하세요?" "아, 아파트... 저기 서 뭘 하죠?" 이차저차 하여 설명을 듣고 거의 매일 같이 만난 두 사람은 결혼해서 오래오래 행복하게 살았답니다.

이야기 만들기 기질별 부연설명

기질	이야기에서 나타난 기질별 특징
NF	대체로 NF 이야기의 주제는 '사랑'인 경우가 많으며 그 사랑의 내용은 비극적인 운명의 주인공을 그려내는 이야기인 경우가 많다. 은근히 무서운 영화와 환타지를 즐기는 NF의 기발함과 황당함이 이야기 짓기에 잘 나타난다.
SP	현실에서 소재를 찾는 SP는 주변 친구들을 인물로 잘 등장시킨다. 이야기 내용은 흥미와 즐거움으로 구성되며 반전의 묘미가 있다. 내향 SP는 권선징악에 뿌리를 둔 내용구성을 많이 하는 편이지만 외향 SP는 예측할 수 없는 결말로 웃음을 준다.
NT	NT는 시공간을 초월하는 독창적인 배경과 등장인물로 이야기를 구성한다. 역동적인 사건과 예측할 수 없는 결말로 모두의 귀를 기울이게 한다. 마지막으로 뛰어난 독창성과 상상력에 친구들 모두 자발적으로 박수를 치게 되는 이야기를 잘 만든다.
SJ	착한 나무꾼이 상을 받는다는 내용 등으로, 주로 '권선징악'의 주제로 이야기를 구성한다. 대체로 주인공을 성실하고 열심히 노력하는 사람으로 그리기 때문에 사건 전개가 밋밋하다. 착한 사람은 상을 받고 나쁜 사람은 벌을 받는다는 것은 성실하고 책임감 있는 모습으로 살아가는 SJ의 가치관을 반영한 것이다.

(6) 내가 교장선생님이라면

목표	기질별로 만들고 싶은 학교의 이름과 교훈을 통해 심리유형에 따른 가치관의 차이를 탐색한다.
준비물	전지, 크레차스, 칼라 펜
활동	• 기질별 4집단으로 모이기 • 학교의 이름과 교훈, 학교 특색 활동을 정한다. • 내가 교장선생님이라면 만들고 싶은 학교 발표하기 • 기질별로 공통점과 차이점 찾아보기 • 전체적으로 소감나누기

기질별 학교 명칭과 교훈, 만들고 싶은 학교

[표 6-1]

유형	학교 명칭	교훈	만들고 싶은 학교
NF	사랑 초등학교	웃음과 함께 꿈과 희망을 키워 가는 미래의 어린이	• 자연이 살아있는 학교 • 칭찬, 격려하는 선생님 • 음악이 흐르는 학교 • 성격유형 활동을 하는 학교 • 자신과 타인에 대해 가르치는 학교 • 마음을 가르치는 학교 • 따뜻하고 격려하는 선생님 • 모든 것에 개방적인 학교
SP	신나는 초등학교	신나고 즐겁게 뛰어 놀면서 건강한 신체에 건강한 정신을 가진 어린이	• 운동장에서 농구 골대, 골프시설, 수영장 등 최신 레저시설 짓기 • 운동장에서 야구, 축구를 할 수 있는 학교 • 공부는 적게 체육을 많이 하는 학교 • 일기 안 쓰는 학교 • 숙제와 시험 없는 학교 • 하루에 급식을 2번 주는 학교, 1회-간식 2회- 점심 • 놀면서도 공부가 되는 학교
NT	스스로 초등학교	스스로 배우고 스스로 커 가는 자율적인 어린이	• 배우고 싶은 과목만 배운다. • 개인 PC 지급 • Home Study 일주일에 3번, 학교등교는 일주일 2번(토, 일요일 공휴일) • 썸머 힐 같은 학교
SJ	오고 싶은 초등학교	어른을 공경하고 질서를 지키며 열심히 공부하는 책임감 강한 어린이	• 실외 놀이시설을 늘린다. • 실내 놀이 시설을 만든다. • 시험을 쳐서 공부를 잘하게 하는 학교 • 공정한 학교 • 책임감을 갖게 한다. • 실력 있는 선생님

(7) 성격유형별 학습방법 찾기

목표	• 기질별로 학습태도의 취약점을 찾아보고 학습을 잘하기 위한 방법을 탐색한다. • 성격유형에 맞는 학습방법을 찾아본다.
준비물	유인물, 필기도구
활동	• 기질별로 모이기 • 공부하는데 방해가 되는 것과 평소의 공부태도에 대한 공통점을 찾아본 후 긍정적 요소로 변화시키기 • 기질별로 발표하기 • 기질별로 공통점과 차이점 찾아보기 • 소감나누기

기질별 학습방법과 공부 방해 요인

[표 6-2]

유형	공부에 방해가 되는 것들	평소의 공부방법
NF	• 친한 친구들 • 놀고 싶은 마음 • 공부해도 잘 되지 않을 것 같은 불안 • 나는 언제나 시험을 못 친다는 생각 • 부모님의 기대 • 다른 책이나 비디오 • 딴 생각들	• 핵심을 알아본다. • 요점정리 • 인터넷 자료정리 • 친구들과 질문하면서 푼다. • 혼자서 공부한다. • INFP는 계획 없이 공부한다. • 집에서 공부할 때는 폼만 잡는다. • 핵심을 정리한다. • 외우기보다는 이해한다.
SP	• 오락, PC방, 게임 • 좀이 쑤씬다. • 밖에 무슨 일이 있는지 궁금함 • 잠 • 양이 많은 문제집 • 심부름	• 전과를 뒤적인다. • 무조건 외운다. • 문제집을 아주 조금 푼다. • 부모님이나 선생님께 혼나고 공부한다. • 게임하면서 공부하기 • 먹으면서 공부하기 • 음악 들으면서 공부하기 • 공부가 안되면 포기한다.
NT	• 공부하라는 엄마의 잔소리 • 시험 못치면 혼난다는 선생님의 협박 • 공부하기 싫은 마음 • 게으름 • 느린 행동 • 딴 생각 • 시험에는 태평 • 공부와 관련 없는 다른 책 • 오락 • 컴퓨터	• 하고 싶은 것부터 하고 나서 공부한다. • 예습과 복습은 하지 않는다. • 이것저것 바꾸어 가면서 공부한다. • 전과를 뒤적이며 핵심을 정리한다. • 몰랐던 것은 꼭 푼다. • 혼자서 공부한다.
SJ	• 머리가 나빠서 • 실수 • 문제집이 없는 것 • 오락 과 컴퓨터 • 공부 잘하는 친구 • PC방 • 자신감이 없는 것 • 당황하는 것	• 수업시간에 열심히 듣는다. • 잘하는 것보다 못하는 것을 더 많이 공부한다. • 수학은 공식을 외우고 응용문제를 푼다. • 놀 때는 놀고 공부할 때는 집중해서 한다.

(8) 우리 성격유형의 인물 찾기

목표	• 각 인물을 성격유형에 따라 인식해 본다. • 성격유형의 특징에 따라 직업적 특색과 행동적 특색을 파악해 본다.
준비물	활동지, 크레파스, 칼라 펜
활동	• 성격유형별로 모이기 • 성격유형별 인물을 위인이나 만화, 영화, 드라마, 소설의 주인공에서 찾아보기 • 성격유형별로 찾은 인물을 활동지에 나타내기 • 성격유형별 발표하기 • 전체적으로 소감나누기

[그림 6-12]

ISTJ와 ISFP의 위인의 성격유형 탐색

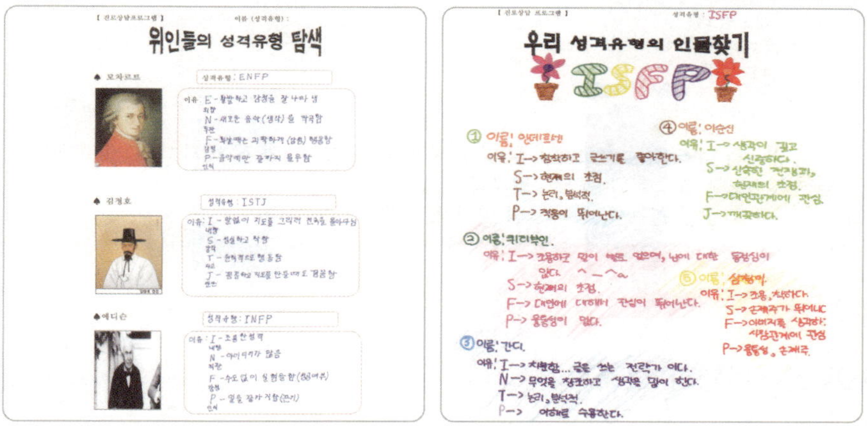

(9) 나와 맞는 친구, 맞지 않는 친구 찾기

목표	• 자신과 친하고 잘 맞는 친구를 찾아보고 그 친구들의 성격유형을 파악할 수 있다. • 자신과 친하지 않거나 불편한 친구를 찾아보고 그 친구의 성격유형을 파악해 볼 수 있다.
준비물	유형 활동지, 필기도구
활동	• 유형 활동지 받기 • 학급에서 자신과 친하거나 잘 맞는 친구 두 명과 자신과 잘 맞지 않는 불편한 친구 두 명을 선정하기 • 선정한 친구들의 성격유형 파악해 보기 • 선정한 이유 탐색해 보기 • 발표하기 • 소감나누기
유의점	• 성격유형으로 파악하기보다는 평소에 자신과 잘 맞고 편한 친구와 잘 맞지 않고 불편한 친구를 파악한다.

[그림 6-13]

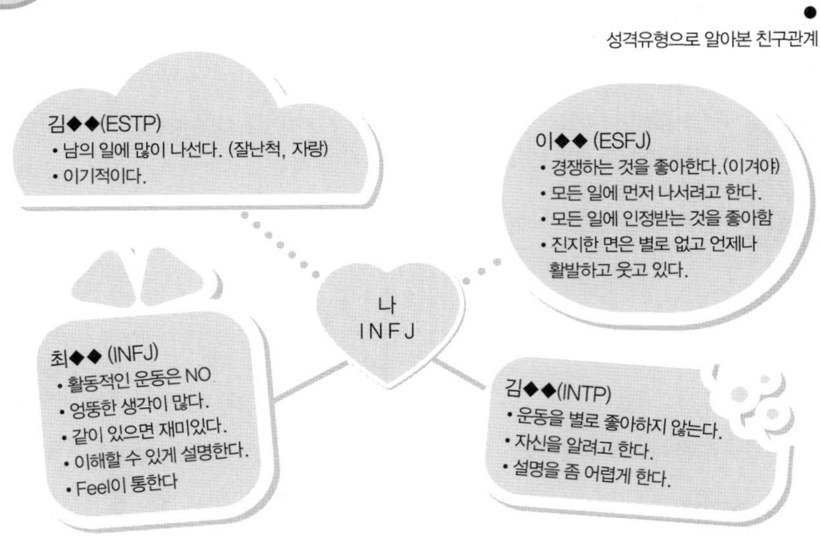

※ 우리 반에서 나와 가장 친하거나 잘 맞는 친구 두 사람과 나와 잘 맞지 않는 친구 두 사람을 찾아보고 그 이유와 함께 성격유형도 알아봅시다.

※ ——— 잘 맞는 친구, • • • • • 잘 맞지 않는 친구

(10) 반대유형과 친해지기

목표	반대유형의 친구들을 탐색하여 반대유형의 성격적 특징을 탐색하고 친하게 지낼 수 있는 전략을 짠다.
준비물	반대유형을 알아보는 유형 활동지 I II , 필기도구
활동	• 반대유형을 알아보는 활동지 개별적으로 받기 • 16가지 성격유형 표를 보고 4가지 척도 중 두 가지 이상이 다른 유형을 파악하여, 반대유형의 친구 찾아보기 • 반대유형의 친구와 만나서 서로 5분간 묻고 답해보기 • 자신의 자리로 돌아오기 • 반대유형 친구의 성격적 특징 파악해서 적어보기 • 반대유형 친구와 친하게 지내기 위한 전략 짜기 • 반대유형과 친하게 지내기 위한 전략 발표하기 • 소감나누기
유의점	• 반대유형에 대한 비난이 되지 않도록 한다. • 반대유형과 친하기 위한 전략은 실천 가능한 것으로 정한다.
과제	반대유형의 친구 한 명에게 편지쓰기

[그림 6-14]

INTP와 친해지기 위한 ESFP의 전략

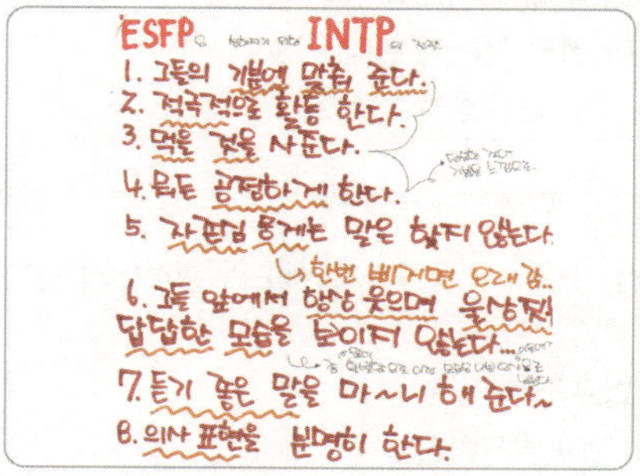

[그림 6-15]

내향 NF와 친해지기 위한 외향 NF의 전략

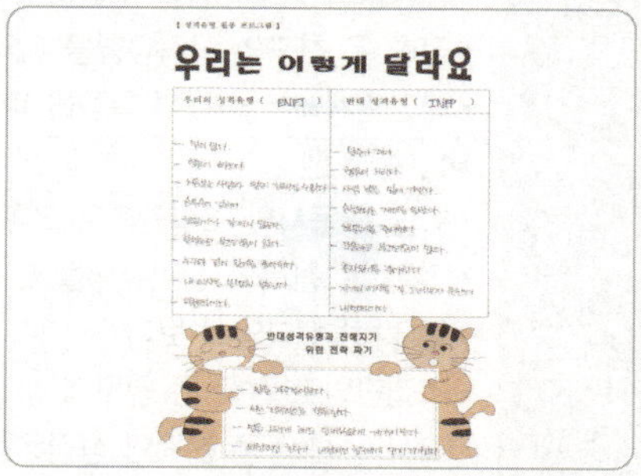

[그림 6-16]

INFJ/P와 친해지기 위한 E/ISTP의 전략

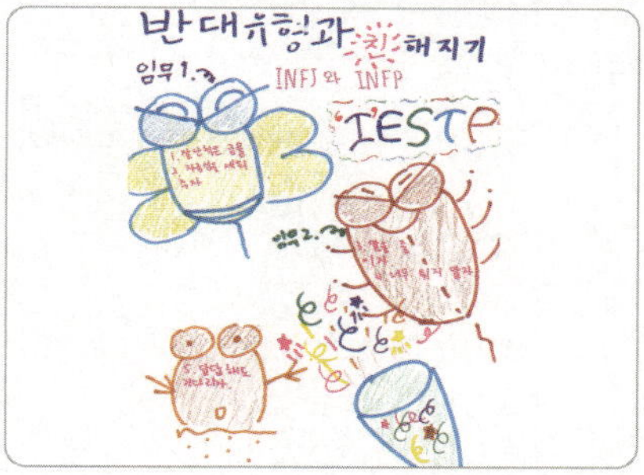

[그림 6-17]

반대유형 친구에게 편지쓰기

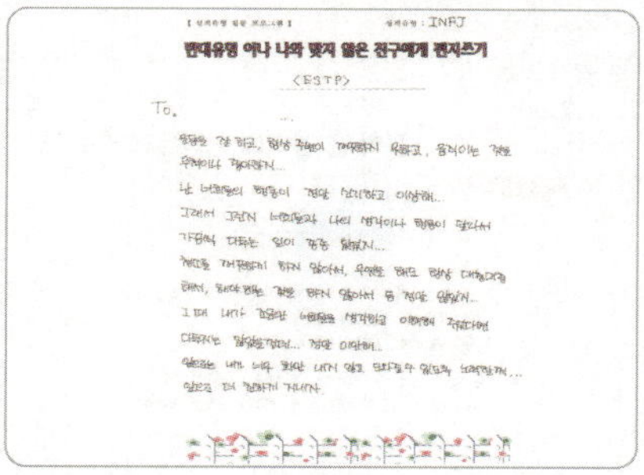

참가 학생들의 소감나누기

- 성격유형을 통해 친구를 보면 누구하고도 잘 지낼 수 있을 것 같다.
- 나는 별일 아닌 것으로 삐지고 화를 내는 NF 친구들을 이해할 수 없었지만, 지금 생각해보면 내가 함부로 말을 해서 NF 친구들 마음을 많이 상하게 한 것 같다. 앞으로는 NF친구들의 얼굴만 보지 말고 마음을 읽도록 노력해야겠다.
- 나는 ESTJ와 ESFJ 유형 친구들에게 불만이 많았다. 자신들은 공정하지 않으면서 불리한 상황에서 꼭 공정한 것을 주장하는 모습이 보기 싫었는데, 그것은 내 생각이라는 것을 알았다. 앞으로 ESTJ가 공정한 것을 따지면 또 따진다 생각하지 말고 먼저 의견을 들어주고 나서 판단하기로 했다

(11) 선생님 및 전학 온 친구의 성격유형 알아보기

목표	• 선생님의 성격유형을 추측하여 선호경향에 대한 이해를 높인다. • 전학 온 친구의 성격유형을 파악하여 더 빨리 친하게 한다. • 대인관계에서 성격적 특징을 파악하는 것의 중요성을 인식한다.
준비물	A4, 칼라 펜
활동	• 학습 활동시의 소집단으로 모이기 • 전학 온 친구의 성격유형을 E-I, S-N, T-F, J-P 4가지 척도의 관점에서 근거를 밝히며 파악해 보기 • 소집단별로 전학 온 친구의 성격유형 발표하기 • 교사가 전학 온 친구의 성격유형 검사 결과 발표하기 • 소감나누기
유의점	• 성격유형별 집단 구성이 아닌 일반적인 학습 활동시 모둠으로 집단을 편성한다. • 아이들이 서로 성격유형의 틀에 갇히지 않도록 진행하며 대상 학생의 동의를 구한다.

[그림 6-18]

전학 온 친구의 성격유형 추측하기

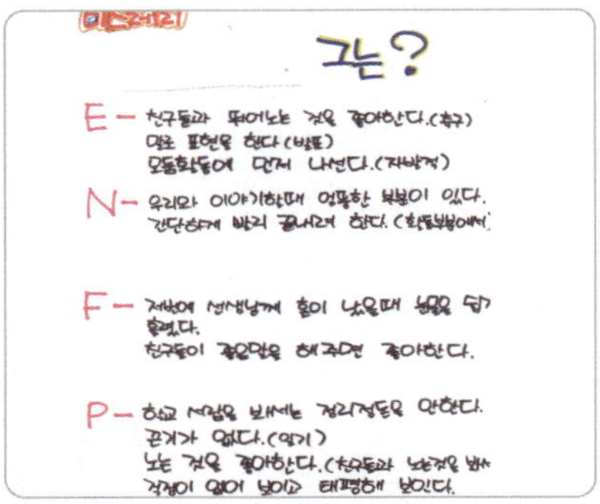

[그림 6-19]

선생님의 성격유형 추측하기

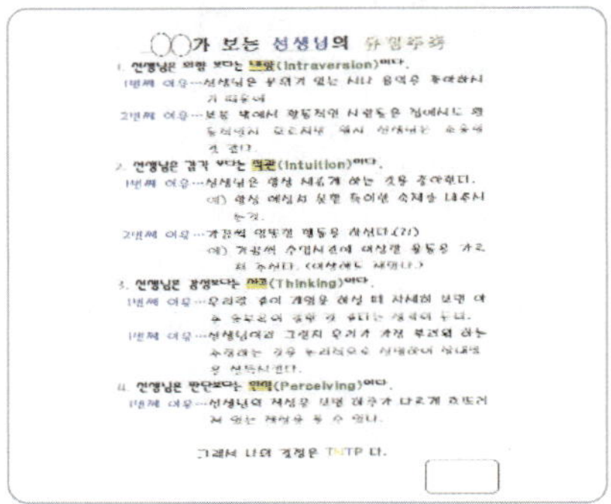

(12) 성격유형을 활용한 가족 구조도 그리기

목표	• 가족의 성격유형을 추측해 본다. • 가족의 갈등을 성격유형의 관점에서 이해하고 수용해 본다. • 가족 구성원의 성격유형을 인정하고 수용하여 가족의 소중함을 느낀다.
준비물	성격유형을 활용한 가족 구조도 그리기 유인물, 필기도구
활동	• 나를 중심으로 한 가족 구조도 그리기 • 가족 구성원의 성격유형을 추측해 보기 • 나를 중심으로 한 가족구성원의 친밀도를 선으로 나타내기 • 나를 중심으로 한 가족관계를 성격유형 관점에서 이해하기 • 소감나누기 • 개인적인 부분이 많으므로 교사가 일괄 수집하여 개인상담의 자료로 삼는다.
유의점	• 가족구조도를 작성하는 과정에서 아동이 정서적으로 겪는 과정이 중요하므로 정확성을 강조하지 않는다.

[그림 6-20]

ISFP가 그린 가족구조도와 가족구조도를 작성한 후의 소감

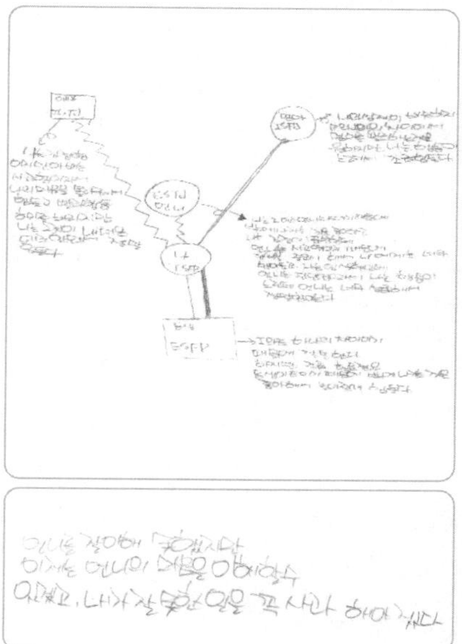

[그림 6-21]

ENFP가 그린 가족구조도와 가족구조도를 작성한 후의 소감

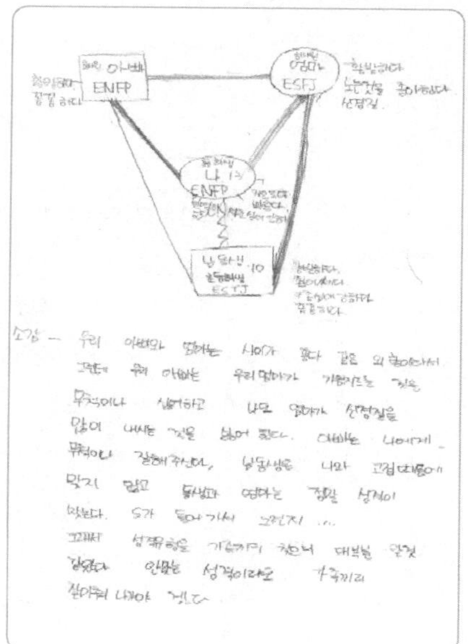

(13) 우리 유형이 살고 싶은 집

목표	• 자신의 성격유형의 특징에 따라 취향과 가치관이 다름을 이해한다.
준비물	A4, 색연필, 싸인펜
활동	• 성격유형끼리 모이기 • 살고 싶은 집을 의논한 후 그림으로 나타내기 • 성격유형별로 발표하기 • 소감나누기

[그림 6-22]

ISFP 유형이 그린 살고 싶은 집
- 숲 속에 단층집으로 예쁜 색깔로 만들어 진 집

[그림 6-23]

ESFP 유형이 그린 살고 싶은 집
- 바퀴가 달려 이동이 가능한 집

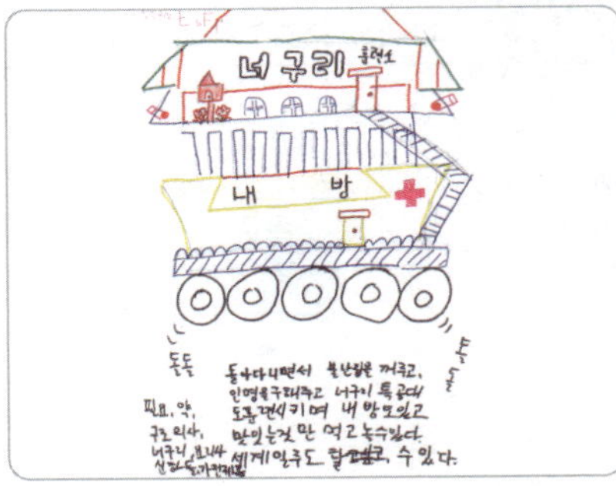

[그림 6-24]

NT그룹이 그린 살고 싶은 집
- 사랑채, 별채, 안채, 행랑채를 갖추고
보디가드가 지키는 성

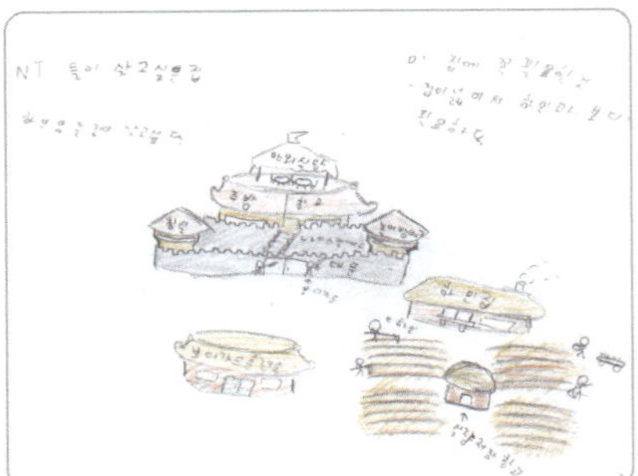

(14) 우리 유형 알리기

목표	• 자신의 성격유형의 특징을 파악하여 성격유형의 장점을 인식한다. • 자신의 성격유형을 수용하고 인정하는 긍정적 자아상을 가진다.
준비물	전지, 크레파스, 칼라 펜
활동	• 성격유형끼리 모이기 • 그룹별로 자신의 성격적 특징을 나타내는 상징물과 좌우명, 성격의 장점과 단점을 찾아 발표하기 • 소감나누기

[그림 6-25]

INFJ 유형의 우리 유형 알리기

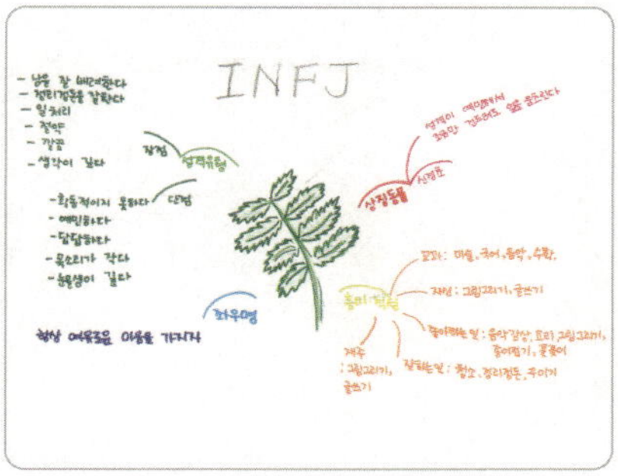

[그림 6-26]

ENFP 유형의 우리 유형 알리기

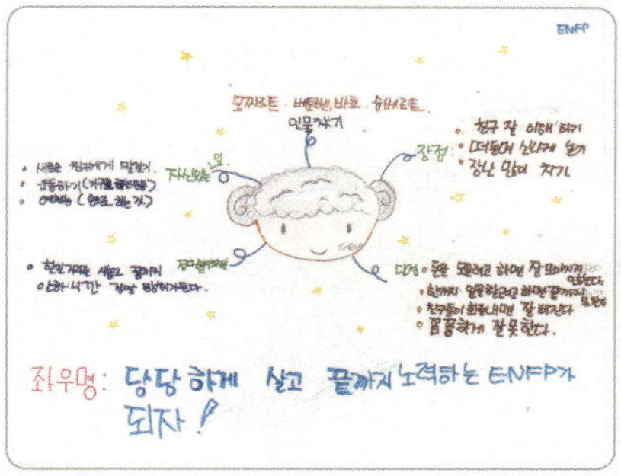

[그림 6-27]

ESFJ 유형의 우리 유형 알리기

(15) 우리 유형이 좋아하는 교과와 일

목표	성격유형에 따라 흥미와 적성이 다름을 안다.
준비물	8절, 필기구
활동	• 성격유형별로 모이기 • 서로 좋아하는 교과, 좋아하는 일, 잘하는 일에 대해 토의하기 • 토의한 내용 중 공통점을 찾아 발표 자료 만들기 • 성격유형별로 흥미와 적성 발표하기 • 소감나누기

[그림 6-28]

INFJ의 흥미와 적성

[그림 6-29]

ISFJ 유형의 흥미와 적성

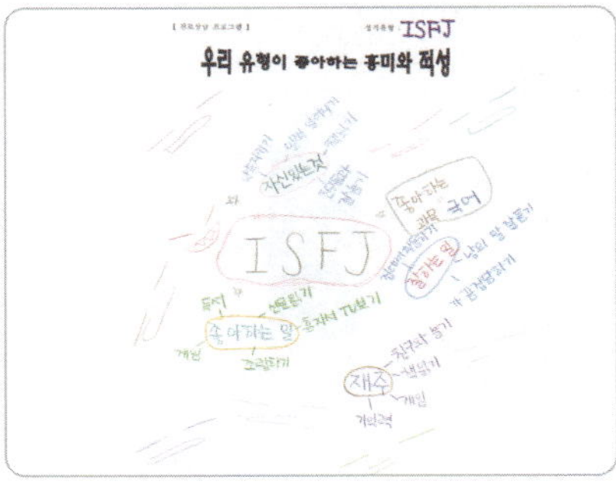

(16) 내가 만드는 한 마디의 명언과 가치탐색

목표	성격유형에 따라 가치관이 다름을 안다.
준비물	8절, 필기구
활동	• '나는 □□한 사람보다 □□한 사람이 되고 싶다.' • 주어진 문장을 보고 자신의 명언 만들기 • 명언 발표하기 • 성격유형별로 모여서 공통점과 다른 유형과의 차이점 알아보기 • 성격유형별로 주어진 20개의 가치를 보고 가치 탐색하여 발표하기 • 소감나누기

기질별 명언 모음

[표 6-3]

NF	INFJ- 나는 누군가가 지켜주는 사람보다 누군가를 지켜주는 사람이 되고 싶다. INFJ- 나는 가진 것이 많은 사람보다 가진 것을 쓸 줄 아는 사람이 되고 싶다. INFP- 나는 쌍둥이 빌딩보다 많은 재산을 가진 사람보다 하늘과 바다를 가진 사람이 되고 싶다. INFP- 나는 온실의 화초보다 광야의 풀이 되고 싶다. ENFJ- 나는 내 자신 하나보다 내 자신 안에 있는 둘을 만들 수 있는 사람이 되고 싶다. ENFJ- 나는 잘 하는 것이 많은 사람보다 내 안에 꿈을 키울 줄 아른 사람이 되고 싶다. ENFP- 나는 지금 유명한 사람보다 나중에 유명한 사람이 되고 싶다.
SP	ISFP - 나는 욕심 많은 놀부보다 착한 흥부가 되고 싶다. ISFP- 나는 장미꽃보다 느티나무 같은 사람이 되고 싶다. ESTP - 나는 공부 잘 하는 학생보다 폼 나는 학생이 되고 싶다. ESTP - 나는 거지보다 부자가 되고 싶다. ESFP- 나는 거만한 사람보다 겸손한 사람이 되고 싶다. ESFP- 나는 성공하는 사람보다 노력하는 사람이 되고 싶다. ESFP- 나는 착한 사람보다 지혜로운 사람이 되고 싶다. ESFP- 나는 천재 같은 사람보다 바보 같은 사람이 되고 싶다.
NT	INTJ- 나는 무식한 사람보다 똑똑하고 지혜롭고, 명랑하고 활발하고 적극적인 사람이 되고 싶다. INTP- 나는 최소한 ◆◆◆보다 똑똑한 사람이고 싶다.. ENTP- 나는 돈이 많은 사람보다 자유가 있는 사람이 되고 싶다.
SJ	ESTJ - 나는 배짱이보다 개미가 되고 싶다. ISFJ - 나는 평범한 사람보다 특별한 사람이 되고 싶다. ISFJ - 나는 공부 잘 하는 사람보다 열심히 하는 사람이 되고 싶다. ESFJ - 나는 착한 사람보다 마음씨가 좋은 사람이 되고 싶다. ESFJ- 나는 최고보다 최선을 다하는 사람이 되고 싶다. ESFJ - 나는 뒤돌아보는 사람보다 앞만 보고 가는 사람이 되고 싶다.

(17) 우리의 성격에 맞는 직업의 특징과 여러 가지 직업 찾기

목표	성격에 맞는 직업의 특징과 직업의 특징을 맞는 직업의 종류를 찾을 수 있다.
준비물	8절 도화지, 필기구, 전지
활동	• 우리의 성격에 맞는 직업의 특징 알아보기 • 구체적인 직업 찾아보기 • 성격유형별 직업 분류표 만들기 • 소감나누기

[그림 6-30]

ESFP 유형의 특징에 맞는 직업 찾기

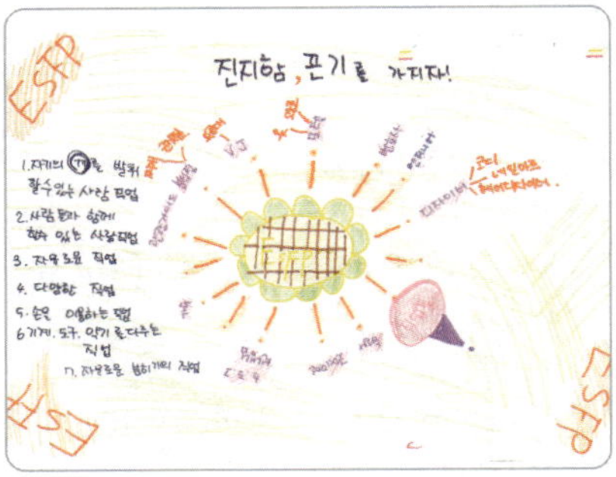

[그림 6-31]

ENFJ 유형의 특징에 맞는 직업 찾기

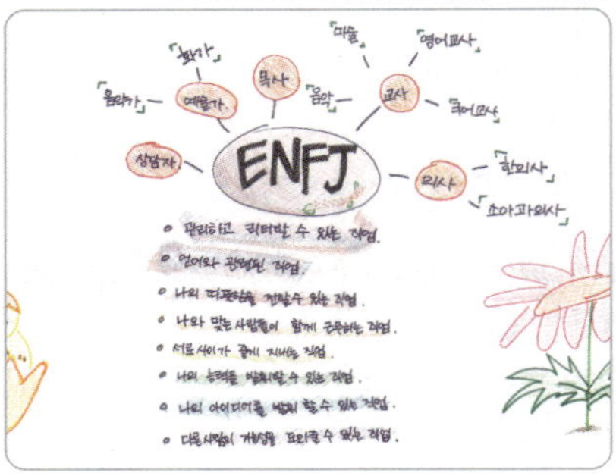

[그림 6-32]

성격유형별 직업

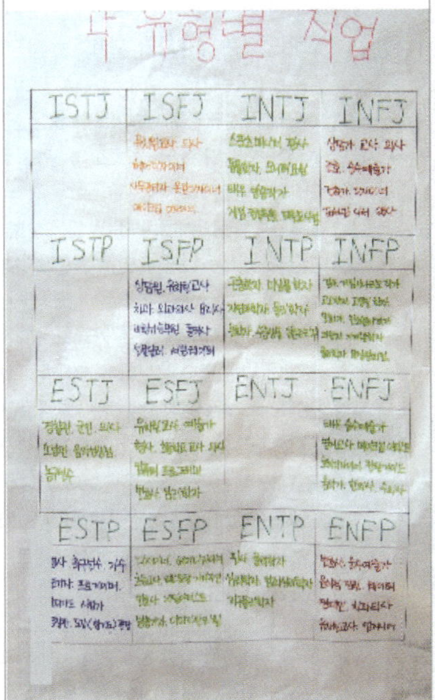

성격에 맞는 직업의 특징과 직업들

[표 6-4]

성격유형	성격에 맞는 직업의 특징	성격에 맞는 직업의 종류
ENFP	• 이야기할 수 있는 직업 • 활동적인 직업 • 지루하지 않은 직업	과학자, 판매사, 작가, 배우, 변호사, 예술가, 연예인, 상담교사, 디자이너, 극장운영, 비디오 가게
INFJ	• 책임감이 필요한 직업 • 예술, 문화적인 직업 • 독립적 의미를 추구할 수 있는 직업 • 열정과 신념으로 할 수 있는 직업	화가, 공예가, 문학가, 음악가, 미술가, 작가, 소설가, 시인, 조각가, 사진작가, 디자이너, 심리학자, 상담전문가, 수학교사, 국어교사, 미술교사, 음악교사, 소아과의사, 내과의사, 영양사, 간호사
ESTP	• 활동적인 직업 • 돈 잘 버는 직업 • 자유로운 직업 • 사람과 함께 하는 직업 • 도전적인 직업	장사(애완견판매, 축구용품점, 나이트클럽, 선물가게, PC방), 스포츠 관련 직업(축구선수, 육상선수, 코치나 감독), 체육교사, 경찰, 보디가드, 청와대 경호실장, 회사의 관리자(팀장, 사장), 컴퓨터게임 제작자, 스폰서, 매니저
INFP	• 자신의 이상을 실현할 수 있는 직업 • 혼자서 할 수 있는 직업 • 좋아할 수 있는 신념과 호기심을 늘 가질 수 있는 직업	심리학자, 고고학자, 생물학자, 역사학자, 예술가, 목장운영, 컴퓨터 구성작가, 요리사, 여행가, 토양연구원, 정신과의사, 천문학자, 소설가
ESFP	• 사람과 함께하는 직업 • 활동적인 직업 • 기계, 도구를 만지는 직업 • 리더할 수 있는 직업 • 호기심을 가질 수 있는 직업	초등학교 교사, 종합병원 병원장, 한의사, 매니저, 기자, 변호사, 엔지니어, 코디네이터, 헤어디자이너, 형사, 개그맨, 가수, VJ, 분식점운영, 관광가이드, 모델, 외교관, 호텔매니지먼트, 패스트푸드점 매니지먼트
ISFJ	• 돈을 많이 버는 직업 • 다른 사람과 함께 하는 직업 • 큰 회사에서 능력을 발휘하는 직업 • 성실하고 책임감이 필요한 직업 • 짤릴 염려 없이 안정적인 직업	도서관근무, 자원봉사자, 공무원, 교사, 간호사, 내과의사, 소아과의사, 외국어교사, 유치원 교사, 초등학교 교사, 대기업의 회사원, 은행근무, 번역가
ESTJ	• 활동적인 직업 • 규칙적이고 뚜렷한 직업 • 피곤하지 않은 직업 • 쉽고 간단한 일로 이루어진 직업	애완동물 사육사, 운동감독, 판사, 안과의사, 이비인후과의사, 컴퓨터게이머, 군인, 해양경찰, 공인회계사, 공무원
ISFP	• 남을 도울 수 있는 직업 • 손재주를 발휘할 수 있는 직업 • 간섭이 없는 직업 • 혼자 할 수 있는 직업	환경교사, 내과의사, 지리학자, 식물학자, 역사학자, 여행가, 의상디자이너, 헤어디자이너, 실내장식가, 애완동물 사육사, 네일 아티스트, 동시 통역사, 간호사, 로봇공학 연구원, 치과의사, 건축설계사
ESFJ	• 말로 하는 직업 • 나의 끼를 발휘할 수 있는 직업 • 분위기가 좋은 직업 • 책임감 있는 사람을 알아주는 직업 • 안정적인 직업	코디네이터, MC, 디자이너, 컴퓨터프로그래머, 무대 기획자, 큐레이터, 상담원, 간호사, 의사, 식물판매원, 설교사, 초등학교 교사, 유치원 교사, 아나운서, 리포터, 연예인
ENFJ	• 관리하고 리더할 수 있는 직업 • 언어와 관련된 직업 • 나의 따뜻함을 전할 수 있는 직업 • 능력을 발휘할 수 있는 직업 • 아이디어를 발휘할 수 있는 직업 • 다른 사람을 격려해주는 직업	화가, 음악가, 미술교사, 영어교사, 국어교사, 음악교사, 한의사, 소아과의사, 상담가, 외교관, 디자이너, 작가, 방송국 PD, 결혼컨설턴트
NT들	• 자유로운 직업 • 가만히 앉아서 많이 버는 직업 • 나의 실력을 발휘할 수 있는 직업 • 독립적인 직업 • 재미있는 직업 • 새로움을 느낄 수 있는 직업	곤충학자, 만화가, 발명가, 생물학자, 우주과학자, 화학자, 로봇엔지니어, 우주연구원, 핵물리학자, 판사, 탐정소설작가, 정신과의사, 프로게이머, 캐릭터 디자이너, 심리학자

(18) 성격유형별 직업사전 만들기

목표	성격에 맞는 직업의 정보가 드러나는 직업사전을 만들 수 있다.
준비물	A4, 필기구, 채색도구
활동	성격유형별로 모여 직업사전에 넣은 직업 선정하기 A4로 작은 책 만들기 직업의 정보가 드러나는 사전 만들기 소감나누기

[그림 6-33]

ENFP 유형의 직업사전

[그림 6-34]

ESFJ 유형의 직업사전

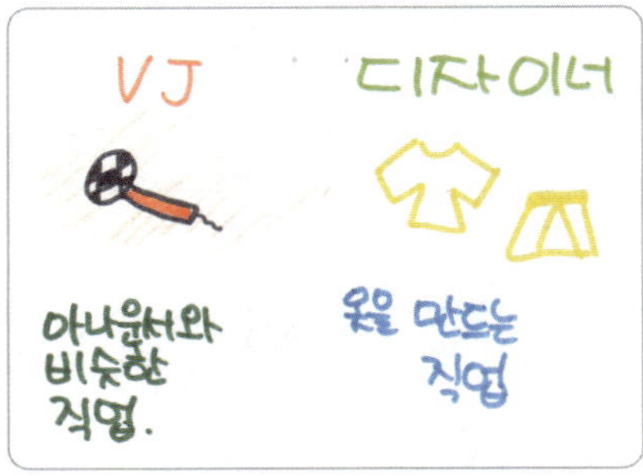

[그림 6-35]

ESTP 유형의 직업사전

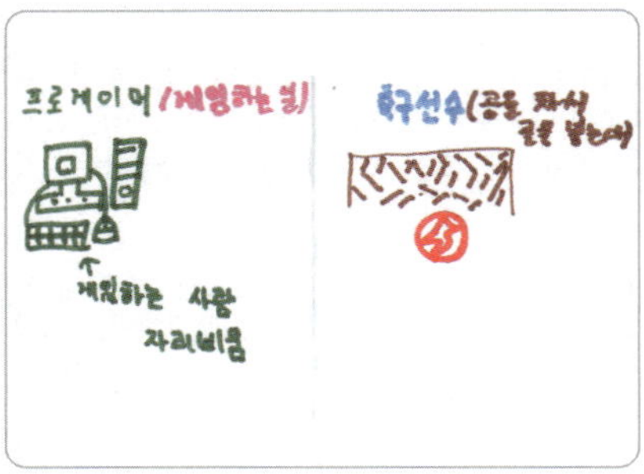

[그림 6-36]

INTP 유형의 직업사전

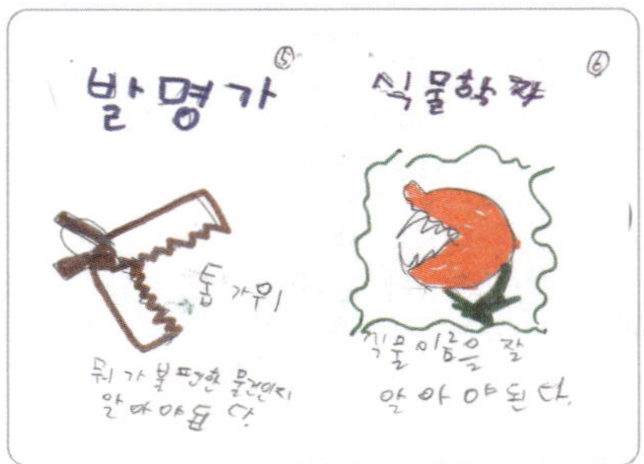

참고문헌

김명권 (1999). 성격유형과 행동특성 비교분석에 따른 인식형 청소년을 위한 MBTI® 심리교육프로그램 개발과 효과, 부산대학교 박사학위논문.

김정택, 심혜숙 (1993). 어린이 및 청소년 성격유형검사 안내서, 어세스타.

김정택, 심혜숙 (1998). MBTI® 성장프로그램 지도자 안내서1, 어세스타.

김정택, 심혜숙 (1998). MBTI® 성장프로그램 지도자 안내서2, 어세스타.

김정택, 심혜숙 (1994). 16가지 성격유형의 특성, 어세스타.

이부영 (1998). 분석심리학-Jung의 인간심성론 개정증보판, 일조각.

정 민 (2007). 다산선생 지식경영법, 김영사.

존 가트맨, 남은영 (2007). 내 아이를 위한 사랑의 기술, 한국경제신문.

존 브론슨, 애쉴리 메리언 (2009). 양육 쇼크, 풀무레.

폴 티져, 바바라 배런 티져 (1999). 사람의 성격을 읽는 법, 더난출판.

황대권 (2006). 민들레는 장미를 부러워하지 않는다, 열림원.

Corlett, E. S., & Millner, N. B. (1993). *Navigating mdlife-Using typology as a guide*, California: Davies-Black Publishing Palo Alto.

Dunning, D. (2008). 성격유형과 커뮤니케이션, 어세스타.

Fairhurst, A. M., & Fairhurst, L. L. (2007). 효과적 교수 효과적 학습, 심혜숙 역, 어세스타.

Gardner, H. (1983). *Frames of Mind: The Theory of Multiple Intelligences*, New York:

basic Books.

Hirsh, S., & Kummerow, J. (1997). 성격유형과 삶의 양식, 심혜숙, 임승환 역, 어세스타.

Jung, C. G. (1971). Psychological types. *The Collected Works of C. G. Jung, Vol.6*, London: Routledge & Kegan Paul.

Myers, K. D., & Kirby, L. K. (1999). 심리 유형의 역동과 발달, 김정택, 김명준 역, 어세스타.

Kiersey, D. (1988). *Portraits of Temperament, 2nd ed. Delmar*, Calif: Prometheus Nemesis.

Kiersey, D., & Bates, M. (1993). 나의 모습 나의 얼굴, 김정택, 심혜숙, 임승환 역, 어세스타.

Myers, I. B., & MaCaulley, M. H. (1995). MBTI® 개발과 활용, 김정택, 심혜숙, 제석봉역, 어세스타.

Penley, J., & Stephens, D. (1998). 성격유형과 자녀양육태도, 심혜숙, 곽미자 역, 어세스타.

Quenk, N. L. (2004). 성격유형과 열등기능, 어세스타.

Richardson, P. T. (2001). 성격유형과 네 가지 영성, 박종삼, 유형재 역, 어세스타.

Tieger, P.D., & B. Barron-Tieger (1992). Do What You Are Discover the Perfect Career for You Through the Secret of Personality Type, Boston: Little Brown.

(주)한국MBTI연구소

(주)한국MBTI연구소는 1990년 6월 1일 심혜숙 박사와 김정택 박사에 의해 설립되었으며, 설립 이후에 관련된 꾸준한 번역, 저술 및 연구 활동을 진행하고 있습니다. 1991년 초급과정을 시작으로 MBTI® (Myers Briggs Type Indicator®: 성격유형검사)를 사용할 수 있는 전문자격(qualifying program)교육을 매년 실시하고 있습니다. MBTI®를 활용한 각종 프로그램을 폭넓게 실시할 수 있는 지도자를 훈련시키고 양성하는 기관입니다.

(주)어세스타

어세스타는 심리평가 전문기관으로 심리평가 도구를 개발하고 바른 해석을 위한 전문가 양성 교육을 운영합니다. 미국의 The Myers-Briggs Company(구 CPP)와 공식 파트너십을 체결하여 전 세계적으로 가장 많이 사용하는 검사 중 하나인 MBTI® 성격유형검사 및 STRONG® 직업흥미검사, FIRO-B® 대인관계검사, CPI™ 인성검사, TKI® 갈등관리유형검사를 국내에 보급하고 있으며, 영국 A&DC社의 한국 파트너로 AC-EXS® 평가센터 모의과제, CBI-Smart™ 역량기반 인터뷰 등 평가센터 기법을 보급하고 있습니다.

열 여섯빛깔 아이들

저　　자 | 정경연, 박정묘, 이동갑, 김영란
발 행 인 | 김명준
발 행 처 | (주)어세스타
서울시 영등포구 국회대로68길 11,
삼보호정빌딩 5, 6층 (여의도동)
전　　화 | (02)787-1400
팩　　스 | (02)787-1408
홈페이지 | www.assesta.com
www.career4u.net

편 집 처 | 북아뜨리에 blog.daum.net/book7179
(02)2266-7179
진행: 윤성은 / 디자인: 변숙희.장보라

등　　록 | 제13-1344호
초판인쇄 | 2010. 11. 1.
초판발행 | 2010. 11. 1.

가　　격 | 13,000원